図説
史料に基づく
釣魚(尖閣)諸島問題の解決

……敵対的領土ナショナリズムの克服

久保井規夫著

柘植書房新社

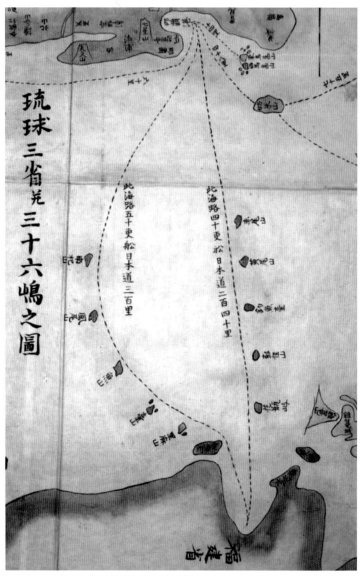

林子平『三国通覧図説』付図『琉球三省並びに三十六島之図』部分 1785 年。
明朝・清朝皇帝が「琉球国王に封ずる」との冊封使節が渡航した航路を示
した地図である。釣魚島 (南側の往路の真中に描かれている) などの島嶼
を中国大陸と同じ色にし、琉球王国の範囲に含めていない、左方が北であ
る。著者所蔵。

英国ジョンストン「CHINA and JAPAN」(1860年以降)。Hoa-pin-sin(釣魚島)、Tia-yu-su(黄尾嶼)が釣魚＝尖閣諸島である。台湾、福建省と同色の青色とされ、琉球王国の宮古諸島の黄色と区別される。国際地図には、中国か名付けた地名が明記された。著者所蔵。

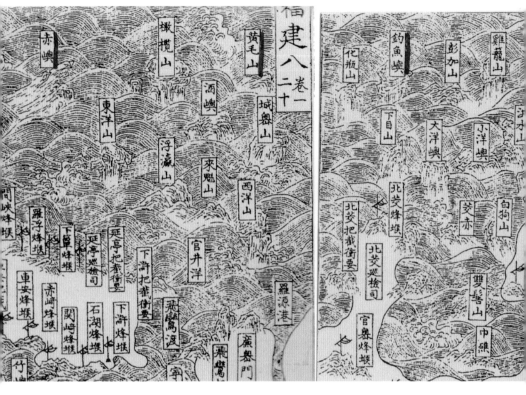

中国明朝が、倭寇などの侵攻に対して、自国防衛の箇所を示した地図である。釣魚諸島が明示されていることを認識されたい。釣魚嶼、黄尾山、赤嶼に、著者が赤線を付した。

図説　史料に基づく釣魚(尖閣)諸島問題の解決◆目次

Ⅰ.〈初めに〉
日中衝突の危惧を煽られる尖閣（釣魚）諸島問題

　世論の基盤ともなる検定教科書（小・中・高校）の領土記述は、日本政府の外務省見解だけを偏向して掲載する。国境を接する隣国のロシア・韓国・中国が日本の領土を「**不法占拠**」「**不法介入**」しているとして、領土ナショナリズムによる対立を煽る。日本の教師は、領土教育を展開する際、竹島＝独島、北方四島＝南千島・歯舞諸島・色丹島、そして尖閣＝釣魚諸島は、**教科書の如く「日本固有の領土」**として指導することを強いられている。しかし、相手国の見解を封殺して自国の見解のみを記述するのは偏向教育である。

　2012年、尖閣＝釣魚諸島に対する、日中間での領有権問題が紛糾することとなった。それは、東京都都知事石原慎太郎氏が、東京都として、個人所有となっている尖閣諸島の一部を買い上げて、「船着き場や灯台を設営する」と広言し、募金活動を開始して、領土ナショナリズムを挑発したためである（4/16）。東京として、買い上げ折衝を進めながら、尖閣＝釣魚諸島の海上現地調査活動も実行された。これに慌てた、野田政権が国家として個人所有の釣魚島など三島を、20億5千万円で買い上げて国有化することを表明した（9/11）。

　これに対して、中国は、「日中共同声明」による日中国交回復時（1972.9.29）に於ける、**田中角栄総理と周恩来総理との公約**を維持してきたことに相反するとして、反発した。すなわち、**尖閣＝釣魚諸島に対する「領有権確定」を日中間では互いに棚上げ＝留保するとした公約**である。以来守られてきた公約への違反として、中国は、日本政府が釣魚＝尖閣諸島を買上げ国有化したことに、激しく抗議した。

　何故か。日本人個人が外国の領地の一部を購入・所有しても、其処は日本領地とはならない。現に、日本国内に外国人所有の土地は多数存在する。しかし、**個人から政府が買い上げたとなると、公然とした日本国領となる**。さらに、敗戦後処理として、「日中共同声明」「日中平和条約」によって、占領地・外地の日本領土も、財産も放棄したはずである。それが、**尖閣＝釣魚諸島問題**では、中国にすれば「外地（中国領）として放棄された」はずの個人財産の所有地を、国家が買い上げて日本領としたこととなる。アジア太平洋経済協力会議（APEC）

の際、中国の胡錦濤国家主席から野田佳彦首相への「国有化中止」の念押しの申し入れも、拒否された（2012.9.9）。

　かくて、中国では、自国領地を奪われたとして、戦後、過去最大とされる反日デモが勃発した。日本大使館（北京）・総領事館（広州・上海）への抗議に始まり、80余の都市に拡大し、日本企業・店舗も襲撃された。

　中国政府は、「**釣魚諸島を核心的利益として、日本国有化は、中国の領土と主権への侵害**」とし、国連総会でも抗議した。また、これまで棚上げ・留保していたとする行動を積極的に展開した。海洋・漁業監視船団を頻繁に派遣し、尖閣＝釣魚諸島の領海・接続水域に入り、日本の海上保安庁の巡視船団と対峙した。そこへ、台湾政府（中華民国）の巡視船・船団も加わった。また、日本や、中国の領土ナショナリズムの急進活動家たちが、尖閣＝釣魚諸島への上陸実行によるアピールを行った。このような状況は、常態化し、エスカレートしていく。今日では、日中両国が、尖閣＝釣魚諸島水域で、互いに巡視船を対峙させている。中国の巡視船には、国土防衛のために軍艦を改造して、機関砲を装備したものもある。中国本土や台湾からの漁船団が、巡視船に護衛されながら、接続水域で漁労を始めた。

　さらに、中国側も、領空を守るために**防空識別圏の設定**を行った。これで、領空近接・進入の有事には、戦闘機のスクランブル出動がなされる。既に設定していた日本の防空識別圏は、在日米軍による設定（1956年）が基となっている。新たに、中国が東シナ海に設定した防空識別圏（2013.12.21）は、尖閣（釣魚）諸島を含み、同じく同諸島を含む日本の防空識別圏と、広範囲に重なり合う。事前通報無しに、防空識別圏内に航空機が進入してきた場合、両国の戦闘機が警告・防衛のために、緊急発進（スクランブル）する。日本（F15戦闘機）と中国（殲11戦闘機）の戦闘機が、向かい合うこととなる。今や、軍事衝突の危惧さえ生じる事態になったのである。

　ただ救いなのは、日中両国政権が、「このような軍事的牽制からの衝突を回避する」ために、「尖閣＝釣魚諸島の領有権をめぐる現地での対峙」について、外交による話し合いがなされたことである。すなわち、**安倍晋三首相と中国習近平国家主席との首脳会談**が、2014年11月、2015年4月、2016年9月と三度に渡って実現した。日中両国が交わし公開した「**合意文書**」（2014.11.7）が基盤である。尖閣＝釣魚諸島問題に関しては、「**双方は、尖閣諸島など東シナ海の海域において、近年、緊張状態が生じていることについて異なる見解を有していると認識し、対話と協議を通じて、情勢の悪化を防ぐとともに、危機**

管理メカニズムを構築し、不測の事態の発生を回避することで意見の一致をみた」とする。これは、日中両国が、釣魚＝尖閣諸島の領有権をそれぞれが主張しているために、緊張・軋轢が生じていることを認めて、排除・攻撃・衝突などの危機・不測の事態が起こらないように、相互に配慮するという合意である。これにて、何とか不測の事態だけは起こらないようにすることとはなったが、領有権の帰属については、話しあうことは約束されていない。そして、日中両国が領有権の顕現として、領空・領海の防衛と巡視船派遣や、漁労・海洋資源の調査・採掘をする行為は、それぞれが今まで通りに主張したり、進めるわけである。その場合に緊張時の不測の事態を回避する危機管理だけは努力することを互いに約束した。

　中国は、海上警察局を人民武装警察部隊に編入し、武装を強化して任務を遂行することとなった（2018.7.1）。翌年には、海上警察局責任者は海軍出身者になり、巡視の中国公船には機関砲が備え付けられた。三千から五千トン級大型船の割合が増加した。かくて、中国は、2020年には「中国が管轄する海域で外国船を調査・差し押さえる権限」「中国船舶・航空機の武器使用を含む一切の必要措置をとる」「中国の許可なしの建築物は撤去する」としている。中国の海上警察局が保有する公船は、一万トン級を始め一千トン級以上の公船は、130隻だが、日本の海上保安庁は、半分の66隻である。尖閣（釣魚）諸島接続水域に入った**中国公船の隻数**は、2012年407隻、2016年752隻、2018年615隻、2019年1097隻、**2020年1160隻**となった（海上保安庁調べ）。

　折しも、日本の菅義偉首相は、米国大統領選挙後、次期米国大統領バイデン氏との電話会談にて、**尖閣諸島が、日米安全保障条約の共同防衛の対象となる**ことを確認したとされる（「朝日新聞」2020.11/6、11/13）。最近の南西諸島における自衛隊基地の増加設営、日米合同離島防衛訓練の実施は、「台湾有事‼」「尖閣有事‼」を想定し、中国を「脅威」「敵視」した軍事強化である。特に、自衛隊の機動部隊の編成と訓練は、沖縄駐留の米軍海兵隊や旧日本海軍陸戦隊と同様の、攻撃型部隊であり、専守防衛ではない。領土ナショナリズムを煽りながら、軍備拡大と安保軍事同盟強化、日米合同演習などにより、中国を敵視・牽制する戦略は、軍事衝突の危惧を生み、平和への不安を増すだけである。

　このように尖閣＝釣魚諸島問題は、領有権の帰属だけでなく、日米安保体制による対中国への軍事的対峙も関連して、緊迫した状況下にある。それを踏まえた上で、領有権について正確な検証をしなければならない。**日本外務省の基本見解、「尖閣諸島が我が国固有の領土であることは、歴史的にも国際法上も**

疑いのないところであり、現に我が国はこれを有効に支配している。**尖閣諸島をめぐり解決すべき領有権の問題は存在していない**」（2015年3月以来）との主張は、緊張した状況を踏まえず非現実的であるし、そもそも外交による解決を拒否する姿勢である。

ここまで、紛争に至る現情勢のみ述べてきたが、**尖閣（釣魚）諸島の領有権は、日中両国のどちらに帰属するのか、その歴史的事実の解明こそ、事態を根本的に解決し、日中両国民が納得するために必然である**。今日の日本の領土問題は、過っての軍国日本の侵略の所為、並びに敗戦の結果を踏まえなければならない。すなわち、日本は、敗戦により、軍国主義による侵略・支配下に置いた地域・国家を失った。まず、中国との尖閣（釣魚）諸島は、日清戦争時の台湾攻略作戦の過程で、日本に領有化された。韓国との竹島（独島）は、日露戦争時に日露海戦作戦の過程で、日本に領有化された。いずれも、戦時、日本軍による作戦下に置ける、「**無主地先占**」論（どこの国の管轄か不明の地のため占拠して領有化する）による所為であった。この「無主地先占」論は、あのアフリカ分割でも適用された、領土強奪・植民地支配を合理化した、被害人民・地域を無視した、当時の列強国間の「国際法」の名目による、論理・慣習である。この当時の国

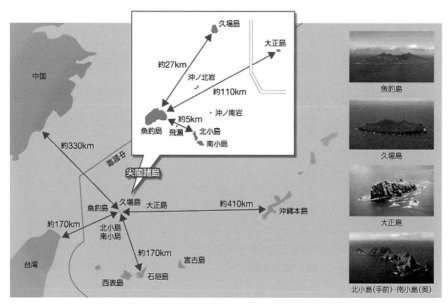

尖閣諸島の位置関係、海上保安庁海上保安レポートより

際慣習法「無主地先占」は、今日ではその適用の正当性合法性に無理がある。軍事的圧力を背景に、領土強奪、植民地支配を受けた当事国の立場を無視した間違った帝国主義・侵略側の法論理だからである。当時の国際慣習「無主地先占」により、「国際法に則った」と主張して、今日に当てはめて領有化の論拠とすることに、必ず不当性が露呈する。

　今日における領有権の解明は、歴史的事実を相互に検証し、相互が納得しうる正当な論拠に基づくものでなければならない。何よりも、日中両国は、尖閣＝釣魚諸島の領有権について、外交に於いても、学術研究の面でも、向かい合って話し合ったことが一度とて無い。善隣友好を第一義に、領有権の帰属については、棚上げ（帰属の決定を留保）してきたが、釣魚＝諸島の国有化を強行した以上、帰属についての論議は公的に公開でなされなければならない。なぜ、公的に公開されなければならないか。日中両国民が納得できる、国際的にも了承されることが必然である。今のところ、一方通行の主張で、相手の意見を聞く、尊厳と謙虚さがないのである。だから、論点も噛み合わない。まず、相手の意見を排除した、対話を否定した自己絶対の「領土問題はない」「固有の領土」との見解を克服しなければならない。筆者は、日中両国間の安定・平和こそ第一義として領有権論議を進めたい。対立の領土ナショナリズムにより、経済的文化的な善隣友好関係を崩してはならない。領土に対する歴史認識の相互埋解を追求する対話・交流をしながら、当面、領有権帰属の確定を棚上げ・留保をする。自己の主張をストップせよという事ではない。相手の意見にも耳を傾けようと言うのである。しかも、併行して、海洋資源の共益共同の活動は進めることができるであろう。本書は、そのための一助となることを求めた著述である。

Ⅱ. 政府見解・教科書は 対立の領土ナショナリズムを煽る

1　政府見解通りでなければ教科書は検定合格できない

⑴　文部科学省による検定を経て教科書は発行される

　学校で使用される教科書は、最大のベストセラーである。小中高校数千万人の生徒へ、受動的に与えられる教科書は、文部科学省による検定合格を経た出版社が発行し、各都道府県の地方自治体・高校別に採択する。肝心なのは、各社の教科書見本は、文部科学省が定めた、学校教育の「**学習指導要領**」「**学習指導要領解説**」に準拠しなければ、検定には合格せず、教科書として出版できないのである。検定不合格となれば、教科書会社は倒産に追い込まれる。

　教科書の記述内容を規制する「学習指導要領」「同解説」が、反動的に改悪されたのは、戦後最長期政権とされた安倍晋三内閣によってである。その前段として、安倍議員らは、「**日本の前途と歴史教育を考える若手議員の会**」を組織し（1997 年）、「**新しい歴史教科書をつくる会**」（西尾幹二会長）と連携して、文部省から「教科書の採択権は教育委員会にある」との通知（2000.9 と、採択前の 2001.2）を出させた。それまでの学校教師代表らが参画した教科別の研究委員会、採択委員会は、「教科別に、どの教科書が良いか、事由と順位を報告してきた」。この調査報告を参考にして、教育委員会は教科書の採択を決定してきた。この方法は廃止された。学校教師を排除した、教育長と一般市民からの教育委員数名によって構成された教育委員会が、専門外の**全教科の教科書**の採択を最終決定することとなった。

　現在、領土問題を記述した社会科教科書で、小学校五、六学年、中学校全学年、高校全学年の生徒が学ぶ。教科書の記述が、どのように変遷したかを述べよう。当初は、北方四島の返還だけに限定されていた。しかし、2008 年度「**学習指導要領解説**」の改訂で、**中学社会地理的分野で、「我が国と韓国の間に竹島をめぐって主張に相違があることなどにも触れ、北方領土と同様に我が国の領土・領域について理解を深めさせることも必要である**」とした（2008.7.15）。かくて、

中学教科書に留まらず、高校教科書でも竹島、尖閣諸島を記述する動きが出た。2013年度検定合格した**高校社会科教科書**では、九社の内八社が、北方領土に加えて竹島・尖閣を記述した。それでも、竹島＝独島の領有権を主張する韓国、尖閣＝釣魚諸島の領有権を主張する中国の存在を否定まではしなかった。

　しかし、遂に、文部科学省は、中学・高校の「学習指導要領解説」（教科書の編集や学校授業の指針となる）を改訂し、尖閣諸島と竹島を北方領土同様に**「我が国固有の領土」指導するように明記し**、発表した（2014.1.28）。次に引用しておこう。

　「その際、『**北方領土が我が国の固有の領土である**ことなど、我が国の領域をめぐる問題にも着目させるようにすること』（内容の取扱い）とあることから、**北方領土**（歯舞群島、色丹島、国後島、択捉島）や**竹島**について、それぞれの位置と範囲を確認させるとともに、**我が国の固有の領土であるが**、それぞれ現在**ロシア連邦と韓国によって不法に占拠されている**ため、北方領土についてはロシア連邦にその返還を求めていること、**竹島**については韓国に対して累次にわたり**抗議を行っている**ことなどについて的確に扱い、我が国の領土・領域について理解を深めさせることも必要である。なお、尖閣諸島については、**我が国の固有の領土であり、また現に我が国がこれを有効に支配しており、解決すべき領有権の問題は存在していない**ことを、その位置や範囲とともに理解させることが必要である」。

　これは、**竹島を「韓国が不法占拠」**、我国は「平和的な手段による解決に向けて努力している」とし、尖閣諸島を**「我が国が有効に支配し、領有権問題は存在しない」**と記述することを主導するものであった。四月からの中学校教科書検定から適用され、2016年度中学教科書、2017年度高校教科書に反映され、現在に至る。教師が授業で指導する際も、教科書の記述内容も、法的に拘束されて従わねばならない。

　その動きは、「学習指導要領解説」に記述されず、領土問題の対象でもなかった**小学校社会科教科書**にも早々と反映された。2015年度から使用する小学校社会科教科書（2013年度検定合格）全五社が、竹島・尖閣諸島を記述していた（2014.4.4）。それは、「**竹島は、日本領土でありながら、1954年から韓国が不法な占拠を続けています**」「**尖閣諸島も日本の領土でありながら、中国が自国の領土と主張している**」と、日本政府の主張を「正当」として、韓国・中国・ロシアなどの隣国側の主張を排除して、対立だけを煽った記述となっている。教科書会社が、企業利益を優先し、真実の検証よりも現政権の政府見解を

反映した中学校の「学習指導要領解説」から、忖度して教科書見本に取り込む道を選んだ結果である。このような小学校教科書会社の忖度をよいことに、文部科学省は、2017 年改訂された「小学校学習指導要領」では、社会科教科書で、北方四島に加えて、竹島、尖閣諸島についても、**「我が国の固有領土であることに触れること」**と明記された。

　実際に、2019 年、検定合格できた小学校社会科教科書では、次のように修正された。**東京書籍**の場合。「日本海上にある竹島は、**日本固有の領土ですが、韓国が不法に占拠しています」**に対する検定意見は「竹島に対する我が国の立場を踏まえた**現況について誤解する表現」**と指摘し、「**韓国が不法に占領しているため、日本は抗議を続けています」**と修正させて合格とする。また、日本文教出版の場合、「島根県沖にある竹島は、1905（明治 38 年）に島根県に編入された**日本の領土です」**に対する検定意見は「『**日本の領土』は誤解する恐れのある表現」**と指摘し、「島根県に編入された**日本の固有の領土です」**と修正させられて、検定合格した。

⑵　時の政権は、思うがままに、教科書記述を変更できる

　さらに、**文部科学省**の一存で、教科書会社を統制する検定基準の内規である義務教育諸学校、高等学校の**「教科用図書（教科書）検定規則実施細則」**を改訂した（2014.1）。まず、「未確定な時事的な事象」「通説的な見解・数字がない歴史的事象」の記述は、「児童生徒が誤解ないようにする」とした。明らかに、南京大虐殺や、関東大震災での朝鮮人虐殺の被害実態とか、従軍慰安婦や沖縄戦での住民集団自決での強制の有無とか、七三一部隊や毒ガス戦の実態などをうやむやにする所為であった。

　さらに、「**閣議決定、その他の方法により示された政府の統一的な見解や、最高裁判所の判例がある場合には、それらに基づいた記述がされていることを定める」**とした。これによれば、**領土問題については、外務省の見解を政府の統一的な見解として、それに基づいた教科書記述をしなければならないし、そうでなければ、検定合格させないと決定したのである**。時の政権を握った政党が、閣議決定だけで、歴史的事実の解釈、教科書（学校教育）の記述を如何様にも書き換えさせることが可能となった。歴史を改竄する危惧さえ生じたのである。

　実際、菅内閣が、国会での質問主意書への答弁書として「『**従軍慰安婦』**で

はなく、単に『慰安婦』が適切」「朝鮮人を『強制連行』の表現は適切でない」と閣議決定した（2021.4.27）。早速、文部科学省は、教科書会社に説明会を開き、訂正申請を求めた。これを受け、東京書籍、山川出版、清水書院、実教出版、帝国書院、第一学習社、学び舎の各社が、既に検定合格していた高校社会科、中学社会科の記述を訂正申請した。「強制連行」は、「動員、徴用」と書き換えられた。

こうして、2023年から使用される高校社会科教科書では、「従軍慰安婦」「強制連行」「南京大虐殺」の用語・記述は、各社へ15件の検定意見がなされて、教科書会社はいずれも受け入れて変更した。また、**領土問題でも**、2023年度から高校生が学ぶ社会科教科書の検定で、政府外務省見解に基づく徹底した書き直しが迫られた。「**日本の領土である竹島**」は「**日本の固有の領土である竹島**」と変わった。政府（文部科学省）は、「**固有の（未だかつて他国の領土となったことがない）領土**」と説明する。北方四島へのロシアの関与についても、帝国書院の「**実効支配**」や、第一学習社の「**事実上統治**」は、いずれも「**不法占拠**」に変わったのである。

2　教科書で、尖閣＝釣魚諸島は、どのように記述されているか

次に、政府（現政権）見解通りとなった各社の**中学校社会科教科書**から、尖閣＝釣魚諸島についての記述を抜粋掲載する。「これでいいのか？」、否である。日本政府側の主張だけを注入しようとする偏向教育で、対立の領土ナショナリズムを煽るだけである。どの教科書出版社も、尖閣＝釣魚諸島についての記述は、次のような**政府外務省見解**を引用・参考とする。

「**尖閣諸島　沖縄県八重山諸島北方の尖閣諸島は、日本の領土です。しかし、中国は、『1970年後半、東シナ海大陸棚の石油開発が表面化するに及び、はじめて尖閣諸島の領有権を問題とする』ようになりました。ただし、中国が挙げている根拠はいずれも『領有権の主張を裏付けるに足る国際法上有効な論拠とはいえません』」。（外務省ウエブサイト）**。

中学教科書「新しいみんなの公民」育鵬社（2015.2.15）は、「**日本の主権範囲**」として、地図上に、北方領土、竹島、尖閣諸島を図示し、上記の「外務省ウエブサイト」をそのまま説明とする。さらに、他社と違って、「**主権が侵害されるということ**」として、二ページを「**北朝鮮による日本人拉致事件**」とともに、「**沖縄県尖閣諸島、中国漁船衝突事件**」を取り上げている。

すなわち、

　2010年9月7日、尖閣諸島付近の海域をパトロールしていた日本の巡視船が、日本領海内で違法操業をしている中国籍の漁船を発見。巡視船は日本領海からの退去を命じたが、漁船は無視して違法操業を続行。逃走時には巡視船に衝突し破損させた。海上保安庁は、漁船の船長を公務執行妨害の容疑で逮捕した。この措置に対し、中国政府は『強烈な反撃措置をとる』と発表。日中間の協議の中止や、上海万博への日本青年派遣事業の延期を通告し、温家宝首相は、『直ちに無条件で中国の船長を釈放すること』を要求した。日本政府は態度を一転。那覇地方検察庁は、『日中関係を考慮した』として、突如、中国人船長を処分保留で釈放すると発表。中国人船長は、石垣空港から中国へと送還された。衝突事件の現場から近い石垣島では、漁業関係者から『尖閣諸島周辺はカツオの好漁場だが、怖くて行けない』との声が上がった」「海上保安庁が衝突時の状況を撮影した映像が、政府の方針（未開示）に反し、11月4日、インターネット動画サイトに流出。これにより、衝突時の様子が国民と世界中の人々に明らかにされました。

と記述する。
　この動画は、新聞・テレビで大きく報道された。中国も尖閣＝釣魚諸島の領有権を主張していることを一切述べないのですから、中国漁船は、「領海侵犯」「違法操業」「公務執行妨害」をして、日本の「領土主権を侵害した」こととされます。これでは「怖くて行けない」のは中国側の漁船でしょう。
　次に、中学教科書「中学社会歴史」教育出版（2019.1.20）は、「現在に残された課題、日本の領土をめぐって」として、同じく地図上に、北方四島、竹島、尖閣諸島を図示し、次のように記述する。

　尖閣諸島（沖縄県）。尖閣諸島は、南西諸島西端に位置する魚釣島、北小島、南小島などからなる島々の総称で1895年の閣議決定で沖縄県に編入された日本固有の領土です。しかし、1970年代から、中国が自国の領土であると主張し始めました。その後、中国船が領海に侵入するなどの事件が起こっていることから、日本は中国に抗議し、警戒や取り締まりを強めています。日本は、尖閣諸島をめぐり、解決すべき領有権の問題は存在しない

との立場をとっています。

　そして、中学教科書「新しい社会公民」東京書籍（2019.2.10）が、最も詳しく、かつ外務省見解に沿って記述している。次に全文を引用する。**「日本の領土をめぐる問題の現状」**とて、他社同様に地図上に図示するだけでなく、**「竹島問題」「北方領土問題」「尖閣諸島をめぐる問題」**を、それぞれ半ページずつ特集している。東京書籍の社会科教科書の、全国規模で各自治体での採用率はトップであり、その影響は大きい。次のように記述する。

　　尖閣諸島は、沖縄県石垣市に属する日本の領土です。日本は、どこの国も尖閣諸島を領有していないことを確認したうえで、1895年の閣議決定で沖縄県に編入しました。その後、日本は尖閣諸島の実効的な支配を続けてきており、広く国際社会からも日本の領土として認められています。1951年のサンフランシスコ平和条約では、日本は、台湾と澎湖諸島の領有権を放棄しましたが、尖閣諸島は日本の領土に残され、南西諸島の一部としてアメリカが統治をおこなうことになりました。1968年の、国連アジア極東経済委員会が報告した鉱物資源の調査結果では、東シナ海に石油資源がある可能性が指摘されました。この報告書のすぐ後、1971年2月に中国が、初めて公式に尖閣諸島が自国の領土であるとの主張を行いました。しかし、同年6月に結ばれた日本とアメリカとの間の沖縄返還協定では、沖縄には尖閣諸島が含まれていることについても合意されています。その後、中国は、1992年以降、尖閣諸島周辺の海に船を派遣して日本の領海に侵入したりしています。日本は、こうした中国の行為に抗議するとともに、領海や領空の警備を強化しています。また、同時に、東シナ海全体が平和で安全な海になるよう、外交的な努力も続けています。

　次に、**2012年**、新聞・テレビで報道された**尖閣＝釣魚諸島の国有化問題**について、唯一記述しているのは、中学教科書**「中学生の公民」帝国書院**（2019.1.20）である。**「領土をめぐる問題」**として、次のように記述する。

　　日本固有の領土である尖閣諸島は、第二次世界大戦後、アメリカの統治下におかれましたが、沖縄返還とともに日本の領土に戻りました。周辺の海底で石油などの資源が見つかったことで、1970年代以降中国も領有を

主張していますが、日本ばかりでなく国際的にも尖閣諸島は、日本の領土だと認められています」。「尖閣諸島をめぐって。2012 年、日本政府は、日本固有の領土である沖縄県の尖閣諸島の内、民間人が所有する三島を『平穏かつ安定的に管理するため』として購入し、国有化しました。これに対して尖閣諸島の領有権を主張する中国は、強く反発し、尖閣諸島の沖合にあたる日本の領海に、たびたび政府の船舶を侵入させています。日本は、尖閣諸島を有効に支配しており、国際法を守ることを通じて地域の平和と安定が確立されることを求めています。

　また、**外務省見解**では、釣魚 = 尖閣諸島を「固有の領土」と述べるとともに、また実効支配してきた歴史的事実として日本人が居住し生業を営んでいたことを述べる。すなわち、「**日本の有効な支配とは。尖閣諸島の編入の後、日本の民間人が日本政府の許可の下、尖閣諸島に移住し、鰹節工場や羽毛の採集などの事業を展開しました。一時は、200 名以上の住人が尖閣諸島で暮らし、税**

海上保安庁の船にはさまれた中国船」（共同通信社）
帝国書院「中学生の公民」（平成31年発行）

カツオ節を干している風景（明治30年代の尖閣諸島）
写真提供：古賀花子さん／朝日新聞社（アサヒグラフ昭和53年5月5日号）

徴収も行われていました」。

　「中学生の公民」帝国書院（2019.1.20）と、「新しい社会　歴史」東京書籍（2019.2.10）では、この見解を反映して、「**尖閣諸島（魚釣島）のかつお節製造**」を写真入りで掲載している。この写真が、生徒たちに与えるインパクトは大きい。「実際に、尖閣で日本人が暮らしていた」「鰹節工場や村まであったんだ」と言う事実だけが強調される。中国側の立場が記述されないため、日本が日清戦争時に領有化した経過・手段の正否は、問われずに隠蔽されてしまう記述になっているからである。

3　外務省見解をそのまま教科書に反映する危ことの危うさ

⑴　国際法 EEZ（排他的経済水域）は、当事国間での合意が必要である

　まず、**EEZ**（Exclusive Economic Zone 排他的経済水域）を説明しておく。「**国連海洋法条約**」（1994.11 発効）に規定された国家主権である。沿岸国は、200 海

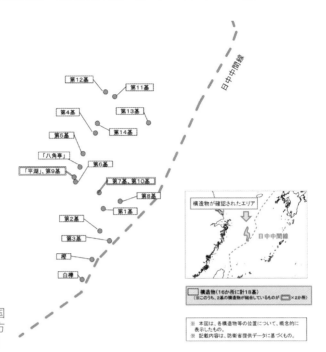

外務省ホームページ・中国
による東シナ海での一方
的資源開発の現状・地図

里（370.4km）範囲内に、EEZ を設定できる。その設定水域の海上・海底の水産・
鉱物資源・自然エネルギーに対して、探査・開発・管理を行う排他的な権利（他
国から侵害されない独占的権利）を有する。この EEZ を設定する際に、国家主権
を適用されるもう一つの国際法が、**「大陸棚に関する条約」**（1964 年）である。

中国の天然ガス採掘施設「樫」（防衛省提供）

アジア大陸を基盤とする中国が有する国家主権であり、中国はこれを主張している。さて、石油開発をめぐって中国が領有権を問題とするようになったとする**外務省見解**、すなわち「**中国は、1968年に尖閣諸島周辺海域に石油資源が埋蔵されている可能が指摘された後、初めて『領有権』を主張。それ以前は、日本による同諸島の領有に異議を唱えず**」（2012.11）。これは、国連総会での中国楊潔虎外相演説（2012.9.27）に反論するために作成した**外務省見解「尖閣諸島に関する三つの真実**」の第二である。外交という政治的内容について、中立であるべき教科書に、中国政府の見解は封殺して、日本政府見解だけが記述されるのは偏向であり、異常である。

　この外務省見解にある「**中国は、1968年に尖閣諸島周辺海域に石油資源が埋蔵されている可能が指摘された後、初めて『領有権』を主張**」をそのまま、受け入れた教科書が、「中学社会新しい公民」自由社である。次のように記述し、中国のガス油田採掘地図を掲載している（2011.5.1）（2020.5.20）。「**また、領海をめぐっては、2004年ごろから日中両国の中間線上にガス油田採掘施設を設置し、採掘し始めた。油田は我が国のEEZの海底につながっており、採掘は資源の横取りではないかと、我国は改善を求めている**」。

　この記述は、「中国は悪い」と誤解を招く。注意しなければならないことは、自国の権益を主張するEEZ（排他的経済水域）の範囲について、日中両国間では、その範囲が重なり合っているため、国際法に基づく交渉で正当な範囲を決定する合意がなされていない事実である。まず、釣魚＝尖閣諸島を日中両国ともに、自己の領有権として範囲を設定するため、この海域では、当然に範囲が重なり合う。そして、日本側は、尖閣諸島を自国領土として、**200海里説で日中の中間線をEEZの範囲**として主張する。また、中国は、**大陸棚説**（日本側では主張できない）で**沖縄トラフ（海溝）先端までをEEZの範囲**内と主張する。

　このように見解が異なる場合、日中両国が批准している「**国際海洋法条約**」では、「**関係国の合意到達の努力**」に委ねられているが、日中両国は、合意への外交折衝ができていないのである。一方的に、日本政府側の主張するEEZの範囲だけを記述して、「資源の横取り」などと決めつけることは間違いであり、中国への敵愾心を煽り偏向している。

⑵　南シナ海問題に尖閣諸島を結びつけ、中国を非難するのは間違いである

　尖閣（釣魚）諸島の領有権については、教科書検定基準となる「学習指導要領」

「同解説」に明記されている。また、明確な政府見解（外務省見解・資料）もある。その拘束下で、各社会科教科書出版社は記述している。しかし、南シナ海問題は、「学習指導要領」「同解説」には取り上げられておらず、明確な「政府見解」もない。「外交青書」「防衛白書」でも、情勢分析として記載されているだけで、教科書に反映すべき政府見解とは解釈できない。しかし、情勢分析でも、政府への忖度（教科書検定に有利）として、取り上げたのが、**「新しい公民教科書」** **自由社**（2020.5.20）である。**「海をめぐる国益の衝突」「尖閣諸島をめぐる危機」** **「海洋をめぐる争いの激化」**との見出しで、右記のような記述の教科書が検定合格して出版されたのである。

　南シナ海問題と尖閣諸島問題を結び付けて、次のように記述する。

　　中国は、1974年、南ベトナム軍と戦い、パラセル諸島（西沙）を占領した。1988年には、中国から遠く離れたスプラトリー諸島（南沙）にまで侵出し、ベトナムが事実上支配していたジョンソン南礁を軍事占領した。また、1995年、フィリピンからアメリカ軍が撤退した機会に、スプラトリー諸島のミスチーフ礁を占拠した。2012年には、フィリピンが領有権を主張するスカボロー礁も占拠した。2015年には、スプラトリー諸島の海域に七つの人工島を建設し、軍事基地化しつつある」「このように中国は、経済成長と軍事力を背景に、南シナ海における海洋秩序を力によって変更してきた。

　　また、1992年、『領海及び接続水域法』を国内法として制定し、南シナ海のパラセル諸島とスプラトリー諸島ばかりか、東シナ海の尖閣諸島さえも一方的に自国の領土と定めたのである。

　南シナ海問題については、後述するが、中国、台湾、フィリピン、ベトナム、マレーシア、ブルネイが領有権を主張している紛争中の課題である。当事国の間で解決すべきことに、それに関わる権益をめぐり、アメリカが介入して中国を牽制する動きをし、それに日本現政権が追随している。この現政権の外交姿勢をそのまま正式の政府見解の如く肯定（忖度）して教科書に記述することは偏向している。

4 欺瞞の「固有の領土」論の登場

(1) 米国は、日露の平和条約・領土帰結の交渉を妨害した

　1954年末、対米従属の吉田茂内閣に代わって、自主外交路線の**鳩山一郎政権**が成立した。すぐに、**ソ連外相モロトフ**から交渉の声明があり、翌年1月25日、ソ連駐日代表部ドムニツキーが政府書簡で申し入れた。鳩山内閣は、外相の重光葵、交渉全権の松本俊一を前面にたてて、ソ連（交渉全権はマリク駐英大使）との間で、国交回復・平和条約交渉をロンドンに於いて開始した（1955.6.3）。松本全権が、交渉方針としたのは、「**訓令第16号**」（1955.5.24閣議決定）である。我国の国連加入、抑留邦人の釈放・送還、領土問題、漁業・通商を懸案としたが、「特に、**抑留邦人の釈放・送還及び歯舞、色丹の返還**について、その貫徹を期せられたい」との方針であった。

　領土問題交渉では、日本側は、南樺太、千島列島、歯舞・色丹を取り上げたが、ソ連側は「戦後、講和条約で、日本が放棄したので解決済み」として対立した。折衝の末、1956年8月4日、ソ連フルシチョフ政権が、「**平和条約を締結すれば歯舞、色丹を返還しても良い**」と伝えてきた。かくて、国交回復を実現し、新たな漁業条約発効と、さらに平和条約締結に努力するとした「**日ソ共同宣言**」を調印した（1955.10.19）。続いて「平和条約」締結へと向かう筈であったが、それは絶望的であった。なぜなら日本側は、米国の介入により日ソ交渉妥結は暗礁に乗り上げた。

日ソ共同宣言に署名する鳩山総理。
1956.10.19

　当時は、米ソ陣営対立の冷戦下である。日本に軍事基地を継続して置く米国は、日ソ間の平和条約と国交正常化を妨害してきた。米国国務長官**ダレス**は、日本政府に対して、次のように介入してきた。「歯舞群島・色丹島の二島だけでなく、（ソ連軍が駐留する）国後島・択捉島も加えた四島返還を条件として日ソ平和条約交渉を進めよ。ソ連に国後島・択捉島の領有を認めるのなら、米国も沖縄を領有し、その返還に応じない」。いわゆる「**ダレスの恫喝**」である（重光葵外相に対して、1955.8.19）。この時から四島返還が、ロシア

との平和条約締結の際の、日本側（自民党政権）の条件となった。ロシア（ソ連）側も対応してきた。1960 年、「日ソ共同宣言」での、「**平和条約締結時の歯舞群島・色丹島の二島返還も、日本国内に駐留する米軍などの外国軍の撤退を条件とする**」と通告してきた。以後、北方四島返還を引き合い条件とするため、日露平和条約が合意できず、締結されない、とても正常とはいえない国交関係が現在も継続しているのである。

⑵「固有の領土」論は、「ダレスの恫喝」による北方四島が始まりである

　日本外務省が、領土問題で必ず主張する「**固有の領土**」の**概念**を検証したい。この「固有の領土」論を日本政府が主張し始めたのは、対ロシアとの間で、平和条約締結と、北方四島返還の交渉を進めたことがきっかけである。日本とロシア（当時は、ソ連）が、平和条約を結ぶことを進めるにあたり、米国が介入をしてきた。先ほど述べた「ダレスの恫喝」である。すなわち、「ソ連に対して、国後島・択捉島の返還を要求しなければ、米国も、沖縄を返還しない！」という、米軍政下にあった沖縄を人質とされた日本側が飲まざるを得ない高圧的介入であった。この屈辱を忘れてはならない。

　米国側が示したのは、「歯舞諸島、色丹島に加えて、択捉島、国後島は、常に Japan proper（**日本本土**）の一部をなしてきたものであり、日本の主権下にあるものと当然認められなければならない」とした。ロシア（当時はソ連）が、戦後処理（「サンフランシスコ講和条約」も含めて）で、「自国領とされた千島列島」の一部である択捉島、国後島を、日本へ返還することを、「日露平和条約」締結の条件とすれば、ロシア側は反発し、平和条約交渉が決裂することは明らかだった。米国の思う壺であり、米ソ冷戦下で、米国に従属した日本政府が、自立できずに誤った所為である。さて、このアメリカの解釈、**Japan proper（日本本土）を「日本固有の領土」**と、歴史の事実よりも優先させて、歪曲した解釈が、今日では、領土問題での日本政府・外務省見解となっているのである。すなわち、外務省見解「北方四島は、我が日本国が父祖伝来の地として受け継いできたもので、**未だかつて一度も外国の領土となったことがないという意味で、我が国固有の領土です。**」（1987 年国会での政府答弁）。このような主張は、敗戦国日本として国際法上認められる立場にない。今日、領土問題化している島々は、**敗戦後のサンフランシスコ講和条約では、すべて日本領土として明記されずに国際法上で放棄したと確認された**。当然、**固有の領土論は成り立たない**。

「学習指導要領」改定を担った合田哲雄…文科省教育課程課長へのインタビュー。「朝日新聞」2017.3.4

教育 ✉edu@asahi.com 木曜〜日曜掲載

竹島・尖閣どう教えるか 文科省に聞く

「国の立場 言い切る指導を」

にもかかわらず、日本政府は、領土問題の島々を、「固有の領土である」として、当該隣国の中露韓国からの領有権主張を「不法占拠・不当介入」として、解決への一切の交渉を拒否してきた。この「固有の領土」論が、敗戦後の領土確定を困難とする排他的論拠であり、歴史的事実に基づかず、侵略行為を反省した講和条約、そして、平和に基づく日本国憲法を否定し、隣国との平和友好に反するものであることを、筆者は、本書で立証していく。

5　教育現場の教師は、どう対処すべきか

(1)　文部科学省「中国や韓国の主張は教えないでいただきたい」

文科省は、学校で政府見解だけを生徒に注入せよと言い切る。教師や子どもが、自分で考え理解することを否定する。「**我が国の立場を伝えるのが、先生の役割**」「**領土の問題について、他国の主張があり、それには理があるという**

風に思っていただくのは困る」「教え方に踏み込んでいるのではなく、子ども
たちが我が国の領土について正し理解するために、定められた内容を指導して
くださいと規定しています。その**目的に沿わない指導は不適切だという事です**」
「我が国の領土について理解の妨げになるなら、**中国や韓国の主張は教えない
でいただきたい**」「**自分たちが正しいと主張するためには、相手の言い分も教
えた方がいいのでは？との質問に、**

　……やれたら、やった方がいいかもしれない。ただ、例えば竹島なら、古地
図を持ち出した綿密な実証作業をしなければ、我が国の立場を実証することは
難しい。小中では発達の段階を踏まえると難しいと思います」「韓国では、竹
島は韓国の領土と教えているわけで、日本の主張を子どもたちが理解していな
い限り、平和的解決にならないんです」（文科省教育課程課長；合田哲雄）。

　さて、気づかれたと思います。文科省の**合田哲雄**氏は、「**学習指導要領**」で
規定した日本政府見解の領土教育を、現場教師に、有無を言わせず指導せよと
強いる。

　しかし、対峙する中国や韓国の主張について、**教えてはならないとは強制でき
ない**。「我が国の領土について理解の妨げになるなら、**教えないでいただきたい**」
とは、文科省の一員の希望する意見であり、指導内容を拘束するものではない。

　矛盾するのは、次の発言である。「**例えば竹島なら、古地図を持ち出した綿
密な実証作業をしなければ、我が国の立場を実証することは難しい。小中では
発達の段階を踏まえると難しいと思います**」。と言いながらも、外務省のパン
フレット「**竹島問題 10 のポイント**」は、生徒たちへの学習テキストを意識し
て「先生教えてください」と判りやすく編集され、中学校では、ウエブサイト
で調べ学習に活用されている。冒頭から、古地図が登場して、日本説と韓国説
とが対比されている。ただし、韓国説へは全面否定している。「**古地図を持ち
出した綿密な実証作業をしなければ、我が国の立場を実証することは難しい**」
からでしょう。また、古地図を取り上げた歴史教科書（東京書籍）も検定合格
している。島根県教育委員会は、副教材としてパンフレットを作成しているが、
勿論古地図を取り上げている。

⑵　外務省は、尖閣＝釣魚諸島問題で、生徒向けに対処していない

　現在、尖閣＝釣魚諸島問題については、外務省は、生徒たちへの学習テキス
トもウエブサイトも作成していない。即ち、副教材はない。北方四島、竹島＝

独島については、作成している。尖閣＝釣魚諸島問題については、成人向けの、外務省の基本的立場、領有経過や中国側の見解を批判した資料集、最近の状況の分析などが、外務省ウエブサイトで紹介され、冊子も発行している。

日本の基本的立場は、次の通りである。「■尖閣諸島が我が国固有の領土であることは、歴史的にも国際法上も疑いのないところであり、現に我が国はこれを有効に支配している。■尖閣諸島をめぐり、解決すべき領有権の問題は存在していない」。この「領有権の問題は存在しない」という立場では、中国側からの領有権の主張についてはシャットアウトし、「外交課題とはしない」「領土紛争はない。中国側からの不当な侵犯、介入」とする。

かくて、外務省見解通りの教科書の記述だけを教材として、学校現場で教師は指導することを強いられる。私・久保井は、学校現場出身として、現場教師の為に、部落問題、日韓・日中関係史、平和教育の為の、生徒の副教材としても使用できる判り易い資料集、書籍を何冊も刊行した経験がある。

本書の如き、国家間の領土に関わる問題を解決するための、専門的な書籍をまとめた次には、この学校現場の生徒たちを対象にした領土教育の副教材に取り組む所存である。期待されたい。

⑶ 「他国におもねる事の方が問題」；産経新聞

ここで、「学習指導要領」改定について、教科書会社や学校現場はどう対処すべきか。相反する報道をした、「産経新聞」と「朝日新聞」の権威ある「社説」を対比して分析する。

先ず、「産経新聞」社説である。

　　これまで『固有の領土』と明記されていなかったことの方がおかしい。自国の領土や歴史について正しく記述することと、外交的な配慮は関係ない。教育について、他国におもねることの方が問題だった」「授業で竹島について、『韓国が領有権を主張している』などと韓国側の言い分を強調する例もあった。……竹島は、歴史的にも法的にも、まぎれもない日本固有の領土である。韓国に不法占拠されているとしっかり教えるべきだ。

納得できないのは、外交的な配慮は関係ない。教育について、他国におもねることの方が問題だったとの主張である。領土紛争の課題とする限り、相手国

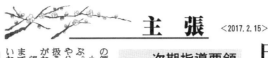

主　張 ＜2017.2.15＞

次期指導要領

日本の良さ学べる授業に

小中学校の教育課程の基準となる学習指導要領の改定案が公表された。

自国の領土や歴史について正しく記述することと、外交的配慮は関係ない。

日本の領土など国への理解を深める学習の充実が図られたことを評価する。実際の指導に生かしてもらいたい。

現行の中学指導要領にある北方領土に加え、竹島と尖閣諸島についても小中ともに「我が国固有の領土」と初めて明記した。

小学校の社会科では地理のほか、歴史や公民分野でも、領土の歴史なども扱う。尖閣諸島には領有権の問題がないことも書かれた。

望ましい変化ではあるが、これまで「固有の領土」と明記されていなかったことの方がおかしい。

中学校の社会科では5年生で学ぶ。

竹島、尖閣は中学指導要領の解説書には盛り込まれており現行の教科書にも登場しているが、教科書には記述の差があった。「韓国が領有権を主張している」などと韓国側の言い分を強調する例もあった。歴史的な経緯を理解せず、「教え方が分からない」といった教員がいるのも嘆かわしい。

竹島は、歴史的にも法的にも、まぎれもない日本固有の領土であると、しっかり教えるべきだ。韓国に不法占拠されている竹島や尖閣について詳しい副教材がある島根県では、歴史や自然について詳しい副教材を活用している立場を願いたい。

次期指導要領は、東京五輪が行われる2020年以降、約10年を見通し、次代を担うのに必要な能力を考えたものだ。

国際化の中で、自分の言葉で発信できる人材育成のためにも、幼稚園で国歌に親しむ活動も盛り込まれた。海外に出て、国歌も知らないのは恥ずかしい。

年齢や発達段階に応じ、自国に誇りを持って学び、さらに深く勉強したくなる指導を工夫したい。国旗や国歌に背を向け、日本をことさら悪く教える先生は退場を願いたい。

る。参考にしたい。

北方領土も竹島、尖閣の地図を示し、国境線を尋ねた日本青年会議所の調査では大人も正解が少なかった。領土についての国民の関心が低くては国益に関わる。

「日本の良さ学べる授業に」産経新聞（2017.2.15）

の言い分も知ることが必要ではないのか。それを否定するのか。案の定、次のように断定する。「**竹島は、歴史的にも法的にも、まぎれもない日本固有の領土である。韓国に不法占拠されているとしっかり教えるべきだ**」。これは日本政府の主張だけを注入せよということである。韓国政府は、「**韓国『併合』の最初の犠牲として、独島＝竹島は、不法に奪われたが、戦後に取り戻した**」と主張している。相手国の言い分も知らされず、自国政府の主張のみを注入されたのでは、相互理解も成り立たず、紛争はエスカレートするのみで、解決への道も、友好関係も崩すだけである。

　また、社会科教科書では、国家主権と関わって、領土の問題とともに、国旗、国歌についても扱う。産経新聞では、「**国旗や国歌に背を向け、日本をことさら悪く教える先生は退場を願いたい**」とも主張する。私は、「日の丸」、「君が

代」が学校現場に持ち込まれた際に、批判した教師の一人であった。私は、「国旗や国歌に背を向けたのではない。正面から向かったのである」。彼の戦争で、日本軍が、アジア・太平洋に占領地に翻した「日の丸」「旭日旗」は戦争の象徴となった。韓国を併合して、国旗「大極旗」を踏みにじり、天皇の臣民として「日の丸」への遥拝を強いた歴史を忘れてはならない。「君が代」は、天皇の御代を讃える臣民からの奉唱歌であり、大元帥天皇の軍国への忠誠の象徴であった。今も、天皇自身は歌わずに、奉唱を受ける立場である。このような「日の丸」「君が代」の持つ戦争と関わる歴史をきちんと児童生徒に認識させ、戦後の日本では、平和国家を守り進める「国旗」「国歌」に意義づけを明確にしなければならないとしたのである。

　このような意義づけも、教育活動もなしに、突然に、職務命令として、入学・卒業式の儀式には「校旗ではなく日の丸を正面に掲げよ」「校歌の前に君が代を斉唱させよ」としたから、教育現場が混乱したのである。皇居園遊会にて、学校での「君が代」奉唱を伝えた文部大臣に、さすがに天皇も、（強引さに）「無理の無いように」との一言があった。歴史認識を欠如した主張は、社説として恥ずべきであろう。

⑷　「相手国の言い分も伝え、自分の頭で考えること」；朝日新聞

　次に、「朝日新聞」の社説である。「**領土教育、複眼的な思考こそ**」の見出しで、

　　政府の見解を教えるだけではなく、相手国の言い分も伝え、世界を知り、自分の頭で考えることをうながしたい」「子どもたちが日本の主張を知っておくことは大切だ。だが政府見解は数学の公式とは違う。日本の立場の表明であり、それを学ぶのみでは現実は理解できない」「教室で『尖閣に領土問題は存在しない』と教えても、中国船による領海侵入のニュースは流れる」「領土とは何か。隣国はどう考えているか。いかなる歴史的経緯があるか。こうした事実を知って初めて、問題を深く、複眼的に見ることができる。

　　教員が指導要領に従わなければ、処分される根拠にもなりうる。決められたとおりに教えることが従来以上に求められるのではないか。自国第一主義の風潮がはびこる中、独自の工夫を偏向と批判する空気が広がれば、教員は腫れ物に触るような授業しかできなくなるだろう」「文化も経済も、

領土教育

複眼的な思考こそ

政府の見解を教えるだけではなく、相手国の言い分も伝え、世界を知り、自分の頭で考えることをうながしたい。

北方領土、竹島、尖閣諸島は「我が国の固有の領土」で、尖閣諸島に「解決すべき領有権の問題は存在していない」——。

そんな記述が小中学校の学習指導要領の改訂案に盛りこまれた。小学5年の社会科と中学の地理、歴史、公民の全分野で、政府見解を教えることになる。

領土は各国のナショナリズムや利害がぶつかり合い、外交上の摩擦の要因になる。子どもたちが日本の主張を知っておくことは大切だ。

だが政府見解は数学の公式とは違う。日本の立場の表明であり、それを学ぶのみでは現実は理解できない。教室で「尖閣に領土問題は存在しない」と教えても、中国船による領海侵入の

ニュースは流れる。

領土とは何か。隣国はどう考え、いかなる歴史的経緯があるか。こうした事実を知って初めて、問題を深く、複眼的に見ることができる。

新指導要領が重視するのは、答えが一つではないテーマを多面的・多角的にとらえ、他者と協働して思考する力だ。領土をめぐる対立は、ある意味で格好の教材ともいえる。

政府見解は今回突然、指導要領に登場したわけではない。文部科学省は3年前、政権の意向を踏まえ、教科書執筆や授業の指針となる指導要領の「解説」に同趣旨の記述を入れた。既に小中の社会科の全教科書が三つの領土について記載している。

だが、法的拘束力をもつとき、いまは隣国に見ている。

る根拠にもなりうる。決められた通りに教えることが従来以上に求められるのではないか。自国第一主義の風潮がはびこるなか、独自の工夫を偏向と批判する空気が広がれば、教員は腫れ物に触るような授業しかできなくなるだろう。

文化も経済も、国境を軽々と越えていく時代に、自国の主張が正しいと言いつのるだけでは共感は得られない。育てたいのは、相手の立場を理解し、冷静に考え、議論し、共生の道を探ろうとする人材だ。

教育を通じて一つの価値観や歴史観を植えつける息苦しさと誤りを、この国は過去に経験しなやかで、強い社会をつくるために、子どもたちにはどんなアプローチが必要か。領土教育を考えるときにも、この視点を忘れられないようにしたい。

処分されれる指導要領本体と「解説」では、重みが違う。教員が指導要領に従わなければ、

「領土教育、複眼的な思考こそ」（「朝日新聞」2017.2.16）

国境を軽々と越えていく時代に、自国の主張が正しいと言いつのるだけでは共感は得られない。育てたいのは、相手の立場を理解し、冷静に考え、議論し、強制の道を探ろうとする人材だ」「教育を通じて一つの価値観や歴史観を植え付ける息苦しさと誤りを、この国は過去に経験し」

と述べた。

　さて、「朝日新聞」社説は、思考、教育の基幹を指摘している。**領土紛争の現実を隠さず、それを理解して解決するためには、「領土とは何か。隣国はどう考えているか。いかなる歴史的経緯があるか。こうした事実を知って初めて、問題を深く、複眼的に見ることができる」とする。至言として受け入れ、尖閣＝釣魚諸島問題の歴史的経緯をめぐる、日本と中国との主張を対比し、検証することとする。**

Ⅲ. 歴史的に、領有権は中国に正義がある

1　日清戦争時に、日本が領有を強行した

⑴　日本政府は、中国領と認知して領有化を取りやめていた

　英国軍艦 SAMARANG（艦長 Edward Balcher）が 1885（明治十八）年 9 月 22 日、沖縄県令西村捨三は、明治政府内務省からの領土確定の為の**沖縄と中国福州間の無人島調査」**の内命に対して、「**清国領と思われる故、国標を建てること懸念する**」と上伸した。即ち、「**中山伝信録に記載せる釣魚台、黄尾嶼、赤尾嶼と同一なるものに、これ無きやの疑いなき能わず**」「すでに清国も旧中山王を冊封する使船の詳らかにせるのみならず、その他（島々に）、名称をも付し」「直ちに国標取建て候も如何と懸念仕り候」と、清国領とされる事由を示した。だから、**内務卿（山形有朋）**は、**外務卿（井上馨）**とも協議の上、国標建設を中止した。即ち、1885（明治十八）年 12 月 5 日、「沖縄県と清国福州との間に散在する無人島へ国標建設の件」「国標建設の儀は、清国に交渉し彼是都合

沖縄県令西村捨三は、内務省からの「沖縄と中国福州間の無人島調査」に対して、清国領と思われる故、国標を建てることを懸念すると上伸した。1885.9.22

34

も之あり候に付き、目下見合わせ候」「外務卿と協議の上、その旨同県へ指令致し候」と、太政大臣三条実美に上申した。このように、明治政府は、釣魚＝尖閣諸島を清国領と判断して、日本領有の措置（国標建設）は取りやめたのである。

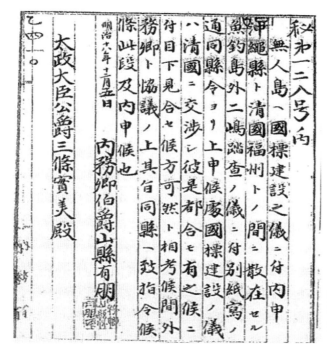

清国とも交渉する都合もあるので、魚釣島他の領有国標は見合わせる（1885.11.5）。

(2) 戦況に乗じて、日本が領有化に変じた証左を隠蔽した

　ところが、軍国化を進めた日本政府は、日清戦争時を好機として、1895年、一方的に尖閣＝釣魚諸島を日本領として強奪することとした。それは、日清戦争にて、日本勝利の際に、台湾を占領し割譲させる作戦を遂行している状況下であった。尖閣＝釣魚諸島の領有は、清国との交渉合意を必然とした国際法を蔑ろにした企てであった。

　これを井上清「尖閣列島　釣魚諸島の史的解明」現代評論社が、史料を明示して指摘している。その引用史料は、「日本外交文書第133号」である。その前半部分は、「久場島、魚釣島へ所轄標杭建設の儀、……明治十八年貴省とご

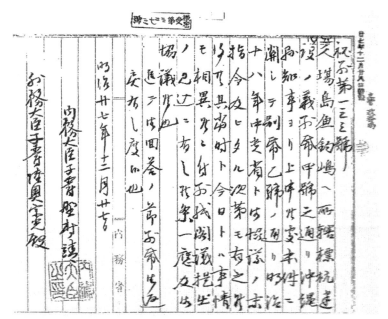

機密第3273号、秘第133号。日清戦争が勝利の予想に乗じた。「魚釣島への所轄杭建設、1885年」「その当時と今日とは事情も相異なり候につき閣議に提出」(1894.12.27)

協議の末、指令に及びたる次第も之あり候へども……その当時と今日とは事情も相異候に付き、別紙閣議提出の見込みに之あり候（中略）内務大臣子爵　野村靖、外務大臣子爵　陸奥宗光殿」。後半では、「沖縄県下八重山群島北西に位する久場島魚釣島へ標杭を建設す……従来無人島なれども近来に至り該島へ向け漁業などを試むる者有之。……右は同県の所轄と認むるにより上申の通り標杭を建設せしめんとす。右、閣議を請う。明治 27 年 12 月 27 日。」(1894.12.27)。かくて、野村靖内務大臣より、奈良原繁沖縄県知事へ、「標杭建設に関する件請願の通り」と指令した (1895.1.21)。

　あろうことか。今日では、史料前半の**「その当時と今日とは事情も相異候に付き」**と記述された箇所が、墨塗り・非開示で閲覧できない。すなわち、日本が軍備増強にて、日清戦争時の俄然有利の状況下の事情を踏まえて、清国との領有権を交渉する必然を無視した。その箇所が公開拒否される。時の政権が自国に不利と判断した史料は非開示とする「特定**秘密保護法**」の壁が歴史の真実を隠蔽する。

　かくて、このような経過を隠蔽して、**日本外務省「尖閣列島の領有権につい**

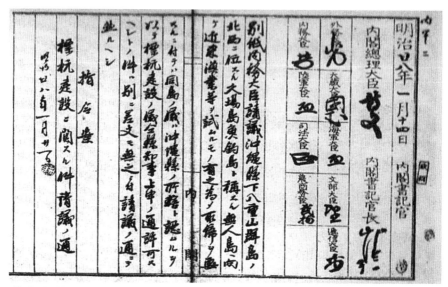

「久場島（黄尾嶼）、魚釣島（釣魚嶼）と称する無人島」を沖縄県所轄として、国標杭を許可した（1895.1.14）。ところが、赤尾嶼（久米赤島）は忘れられた。しかも、この国標杭は、実際には建てられなかった。

ての基本見解」は次のように述べる。「尖閣諸島は、1885年以降、政府が沖縄県当局を通ずるなどの方法により複数回の**現地調査を行い、単にこれが無人島であるのみならず、清国の支配の及んでいる痕跡がないことを慎重に確認の**上、1895年1月14日に現地に標杭を建設する旨の閣議決定を行って、正式に我が国の領土に編入した（**植民地主義の無主地先占論**）。この行為は、国際法上、正当に領有権を取得するためのやり方に合致している。また、尖閣（釣魚）諸島は、1895年4月の**下関条約で清国が日本に割譲した『台湾及び澎湖諸島』には含まれない。条約以前の行為であり、従って、日清戦争の結果、日本が奪取したものではない**」（1972.3.8）との詭弁を弄する。どこが詭弁であるか。釣魚＝尖閣諸島は、台湾本島の東北部に連なる島嶼群であり、沖縄本島、石垣島などの**南西（琉球）諸島**との間を、南北に渡る**沖縄トラフ**（舟状海盆・深海底）で分離されている。地理的・地学的に、台湾本島に付属する島嶼群だからである。

(3)　釣魚＝尖閣諸島は、「台湾付属島嶼でない」との日本側の詭弁

　日清戦争に敗北した当時の中国の置かれた状況を認識しなければならない。

領土では、**台湾とその付属島嶼を割譲し、朝鮮国と琉球王国を従属させてきた宗主権も失った**。当然、台湾と、すでに廃絶されていた琉球王国（沖縄）との国境はなくなり日本領土とされた。かくて、それらの周辺の釣魚（尖閣）諸島などの島嶼も含めて、清国との領有権論議も無しに、日本が戦争により有無を言わさず領土化したのである。

　また、日清戦争の下関講和条約の交渉では、割譲する「台湾の付属島嶼」との記述をめぐって、日清全権委員間で次のような確認があった。清国全権使節側（李鴻章）は、「**台湾付属島嶼とある其の島嶼の名目を目録中に挙ぐる必要なきか。……澎湖列島の区域は経緯度をもって明瞭せられあるも、台湾付属島嶼については、これらの区域を明らかにすることなし**。……後日、福建省付近に散在する所の島嶼を指して、台湾付属島嶼なりと謂うが如き紛議の生じるを懸念すればなり」とせまる。明らかに福建省からの琉球王国冊封使節が、琉球との往来にあたっての釣魚＝尖閣諸島をも含むことが念頭にある。すなわち、行政的には、釣魚諸島は、琉球冊封使と関わり、福建省の管轄であった。また、地理的な近接としては、台湾本島の附属諸島でもあった。対応した日本弁理公使の水野遵は、戦時中に密かに行った閣議決定だけで、まだ釣魚＝尖閣諸島には標杭も建設してなかったから、誤魔化す。「**日本政府が福建近傍の島嶼までも主張する如きこと決してこれ無し**」。つまり、日本政府が、閣議決定にて、釣魚＝尖閣諸島をすでに領有化したことには、一切言及しなかったのである。結局、講和会議では、釣魚＝尖閣諸島については、言及も、明記もされず、日本の強奪が隠蔽されたマジックであった。

　さらに詳細に言えば、12世紀以降, 澎湖諸島には、漢民族が早くから居住していたが、中国明朝期には、台湾全島を明朝は完全に領土化していなかった。朝貢国の対象にもなっていなかった。明朝の対外貿易港でもあった福建港と関わった台湾北部沿岸や周辺の島々の存在を把握していたにすぎない。台湾は、沿岸部を倭寇が活動拠点としたり、オランダ国策の東インド会社のアジア貿易の拠点（台南安平城）が築かれた（1627年）。オランダ人は、台湾統治のために、先住民（約12万人）に対して、武力による押さえつけと、キリスト教布教と慰撫を進めた。また、中国大陸からの漢民族の移民を迎え入れて農業開拓を進めた。清朝によって滅ぼされた明朝残党の鄭成功の軍が、台湾に移り、オランダ人を駆逐して、三代に渡って統治することとなる（1662年）。漢民族の移民誘致を進め、先住民を凌駕していくのであった。

　1683年、この鄭氏政権を打倒した**清朝に、台湾は完全に統治され、中国領**

土となった。福建省、広東省からの漢民族の移民・開墾が進められ、先住民は、東部山岳地域へと追いやられて、人口も減少していく。先住民11万3千余人、漢民族約290万人となる（1906年）。

今日、中国政府は（台湾も）、釣魚＝尖閣諸島が台湾の付属島嶼として、日清戦争により奪われたものであり、敗戦国日本は、中国へ台湾付属島嶼として釣魚＝尖閣諸島を台湾とともに返還すべきであったとする。即ち、「**地理的に見ても、中国の歴史的な管轄実行から見ても、釣魚島はずっと台湾島の付属島嶼であった**。日本は不平等な『下関条約』を通じて、釣魚島を含む『台湾全島及びすべての付属島嶼』を割譲するよう迫った。『カイロ宣言』『ポツダム宣言』などの国際法律文書は、日本が窃取した中国の領土を無条件に返還すべきであるとしている」（中華人民共和国駐日本国大使館見解 2012.9.25）。

さらに、著者（私・久保井）は、次のことを、付け加えよう。**釣魚諸島は、台湾との地理的近接に加えて、中国福建省が、琉球冊封史の往路、琉球王国の朝貢貿易と関わり、明代・清代の数百年に渡り管轄してきた歴史的・行政的にも明白な中国領土であった。**

また、台湾政府（当時、中華民国）は、「釣魚台列島は、日本が日清戦争後、台湾とともに占拠された我が国の固有の領土であり、『カイロ宣言』、『ポツダム宣言』、『日本降伏文書』及び『日華平和条約』に基づき、中華民国に返還しなければならない」と主張する。（当時、**中華民国台湾**外交部 2012 .9.28）。

日本政府が釣魚＝尖閣諸島の領有権を「正当化」するためには、釣魚＝尖閣諸島が台湾の付属島嶼であることを否定し、南西諸島の沖縄県に属することを明確にしなければならない。**南西諸島の琉球王国（沖縄）の領土である歴史的な史料・事象があれば日本側に好都合だが、それはいくら探しても存在しないのである。**そもそも、海図によれば、**沖縄トラフ（舟状海盆・深海底）**を境として、釣魚＝尖閣諸島は西側（大陸棚）に位置し、沖縄の属する南西諸島は、東側に位置し、地理的・地学的にも別である。しかも、江戸時代には、清国と琉球との両国間の往還に於いて、この**沖縄トラフ**（黒水溝・黒溝と呼ばれた）を、明・清代の中國と、琉球王国とは、海の境界としていたことが、冊封使の「**使琉球録**」各書から読み取ることができる。

2　史料は、日本（琉球）領でなく中国領と明示している

(1)　日本政府は、領有を正当とする史料を提示できていない

　日本が尖閣＝釣魚諸島を領有した（1895.1.14 閣議決定）ことを正当とする根拠は、植民地主義の国際慣習「**無主地先占**」論だけしかない。無人島＝無主地でないことは、周知のことである。いずれの国の政府もその島を認知せず、領有・利用していない島が無主地である。果たして釣魚＝尖閣諸島はその「無主地」だったのか。史料に基づき解明していこう。

　日本は、**琉球処分**と称して軍事力によって**琉球王国**を廃絶し**沖縄県**にし（1872 ～ 1881.3）、さらに日清戦争勝利によって清国から琉球王国の宗主権を奪って、日本領土とした。では、その琉球王国の領土として、釣魚＝尖閣諸島は含まれていたのか。否である。**琉球王国（沖縄）の文献史料・地図には、釣魚＝尖閣諸島を琉球領と明示したものは一つとして存在しない。一方、中国領であることを明示する文献史料・地図はいくつも存在する。**

　先ず、徳川幕府三代将軍家光が、正保年間（1644 ～ 47）に、各藩に対して、統一した縮図（六寸＝一里）で国絵図の作成・提出を命じた。島津光久は、薩摩・大隅・日向に加えて、琉球国も割り当てられた。薩摩藩より琉球国へ派遣された調査・作成者は、鬼塚源太左衛門、大脇民部左衛門、梁瀬清右衛門、遠武軍介たちである。此の際に作成された「**琉球国絵図**」が、琉球王国内の港、海上交通も記入されており、現存する最も権威ある第一級の最古の史料である。

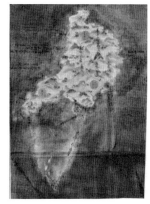

久米島「正保琉球国絵図」
正保年間（1644〜47）

　即ち、**東京大学史料編纂所蔵「正保琉球国絵図全三舗　大島絵図、悪鬼納島絵図、八重山島絵図」**である。南西端の八重山諸島では与那国島まで記載されているが、ずっと北側の**釣魚＝尖閣諸島は記載がない。**沖縄本島及び周辺離島でも、

冊封使船。徐葆光「中山伝信録」1721年

「釣魚嶼、黄尾嶼」とある。
蕭崇業・謝杰「使琉球録」付図
「琉球過海図」(1579年)

西端は**久米島**までであり、ずっと西の方向にある釣魚＝尖閣諸島は記されていない。琉球王国（尚王朝）が、南西諸島を領域に収めたのが、16世紀中頃である。1609年には、薩摩藩の侵攻を受け、その武力支配下とされた。琉球王国は、歴史的にも、地理的にも釣魚＝尖閣諸島を領域版図に治めてはなかったのである。

　何よりも、**琉球王国**（尚王朝）は、**中国への進貢貿易**を行っていた。即ち、明国とは15世紀中頃から1633年まで、次いで清国とは1646〜1874年まで、**中国を宗主国として、朝貢の見返**りに貿易の利を得てきた。宗主の中国皇帝から琉球国王に任ずる冊封使が、福州から渡海してくる往路の海上に、台湾北端とその付属島嶼である釣魚＝尖閣諸島があり、そして冊封使を送迎する際、久米島が琉球国の国境となっていた。琉球の船員にとっては、中国からの冊封使を迎える航海で、琉球への途上にある釣魚＝尖閣諸島を航海目印としただけで、しかも、その中国名の島々を琉球領土などとは思いもしてなかったのである。

(2)　中国の琉球冊封使「使琉球録」各文献にみられる釣魚諸島

　中国政府の見解では、「釣魚島とその付属島嶼が中国に属することの歴史的地理的根拠」として、次の史料を挙げる。「我が国の明・清両朝は、釣魚島とその付属島嶼に対し、ずっと主権を行使していた。早くも明代の初期、釣魚島とその付属島嶼は、中国の版図に入っており、永楽年間（1403〜24）に刊行された『順風相送』には、中国人が福建から琉球に行く途中に通る**釣魚嶼、赤次島嶼**（即ち赤尾嶼）などの名称が明確に記されている。明・清時代に、琉球王国に使いした冊封使は、出使録の中で、釣魚島などの島嶼が中国の領土で、これらの島嶼を過ぎて初めて琉球の境に入ることを明確に指摘している。明朝の**冊封使陳侃が、1543年に著した『使琉球録』**には、『**釣魚嶼を過ぎ、黄毛嶼を過ぎ、赤嶼を過ぐ、……古米山（久米島）をみる。即ち、琉球に属するものなり。夷人船に鼓舞し、家に達するを喜ぶ』とはっきり記されている」**（中華人民共和国駐日本国大使館 2012.9.15）。

　これに対し、日本政府が反論した見解は、「**日本外務省　日本の領土をめぐ**

る情勢　尖閣諸島に関する Q&A」の Q5 である。
すなわち、「久米島以西が中国に属してきたこ
との根拠であるといいます。しかし、これらの
文献では、久米島が琉球に属することを示す一
方、久米島以西にある尖閣諸島が明や清に属す
ることを示す記述は全くありません。」「**国際法
上、島を発見したり、地理的な近接性があるこ
とのみでは、領有権の主張を裏付けることには
なりません。**」（2013.6.5）。驚いた反論である。
「**使琉球録**」各書を読めば、中国から航海して
きて、久米島を目の当たりにして、『琉球の地
だ、家についたと琉球人が喜ぶ』のだ。此処ま
での島々が中国（清）の地であると、素直に読
み取れないのか。とにかく、**日本政府は、尖閣**

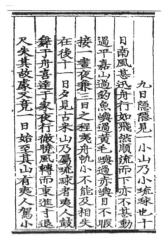

封使　陳侃『使琉球録』1543年

**＝釣魚諸島を何とか「無主地」という事にして、自己の「無主地先占」領有を
当てはめたいようである。**自国領と明記していないからという論理なら、**釣魚
島、黄尾嶼、赤尾嶼**はもちろん、**小琉球（台湾）、東沙島嶼・鶏籠嶼・花瓶嶼・
彭佳嶼**など、記述されている島々はすべて「無主地」とされてしまう論理である。
　そもそも、明（15 ～ 16 世紀）や清（17 ～ 19 世紀）の時代の古文献の解釈に、
国際法云々を当てはめようとすることに無理がある。その論法なら、日本は、
小笠原諸島も南千島（国後島・択捉島）も、さらに北海道とて固有の領土と主張
することは危うい。北海道は近代以前には蝦夷地（異国）と明記していたので
ある。何よりも、当時の、日本人が、中国人が、琉球国人が、どう認識してい
たかを史料から読み取ることが歴史研究の正道である。
　中国人が釣魚＝尖閣諸島を認識し、島々に中国名で命名していた事実が大切
である。琉球への冊封使の往還の使船よりも、琉球からの進貢貿易の船は十倍
以上往還している。琉球の船員は、釣魚諸島のことを熟知していたが、島々の
名称は中国名のまま受け入れていた。
　それに対して、**近代日本において、「尖閣諸島」と、学術上、日本名が付け
られたのは、何と 1900 年のこととされているではないか。**
　さて、琉球への冊封使関係の記録は、13 使節の 15 冊が確認されており、
福州と琉球との往復の航海だけでなく、琉球王国の状況についても、詳細に記
述され、皇帝への報告としてだけでなく、次の冊封使へ申し送られた数百年に

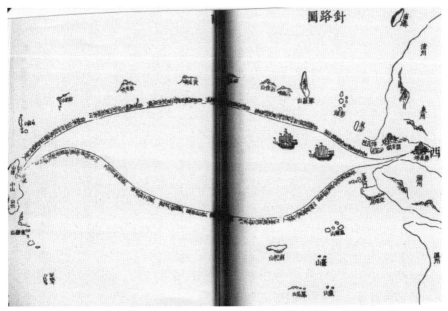

徐葆光「中山伝信録」（1721年）。付図　往還海路（図上が南で往路である）

わたる**中国政府の第一級公文書**である。そこに、釣魚島などの中国名の島嶼が
記録されている。日本政府が、日清戦争のどさくさに、「無主地」などと強弁
しても理に合わないのである。

　琉球国への冊封使の記録は 15 冊が確認されるが、後の冊封使の記録の手本
となった明代の**陳侃「使琉球録」**1534 年自序、及び江戸期から我が国で書写
され読まれてきた清代の**徐葆光「中山伝信録」**1721 年自序が著名である。特
に後者には、針路図が付いており、往還海路の絵図としては、最も詳細である。

　徐葆光「中山伝信録」（1721 年）。付図　往還海路（図上が南で往路である）

　中国大陸への帰路は、風を待ち、西へ向かうのみである。帰路に記された島々
は、福建省沿岸の近くの島々であり、西南の港へと向かう目印である。

　ここで、**中国政府の見解「釣魚島問題の基本的状況」**（2012.9.15）から引用
しよう。「日本の学者林子平は、1785 年に『**三国通覧図説**』を著し、その付図『琉
球三省並びに三十六島之図』で、**釣魚島などの島嶼を中国大陸と同じ色にし、
琉球諸島の範囲に含めていない。**」とする。

　この中国政府の見解は、井上清「**尖閣列島　釣魚諸島の史的解明**」を参考に
しているようだ。同書には、林子平「三国通覧図説」の付図コピーが添付され

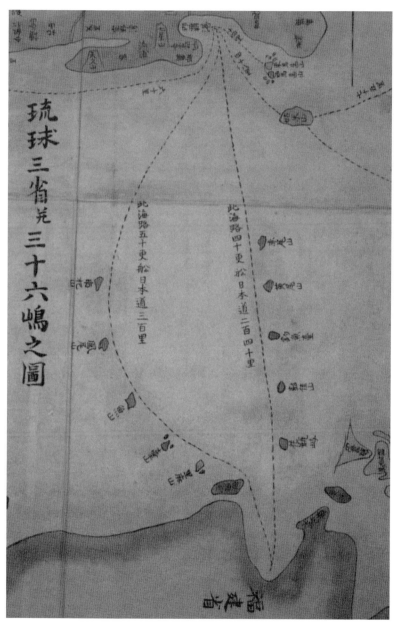

林子平『三国通覧図説』付図『琉球三省並びに三十六島之図』部分、1785年。釣魚島（南側の往路の真中に描かれている）などの島嶼を中国大陸と同じ色にし、琉球諸島の範囲に含めていない。著者所蔵。左方が北である。

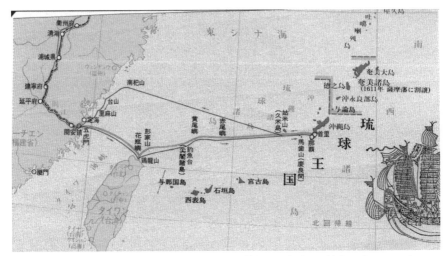

進貢貿易とそのコース　宮城栄昌・高宮廣衛「沖縄歴史地図」柏書房（1983.4.20）

ている。

　日本政府は、林子平の付図を自国に不利な史料として論議では、引用・掲載を避けて、隠蔽しているかのようである。何が日本政府にとって不利なのか。林子平「三国通覧図説」は、三国（蝦夷国、朝鮮国、琉球王国）を図説したものだが、付図は五枚からなる。「全図」「蝦夷国図」「無人島図（小笠原諸島）」「朝鮮国図」「琉球国図」の五枚である。

　日本政府にとっては、この「全図」を広げられるのが嫌なのであろう。日本海（東海）の**鬱陵島と独島＝竹島が朝鮮国本土同様に色付けされ、「朝鮮の持ち也」と注釈まで記されている**からである。さらに、「琉球国図」には、『琉球三省並びに三十六島之図』の説明がつき、「**釣魚嶼、黄尾嶼、赤尾嶼**」の名が記され、**中国福建省と同じ色付けで、中国領土と認識される**からである。

　件の付図『琉球三省並びに三十六島之図』には、林子平が彼なりに描いた琉球への冊封使の往還海路が描かれている。実は、この往復海路の絵図は、標識となる島々が欠落したり、位置も不正確である。私は、公平に**林子平の誤りも指摘しておきたい**。掲載した正確な**徐葆光「中山伝信録」**付図と、林子平の絵図とを比べると一目瞭然であろう。往還海路の琉球側の標識となる久米島の位置が大きく南へ外れている。もっと北に位置する。往路の、**小琉球（台湾）**が小さく描かれ南へ寄りすぎである、最初の標識となる**東沙嶼・鶏籠嶼・花瓶嶼・彭佳嶼**などは台湾の基隆港付近の島嶼である。明代の場合は、台湾への支配は

北部の基隆港付近へ及んだばかりで、台湾は殆ど未統治であった。しかし、林子平が著述した江戸時代には、台湾・附属島嶼の釣魚諸島などは清国領として完全に支配されていた。まぎれもなく、中国領と断定してよい。

　さて、これらの台湾付近の標識の島々を見て、少し離れた釣魚諸島の北東方向へ舵を切り、そして最後に久米島へと向かったのである。さらに、帰還の海路図に描かれた島嶼、南杷山・鳳尾山・魚山・臺山・里麻山などはすべて福建省付近の島嶼である。中国帰還の使船は、島伝いではなく一路大陸へと西方に向かうのである。久米島で風待ちをして、ただ西へ西へと中国大陸の浙江省南部へ向かい、沿岸付近の島嶼を標識に、南の福建省福建港へ到着するのである。従って、帰路では釣魚諸島付近は、通過しない航路を執るわけである。

　念のため、琉球国王への中国皇帝の冊封使船が往還した、また、それにより、中国や南方と貿易を展開した、正しい位置関係、航路の図を示しておこう。

⑶　倭寇防衛前線の島嶼に釣魚諸島は含まれていた

さらに、**中国政府の見解「釣魚島問題の基本的状況」**（2012.9.15 中華人民共和

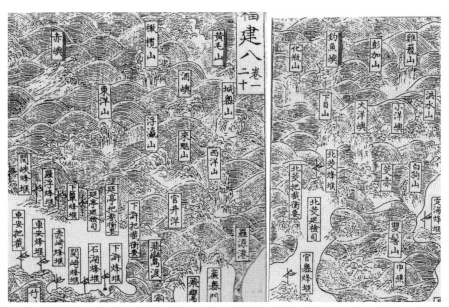

『籌海図編』の「福建七巻一、十九」「福建八巻一、二十」の一部。釣魚嶼、黄尾山、赤嶼に、著者が赤線を付した。カラー口絵と同じ。

国駐日本国大使館）には、「釣魚島とその付属島嶼が中国に属することの歴史的法理的根拠」として、次のように述べる。「明朝の剿倭（倭寇討伐）総督、**胡宗憲**が編纂した『**籌海図編**』は、明朝の沿岸防備当局が管轄する沿岸島嶼が明示されており、その中に釣魚島その付属島嶼も含まれ、これらの島嶼が、早くも明代に、我国の沿岸防備の管轄範囲に入っていたことを証明している」とする。

　呼応してか、井上清「**尖閣列島**」現代評論社では、さらに詳細に次のように述べる。「遅くとも 16 世紀には、釣魚諸島が中国領であったことを示すもう一種の文献がある。それは、……**胡宗憲**が編纂した『**籌海図編**』（1561 年の序文あり）である。

　……本書の巻一『沿海山沙図』の福建七、八にまたがって、福建省の羅源県、寧徳県の沿海の島々が示されている。そこに、鶏籠山、澎加山、**釣魚嶼**、花瓶山、**黄尾山**、橄欖山、**赤尾嶼**が、この順に西から東へ連なっている。……この図は、釣魚諸島が福建沿海の中國領の島々の中に加えられていたことを示している。『**籌海図編**』の巻一は、福建のみでなく倭寇の襲う中国沿海の全域にわたる地図を、西南地方から東北地方の順に掲げているが、そのどれにも、**中国以外の地域は入っていないので、釣魚諸島だけが中国領でないとする根拠はどこにもない**」とする。この井上清氏の「『籌海図編』による中国領」との見解に対して、研究者から反論もなされているが、後で紹介して分析したい。

(4)　西太后が釣魚諸島を下賜した詔勅の真偽

　香港からの**楊仲揆**「中国・琉球・釣魚台」友聯書報発行公司（1972.5）に興味ある史料が紹介された。清朝の官吏（太常寺正）**盛宜懐**が、**薬草海芙蓉を釣魚島・黄尾島・赤尾島で採集して、丸薬となして、西（慈禧）太后**に献上した。その功績により、光緒十九年十月（1893.10）、西大后から釣魚島などの領有を下賜されたとする詔勅がある。そのことが詔勅とともに、子（盛恩顧）より孫（盛徐逸）へと遺嘱されていたことを、確認したというのである（1970.8.23 論文発表）。盛家に遺嘱されてきた「**西（慈禧）太后の詔勅**」、孫（盛徐逸）へと遺嘱した文書、位置を図示した「釣魚台地理図説」も添付されている。

　日本の領有化の行為以前に、清国において釣魚島の所有者が決定されていたこととなり、領有に関する歴史的結着がなされることとなる。これは、「人民日報 1996.10.18」でも報道された。されど、日中間で、釣魚＝尖閣諸島の領有化問題がクローズアップされた時期に、突如提起された「西（慈禧）太后の

詔勅」。すぐに、本物かどうか？との疑義が、日中両国の研究者たちから出されている。疑問に応えて、真偽が検証されなければならない。

著者（私・久保井）は、島々の実態を知らずに、「薬草海芙蓉を採集した」などと出まかせを言っているとしか思えない。西（慈禧）太后の詔勅が出された（1893.10）、すぐ後から、釣魚島・黄尾島へは、日本人が調査・上陸し、さらに居住もして開発されているのである。

戦後には、琉球大学による綿密な植生の学術調査もなされた。貴重な薬草海芙蓉の植生は見られていない。釣魚島・黄尾島から離れて位置する赤尾島も採集地にあげられているが、赤尾島（0.06㎢）などは、六つの小さな岩礁からなり、草木の自生などは困難である。

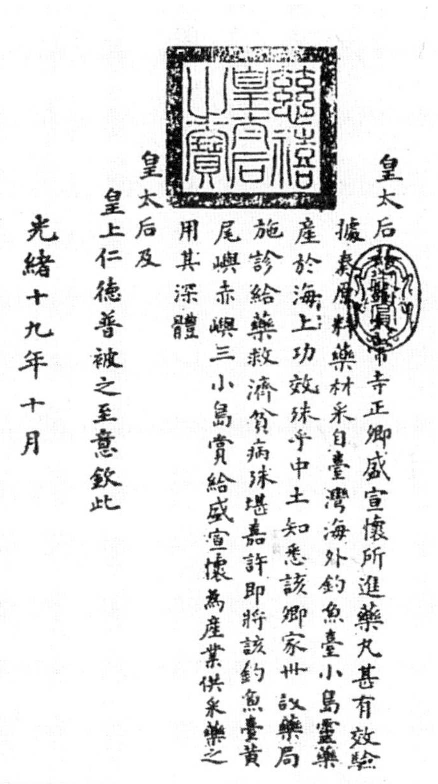

慈禧皇太后之寶
皇太后諭太常寺正卿盛宣懷所進藥丸甚有效驗
據奏原料藥材采自臺灣海外釣魚臺小島靈藥
產於海上功效殊乎中土知悉該卿家世設藥局
施診給藥救濟貧病殊堪嘉許即將該釣魚臺黃
尾嶼赤嶼三小島賞給盛宣懷為產業供采藥之
用其深體
皇太后及
皇上仁德普被之至意欽此
光緒十九年十月

西太后の詔書（1893.10）

「使琉球録」各書にて知れ渡っていた釣魚島・黄尾島・赤尾島の名を連ねた偽文書？かもしれない。案の定、**浦野起央**「尖閣諸島・琉球・中国」（2005.5.10）にて、「詔書の形式、玉璽が違っており、何よりも、**盛宣懐**は、詔書の光緒十九年十月には、太常寺正の地位になどなかった」ことから、偽作であることが定説となっていると指摘されている。今日では、中国の公式見解では、この「西太后の詔書」は、取り上げられていない。もしも、贋作がなされたのが1893年の清朝期なら、当時には、釣魚諸島が中国領として認識されており、その領土の最果てにまで薬剤探しに出向いたエピソードとなるだろう。

⑸　井上清氏の「釣魚諸島中国領」説をめぐる論争

すでに、井上清「『尖閣』列島……釣魚諸島の史的解明」現代評論社（1972.10.9）

は、釣魚＝尖閣諸島は無主地ではなく、中国領であったとの史的解明を展開している。その論説している史料は、**中国政府の見解「釣魚島問題の基本的状況」**（2012.9.15 中華人民共和国駐日本国大使館）の史料とほぼ同様である。したがって、井上清氏の「釣魚諸島中国領説」を批判することは、中国政府見解への批判ともなるのである。

　日本政府；外務省は、「**無主地先占**」による領有化だから「**正当だ**」と述べるだけであり、中国側が史料を提示し「**無主地でなく中国領だった**」とのいくつもの主張に対して、具体的な反論はできていない。ただ、「従来、中国政府及び台湾当局が、所謂、歴史的・地理的乃至地質的根拠などとして挙げている諸点は、いずれも尖閣諸島に対する中国の領有権の主張を裏付けるにたる国際法上有効な論拠とは言えません」と決めつけただけである。それを論証する具体的な反論も史料もきちんと提起できずに、論議から逃避したままである。代わって、日本政府の御用研究団体の如き「**南方同胞援護会**」の「**尖閣列島研究会**」の研究者たちなどが、井上清氏（京都大学教授）らの「釣魚諸島中国領」論への批判を展開してきた。

a．奥原敏雄氏からの批判に対して（高橋庄五郎「尖閣列島ノート」を参考に）

　高橋庄五郎「尖閣列島ノート」青年出版社（1979.10.15）は、十年間にわたる研究として「尖閣列島問題をよく調べてみると、日本の領有権主張についての疑問はたくさんある。この『尖閣列島ノート』の目的は、それらの問題点を、広く日本国民に知ってもらうことにある」とされた。そして、同書で、学者として最も尖閣列島問題に取り組んでおられるとして、特に最終にまとめに換えて、「Ⅷ．**井上清教授と奥原敏雄教授の古文書をめぐる論争**」の章を設けて、三項で整理されている。著者は、高橋氏の研究ノートの内容に、敬意と同意を以って適切として、その示された三項に分けて要旨を引用しながら、私の見解を添える。

①釣魚（尖閣）諸島は、台湾の附属島嶼か無主地か

　高橋氏は、指摘する。「国士舘大学**奥原敏雄教授**は、直接、歴史的古文書に触れて、**いかにして尖閣列島が無主の地であったかを立証しようとしている。尖閣列島が無主の地でなければ、古賀辰四郎、善次氏親子の尖閣列島開発事業という実効的支配の事実を何百並べてみても、それらは所詮、不法占拠であり、領有権主張の根拠とする正当な実効支配にはならないからである**」。中国の領

有権の正当性を示す文献・史実を否定しなければ、日本政府による「無主地先占」による釣魚＝尖閣諸島の領有化の論理も実効支配の行為も、総崩れとなるからである。

　奥原敏雄氏は、「**尖閣列島領有権の根拠**」（「中央公論」1978.7 号）で、次のように主張する。「**台湾の附属島嶼として尖閣列島を扱った場合、日清講和条約第二条は、台湾及びその附属諸島を日本に割譲している**から、第二次大戦後、我国が台湾を放棄した結果として……（**尖閣列島も）放棄したことになる**」「少なくとも尖閣列島が中国領であるという前提に立つ限り、それが台湾の附属諸島であろうとなかろうと、日本が日清戦争の結果として、初めて取得が可能になった地域という事になるからである」。要するに、台湾本島付属の島嶼として、釣魚＝尖閣諸島を認めてはならないとする。

　高橋氏は、「琉球国は三十六島であり、琉球国と中国との間に第三国があるはずはなかったし、無主の地というものがあるなどという理屈は、思いも及ばなかったことである」「中国でも琉球でも官吏や船員は、福州から那覇へ通ずる、この海の道をよく知っていた。……那覇と福州との間にある島は、琉球のものでなければ宗主国中国のものだという認識であった」とする。至極当然の歴史認識であろう。

②林子平「三国通覧図説」の付図をめぐる論争

　井上清氏は、**林子平「三国通覧図説」**の付図「**琉球三省並三十六島之図**」（1785年）を取り上げた。林子平が、中国からの琉球冊封使の往復航海図を載せ、琉球王国への往路に、釣魚諸島が明記されているためである。この航海図は、**徐葆光「中山伝信録」**付図「**針路図**」（1719 年）を参考にしたものであろう。そして、琉球王国三十六島と違って、釣魚諸島などは、中国本土（福建省）と同じ色に塗られていた。

　奥原敏雄氏の主張は、林子平と**徐葆光**を非難することで、その史料価値を貶めている。すなわち、『『三国通覧』の地図の色は、決して領土の帰属を識別したものではない。仮に、同色に塗られているから中国領と理解した場合、旧満州と日本とが同じ緑色、北海道と琉球は同じ褐色、台湾は、この時すでに清朝の版図に正式に編入されていたのに、朝鮮と同じ黄色に塗られていたのはどういうわけか。色からだけ問題にすれば、旧満州が日本領、北海道は琉球領、台湾は朝鮮領になってしまう。林子平が、出鱈目な知識しか持っていなかったか、地図の色が領土を識別したものではないかの、いずれかでなければならない。

もし出鱈目な知識しか持っていなかったとすれば、釣魚台などを中国領としたことの信憑性も極めて怪しいことになる」「林子平が依拠した原点は、**徐葆光『中山伝信録』**であった。……『中山伝信録』からは如何なる意味においても、釣魚台が中国領に属することは明らかにされていない。『中山伝信録』は、伝聞に依拠している以上、第二級の価値しかない」と決めつけた。

これに対して、**井上清氏**は、「釣魚諸島に関する明治以前の古い記録は、日本にはただ一つしかない。林子平の『三国通覧図説』付図の『琉球三省並三十六島之図』のみである。林子平は、**徐葆光「中山伝信録」**（1719 年）の図によって書いたものである。だから価値が低いのではなく、価値は極めて高い。」「**徐葆光「中山伝信録」**は、明治初年に至るまでの間、日本人にとって琉球に関する知識の最高の源であった」とする。さらに、**沖縄県令の西村捨三氏**が、**山県有朋内務卿**に対して、釣魚台・黄尾島嶼・赤尾島嶼は、『中山伝信録』によれば、「**清国と関係無きにしも非ず**」と中国領と思われるとの上申をした（1885.9/22、11/24）ことを提起した。

また、**高橋庄五郎氏**は、奥原敏雄氏による色分けによる識別への批判と、林子平への中傷について反論している。先ず、林子平の「三国通覧図説」の付図「琉球三省並三十六島之図」には、何点かの図が存在するとして、台湾の雞籠山（基隆）のもとに釣魚諸島がまとめられている図を示す（国会図書館所蔵、1785 年）。また、「三国通覧図説」の付図は、「全図」「朝鮮図」「蝦夷図」「琉球図」「無人島図（小笠原諸島図）の五枚からなり、色分けだけから、論じるのは屁理屈というものである」「林子平自身、決して出鱈目な人ではない。経世家として実に優れた人であった」「ロシアの南下の形勢を聞き、日本国としての防衛と緊急性を痛感して……地理学・兵学の研究をし、『三国通覧図説』『海国兵談』をあらわした。……彼は誠に先見の明があった」と述べる。なお、三国とは、蝦夷地、琉球王国、朝鮮国である。

著者・久保井も、林子平の「三国通覧図説」及び付図の原本史料を所蔵する。奥原敏雄氏が、林子平の原本史料をきちんと確認していないことに気付いた。また、日本語に翻訳されている**徐葆光「中山伝信録」**（1719 年）さえ、まともに読んでいないと思われる。奥原敏雄氏は、当時の地図版画が、使用できる限られた色は、先ず隣接する地域・国と区別することに優先していることを認知できていない。それに、付図が、五枚あることも把握できていないようである。林子平が図示したのは、**徐葆光「中山伝信録」**付図「**針路図**」（1719 年）を参考にして、福建省から出港した航路を描いたものである。林子平が描いたのは、

清朝期の領土・行政地図ではない。清朝が領土とした台湾も、遼東（華北）も、女真（満州）も、山西省の韃靼も、福建省とは、別の色に塗られている。一目瞭然、領土・行政地図ではなく、清国内でも地域別に色分けがされていると読み取らねばならない。台湾が、福建省と同じ色でないのは当然である。原本史料をきちんと読み取れないで、奥原敏雄氏のように早とちりして誤らないように、林子平は全図に説明を付けているではないか。色別は違っても、清国領には、「清に属す」と注記している。そして、五図のうち、「琉球国全図」では、台湾の図に、清朝支配の三省区分を書き入れていることに気付くべきである。奥原敏雄氏は、原本史料をきちんと読解できていないのである。なお、林子平は、「三国通覧図説」（1785 年）の付図五枚だけでなく、別個に、「朝鮮図」「琉球図」など、絵地図も刊行している。そこでも重視しなければならないのは、中国からの冊封使節の航路（針路）図だけに、釣魚諸島が明記されていることである。そして、「琉球三省並三十六島之図」には、釣魚諸島が含まれていない。すなわち琉球領ではないと明確にされている。

b.　加えて原田禹雄氏からの批判に対しても

　ここからは、井上清氏の「釣魚諸島中国領説」を批判する論者として、**原田禹雄氏**を加えたい。私事ながら、原田禹雄氏に対して反論を述べなければならないのは、著者・久保井にとって残念である。原田氏が、ハンセン病者への医学者としての長年の取り組みとともに、「冊封琉球使録」の訳注研究の第一人者として名を成した方だからである。しかし、政治的な領土ナショナリズムに偏向したとしか思えない、原田禹雄「尖閣諸島……冊封琉球使録を読む」榕樹書林（2006.1.17）の論述については、批判せざるを得ない。

　原田禹雄氏の姿勢は、著作の「おわりに」に次のように述べていることから明白である。「井上清『**尖閣**』列島……**釣魚諸島の史的解明**」は、私の目から見て、放置できない暴言と虚偽と錯誤に満ちていたので、私なりの反論をしたくなって、こんなものを書いてみた。榕樹書林の武石社長は、**井上氏への反論だけでなく、中国側の尖閣諸島に対する諸論も踏まえたうえで反論してほしい**とのことで、……私が井上清氏に対して書いたことは、そのまま中国の政府筋やマスコミ関係の人々の所論への反論になっていることを確認することができた」と記す。

①赤尾嶼と久米島の間

　奥原敏雄氏は、琉球冊封使録にある、赤尾嶼（釣魚諸島の東端）と久米島の間を、**井上清氏が**「中国と琉球王国との境界」と読解していることに反対し、「釣魚諸島は無主地である」と主張する。

　論争となる琉球冊封使録の史料の箇所は次の通りである。先に読んでもらうために、引用する。

　明代の第11回の冊封使陳侃「**使琉球録**」（1534年）より。「十日、南風甚迅、舟行如飛、然順流而下、亦不甚動。過平嘉山、**過釣魚嶼、過黄毛嶼、過赤嶼、**目不暇接、……十一日夕、**見古米山、乃属琉球者、夷人鼓舞於舟、喜達於家**」。これは、『**釣魚嶼を過ぎ、黄毛嶼を過ぎ、赤嶼を過ぐ、……古米山（久米島）をみる。即ち、琉球に属するものなり。夷（琉球）人船に鼓舞し、家に達するを喜ぶ**』と読み取ることができる。

　同じく明代の第12回の冊封使郭汝霖「重編使琉球録」（1561年）より。「（嘉靖四十年五月）……閏五月初一日、過釣魚嶼。初三日、至赤嶼焉。赤嶼者、界**琉球地方山也**」。これは、「**赤嶼（赤尾嶼）は、琉球地方と（中国）との境界の島である。**」と読み取ることができる。

　この史料を引用して、**井上清氏**は論じる。「中国側はもとより、琉球の執政官や最大の学者の本でも、釣魚諸島が琉球領ではないことは、きわめてはっきり認めているが、それが中国領ではないとは、琉・中「いずれの側も」、少しも書いていない。なるほど、**陳侃の冊封使録**では、久米島に至るまでの赤尾、黄尾、釣魚などの島が琉球領でないことだけは明らかだが、それがどこの国のものかは、この数行の文面のみからはなんも言えないとしても、**郭**が、赤嶼は琉球地方を「界スル」山だというとき、その「界」するのは、琉球地方と、どことを界するのであろうか。**郭**は、中国領の福州から出航し、花瓶嶼や膨佳嶼など中国領が自明の島々を通り、さらにその先に連なる、中国人が以前からよく知っており、中国名も付けてある島々を航して、その列島の最後の島＝赤嶼に至った。**郭**はここで、順風でもう一日の航海をすれば、琉球の久米島を見ることができることを思い、来し方を振り返り、**この赤嶼こそ「琉球地方を界する」**島だと感慨にふけった。その「界」するのは、琉球と、彼がそこから出発し、かつその領土である島々を次々に通過してきた国、すなわち中国とを界するものでなくてはならない。**琉球と無主地とを界するものだなどとこじつけるのは、あまりにも中国文の読み方を無視しすぎる**」とする。

　対して、**奥原敏雄氏**は、「久米島、すなわち琉球に属するものとか、赤尾嶼

は、琉球との境の島と言っても、それまでの赤尾嶼、黄尾嶼、釣魚嶼などの島々が中国領であることを示す、如何なる証拠も見出すことはできない。……両国のいずれにも属さない無主地である場合がありうることを、最初から無視していることに問題がある。……冊封使録に、釣魚島、黄尾嶼、赤尾嶼などに触れているのは、主として航路の目標としての関心からである」とする。更に反論して、奥原敏雄氏は、「井上教授は、台湾を『まぎれもない中国領』としているが、……台湾が中国領になったのは、1683年で、棉花・花瓶・澎佳の三嶼が、台湾に行政編入されたのは1905年で、日清戦争以後のことである。井上教授が台湾を『まぎれもない中国領』とした前提は崩れてしまう」とした。

　さて、**原田禹雄氏**は、著作「尖閣諸島……冊封琉球使録を読む」において、次のように反論する。「念のため、**郭汝霖**の通過した標識島を使録からあげると、**東湧山、小琉球、黄茅、釣嶼、赤嶼**である。東湧山は、中国固有の領土であることを、私もまた認める。しかし、小琉球＝台湾が、明代に中国固有の領土であったなどとは、私は認めない。『**明史**』巻三二三の列伝二一〇の**外国四**に『**鶏籠**』がある。この鶏籠こ

明国福州梅花港より琉球王国那覇港へ渡海する図
蕭崇業・謝杰「使琉球録」付図「琉球過海図」より
　（1579年）

鶏籠嶼より北東へ向かう。

やや大きな釣魚嶼に至る

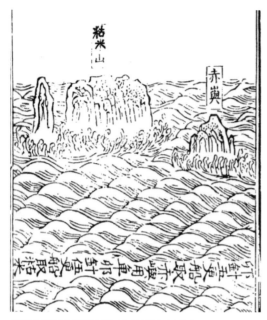

赤嶼より黒水溝を越えて、琉球の久米山へ

久米山、馬歯山より合図して、那覇港へ

そが、今、いうところの台湾なのである。従って郭の通過した**小琉球**は、井上のいうような『中国領であることは自明の島』では断じてない。従って、明代の尖閣諸島に対する井上の主張の根拠は、完全に虚構なのである」と断じた。

そして、原田氏は、清代に、鶏籠山＝台湾が中国領となったことを述べた後でも、次のように述べて、井上氏を皮肉る。「かくて、**鶏籠山（台湾）は中国領になりはしたのであるが、基隆の東北の沖合の澎佳嶼・棉花嶼・花瓶嶼が、一体どこの領地であるのか、明らかにできずに困っている**（現在は、基隆市の所管である）。そして、**尖閣諸島もまた、清代の文献の一体どこに清国の領土と明記したものがあるか探**しているが、見いだせないでいる。歴代の冊封使録から、尖閣諸島が固有の中国領であるなどと結論付けるような、井上清なみの異常な才能が、私にはないからなのであろう。……清代の中国の領土を確定するには、『**清会典**』図説**輿地**が、最も権威があるだろう（1899年）。……そのいずれの図にも、**澎佳嶼・棉花嶼・**

花瓶嶼はでていない。いわんや、この『清会典』図説興地のいずれの図にも、**尖閣諸島は描かれていない**。清代を通じて、尖閣諸島は、清国領ではなかったことは、このことで十分に明白である」と反論した。

　要するに、**奥原敏雄氏、原田禹雄氏**の両氏は、「台湾が中国領土となったのは、清代であって、それ以前の明代には領有してなかった。**井上清氏**は、明代の冊封使録を引用して、当時は中国領土ではなかった台湾が含まれているのに『**中国領が自明の島々**』などと間違った」。だから、台湾の近くの**澎佳嶼・棉花嶼・花瓶嶼**も、離れて位置する釣魚諸島も、「**無主地**」だったと強引に決めつけるのである。

②黒潮、沖縄トラフ(海溝)を否定する愚挙

　釣魚諸島は、中国大陸棚の東端に位置する。その釣魚諸島と、琉球諸島の久米島との間には、南北に沖縄トラフ（舟状海盆・深海底）があり、黒潮（日本海流）が、釣魚諸島も包み込みながら北上している。釣魚諸島と琉球諸島とを境する自然の成せる海の境界であり、古来から認識されていた。

　井上清氏は、明代の第12回の冊封使郭汝霖「重編使琉球録」（1561年）より。「（嘉靖四十年五月）……閏五月初一日、過釣魚嶼。初三日、至赤嶼焉。赤嶼者、**界琉球地方山也**」。これを、「**赤嶼（赤尾嶼）は、琉球地方と（中国）との境界の島である**。」と読解した。

　これに対して、**原田禹雄氏**は、李鼎元「使琉球記」（1802年）を引用して、「**黒水溝境界**」説を否定した。すなわち、「申の正刻に**釣魚台**が現れた。……船員が、**黒水溝を祭るよう**上申した。汪舟次の『雑録』に『黒水溝を過ぎ、生きた羊と豚を投じて祀り、兵器で武威を示した』ことを記している。今や出帆してから、既に３日であるが、溝の場所が分からない」「『私めらは、往来いたしておりますが、**黒溝などは一体どこにありますことやら**、ただ、釣魚台があらわれましたところで、**神にお供えをして海をお祭りいたします**』。琉球の夥長がこういうので、生きた羊と豚を投げ込み、幣帛を焚き、酒を供えて祭をしたが、兵器は用いなかった」。つまり、順風好天の航海の中で、**赤尾嶼ではなく、釣魚島の所で、海神を祀った**が、琉球の水先案内人が、「黒溝のことは知らない」という記述を引っ張り出してきた。

　それでも、**黒水溝を祭った事実**は打ち消せない。現実に、黒潮は、釣魚諸島全体と、赤尾島嶼の東（久米島西）の沖縄トラフのあたりを北上しているのである。この海流を横切るのは船乗りには、天候によっては大きな難所となった

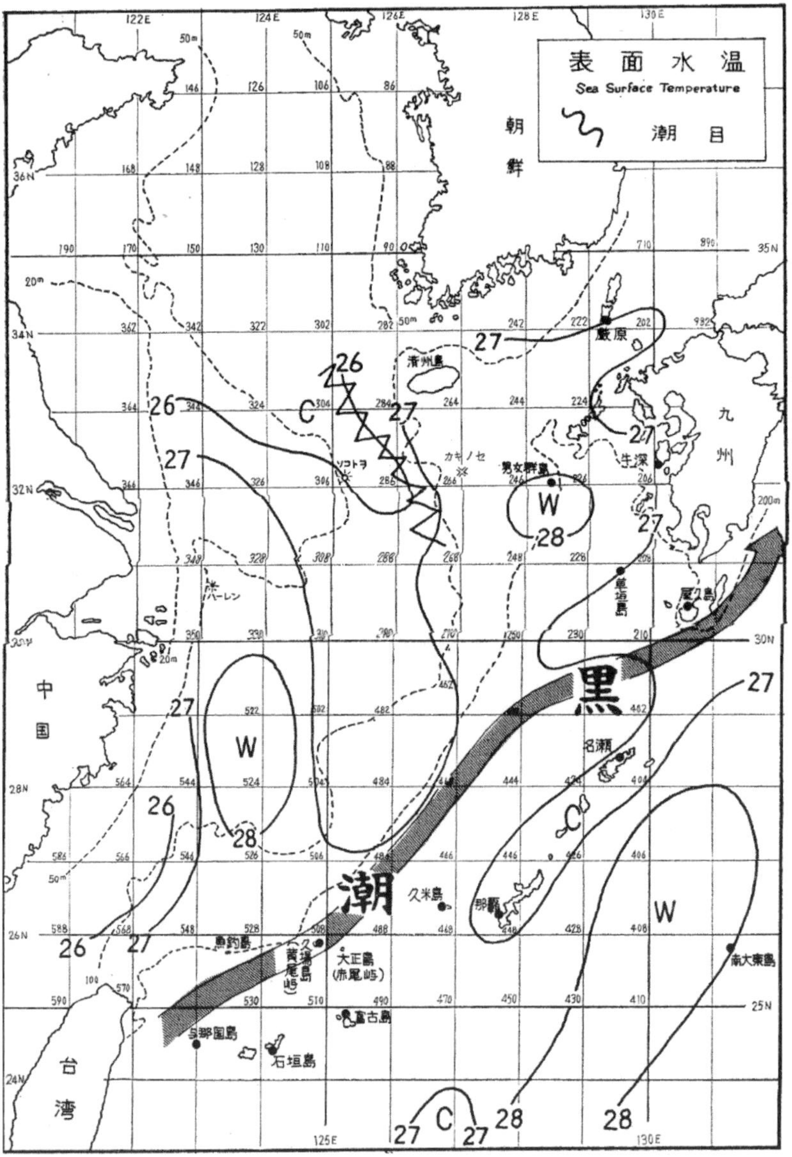

表 面 水 温
Sea Surface Temperature
潮 目

釣魚諸島付近を北上する黒潮の流れ　（海上保安庁1972.7）

であろうことは理解できるであろう。

　そして、「黒水溝」「黒溝」を渡る際に「過溝」祭を実施したことは、琉球「冊封使録」各書にある。井上清氏が、「**中外の界なり（中国と外国との境界である）**」と明記した記録として挙げているのは、清朝第二回目（1682年）の**冊封使汪**

楫の「使琉球雑録」の次の記述である。なお、私・久保井は、この記述で示された「中外の界」は、今日の国際法の示す領土・領海の境を示すのではなく、自然界の成した「内海（沿岸）と外洋、つまり当時の概念での、清朝域の海と域外の海との境界」と訳する。もちろん、「中」を「中国」、「外」を「外国」などと、今日風の漢字解釈を当てはめるのはおかしい。では、原本の記録の要旨を抜粋する。

　「二十四日（1683 年 6 月、天明に及び山を見ればすなわち）**澎佳山**なり、……辰の刻**澎佳山**を過ぎ、酉の刻**釣魚嶼**を遂過す。……二十五日、山を見る。まさに先は**黄尾**、後は**赤尾**なるべきに、いくばくもなく**赤嶼**に遂至す。未だ**黄尾嶼**を見ざるなり。薄暮、**郊（或いは溝に作る）**を過ぐ。**風濤大いに起こる**。生猪、羊各一を投じ、五斗米の粥を注ぎ、紙舟を焚き、鉦を鳴らし鼓を打ち、諸軍皆甲し刃を露し（戦闘態勢につき）、船端に伏せ、敵を防ぐ様を為す。これを久しゅうして、始めて止む」。「問う、郊の義は何にとれるや（郊＝溝とはどういう意味か？）」「**中外の界なり**（内海と外洋との境である）」「問う、界は何に於いて弁ずるや（境界はどのようにして見分けるのか）」「賢瑞（推量）するのみ。然れども、ただいまは、恰もその所に当たり、臆度に非ざるなり（憶測ではなく、間違いなく此処です）」。

　原田禹雄氏は、井上清氏が「釣魚諸島と琉球諸島との間に自然界がなした黒水溝は、中国（明朝・清朝）と琉球土国との境界と見なされていた」と主張していることを批判するために、**李鼎元「使琉球記」**（1802 年）に記された特例だけに飛び付いて「**黒水溝**」「**黒溝**」そのものまで否定してしまったのは、間違いである。他の「琉球冊封使録」各書に「**黒水溝**」「**黒溝**」について記載されているばかりか、現在の海洋学においても「**黒水溝**」「**黒溝**」の存在は明確である。

　これについて、**高橋庄五郎「尖閣列島ノート」**青年出版社（1979.10.15）は、次のお二人の記述を紹介されている。**高岡大輔氏**は、「**季刊沖縄**第 56 号」の「尖閣列島周辺海域の学術調査に参加して」で、次のように書いている。「**大正島（筆者注　赤尾嶼）**は、魚釣島より約 100 キロ東方にあるが、台湾東海より北上してくる黒潮は、魚釣島付近で大陸棚上の大陸沿岸流と遭遇して北東に転向し、さらに大正島付近で再び北方に方向を転じるが、それは南方系植物の漂流物が、これら群島の沿岸に打ち上げられていることからも証明されると言うが、**その黒潮の速度は、大正島付近で 4 浬と言われ、この付近を小船で航行することは、時に危険であるという**」。

　「また、**岩崎卓爾氏**は、こう書いている」として、「島の人たち、自ら孤島の

裡に躊躇して蒼海を怖るる、陸の人となりしは『ミジュー』（沖縄で、潮流、
海の溝の意）の難を恐れたのである。……黒潮のことを中国人は、黒溝とか落
漈とか言っている。黒溝と言うのは黒色の水流という義で、黒潮と言うのと意
味正に一致している。次に落漈と言うのは、洋上の一段低く流るる潮流と言う
意味で、黒潮の流れは、他の洋上よりは少し低く流れていると見ゆる。**中国人
は、落漈恐るること最も甚だしく、隋、唐、明、清の昔より、深くこれを警戒
し居たという事は中国の史書に散見する処である**」（「岩崎卓爾全集」第一巻）。

　私・久保井は、**朱崔年**（1760〜1830年）作「**奉使琉球図巻**」（沖縄県立博物
館所蔵）より、美麗な「**午夜過溝**」の図を引用しておこう。**午前0時、黒水溝**

崔年作「奉使琉球図巻」の「午夜過溝」図（沖縄県立博物館所蔵）

を越えようとする場面を描いたものである。

　③明代の倭寇防衛前線の島嶼に、釣魚諸島が含まれたのは当然
　また、**井上清氏**は、「明代の『籌海図編』による倭寇防衛前線の絵図（Ⅲ.②.3.-
p.18参照）に、釣魚島が記載されていることは、中国領である」と主張した。
しかも、この絵図を、著作「尖閣列島、釣魚諸島の史的解明」の表紙にアレン
ジしているから、注目された。これに対して、ここでも、**奥原敏雄氏、原田禹
雄氏**の両氏は、「井上清氏が、明代に支配していない台湾を中国領と扱った」

間違いを指摘することで、釣魚＝尖閣諸島は中国領ではなく、「無主地」だったと結論付けている。

　さて、井上清氏は、次のように述べている。「遅くとも十六世紀には、釣魚諸島が中国領であったことを示す、もう一種の文献がある。それは、陳侃や郭汝霖とほぼ同時代の**胡宗憲**が編纂した『**籌海図編**』（1561年の序文あり）である。……本書の巻一『沿海山沙図』の福七〜福八にまたがって、福建省の羅源県、寧徳県の沿海の島々が示されている。そこに、『**鶏籠山、澎佳山、釣魚嶼、花瓶山、黄尾山、橄欖山、赤嶼**』が、この順に西から東へ連なっている。……この図は、釣魚諸島が福建沿海の中国領の島々の中に加えられていたことを示している。『**籌海図編**』の巻一は、福建のみでなく倭寇の襲う中国沿海の全域にわたる地図……**そのどれにも、中国以外の地域は入っていないので、釣魚諸島だけが中国領でないとする根拠はどこにもない**。1971年12月30日の**中華人民共和国外交部声明**の中に、『早くも明代に、これらの島嶼はすでに中国の海上防衛区域に含まれており』というのは、あるいはこの図によるものであろうか。実際、この図によって、釣魚諸島が当時の中國の倭寇防衛圏内にあったことが知られる」。

　対して、**奥原敏雄氏**（国士舘大学教授）は、「尖閣列島領有権の根拠」（「中央公論」1978.7号）で、要旨、次のように批判した。「沿海図といった性格のものは、必ずしも自国の領土だけでなく、その付近にある島々や地域を含めるものであって、例えば……台湾省の沿海図では、与那国島や石垣島なども示されるのが普通である」「同書の巻一の十七『**福建界**』が、**当時の福建省の境界を示す**ものとして適当であると言えよう。だが、この地図に示されているのは、**澎佳山**までであって、**小琉球（台湾）、釣魚台**などは描かれていない。……描かれていないという事は、釣魚台などが当時中国領でなかったことを明らかにしているとさえいえるのである」。「沿海図」ではなく、「倭寇防衛圏」であることをすり替えてはならない。

　また、**原田禹雄氏**は、「井上は、『**籌海図編**』に描かれている島々は、中国領以外の地域は入っていないので、尖閣諸島が、そこに描かれているから尖閣諸島は中国領だと主張している。……図の中に鶏籠山が描かれている。鶏籠山は、**台湾そのものである。従って、『中国領以外の地域は入っていない』という、井上の主張は根拠を失う**。井上は、ここでも虚偽を述べている」とする。これは間違いである。

④公史料に、島々が中国名で記された権限を重視する

「釣魚諸島は中国領」と主張する**井上清氏**に対する、**奥原敏雄氏、原田禹雄氏**の両氏からの批判と「釣魚＝尖閣諸島は無主地」とする結論。それは、井上清氏の主張を是としている**中国政府側への批判**ともなる。これらの批判に対して、きちんとした反論がなされていない。これまでの井上清氏、中国政府見解への日本政府の批判を踏まえ、さらに論説を補完して、私・久保井の見解をまとめて述べよう。

先ず第一に、井上清氏と、**奥原敏雄氏、原田禹雄氏**の両氏らが、領有をめぐり論争している島々が、無名でなく、いずれも中国人によって命名されて、**中国の第一級公史料「琉球冊封使録」各書**に、15 ～ 19 世紀の何百年にも渡って記録され続けてきた歴史的事実が持つ権限の重さを踏まえるべきである。

日本が、日清戦争時（1894.8/1 開戦～ 1895.4/17 講和条約）に、領土割譲を狙って台湾へ侵攻するに当たり、釣魚諸島を「無主地」と決めつけて領有化した。日本政府は、中国名「釣魚諸島」のままでは、中国領を示すとして都合が悪いと、英国地図から借用した「尖閣」「尖塔」から、「尖閣諸島」と変名して名付けたことの後ろ冷たさを自覚しているだろうか。

第二に、奥原敏雄氏、原田禹雄氏の両氏は、「一事の誤りを以って全てを誤りとする」針小棒大な誤りを侵した。すなわち、「井上清氏は、明代には領有化できてなかった台湾を中国領と間違ったから、釣魚諸島なども中国領ではない」と決めつけた。しかし、中国政府は、明代でも、清代ではなおさら、台湾北端、北東の島々や、釣魚諸島に深く関与してきた。**中国福建省管轄として**、琉球王国へと向かう冊封使船、朝貢貿易で何度も琉球船が、**台湾北端、北東の島々、釣魚諸島**をたどって航海したのである。日本政府は、日清戦争時に、初めて釣魚諸島の存在を知ったのであり、それまで歴史的に全く無縁であった。

第三に、奥原敏雄氏、原田禹雄氏の両氏は、地理的な現象服属と、歴史的・行政による服属とを混同する誤りを侵している。今日、中国政府が、「釣魚諸島は台湾の附属諸島である」と述べているのは、地理的な位置関係からの現象服属であって、明代、清代における歴史的・行政的な服属までを意味しているのではない。明代、清代において、**台湾北端、北東の島々や、釣魚諸島が、歴史的・行政的に服属していたのは、中国福建省（福州）である**。清代でも、澎湖諸島、台湾本島も、福建省に行政的に服属していた。

また、**原田禹雄氏**は、「『籌海図編』に描かれている鶏籠山は、台湾そのものである。従って、『中国領以外の地域は入っていない』という、井上の主張は根

拠を失う」と述べた。しかし、「鶏籠山は、台湾そのもの」ではない。「**台湾北端の島の一つ**」に過ぎず、台湾本島そのものを体現しない。「台湾北端の島々＝台湾本島ではない。台湾本島は、当時、「**小琉球**」とも呼ばれており、「**小琉球こそが、台湾本島そのもの**」である。また、『**籌海図編**』が倭寇防衛圏内に、**鶏籠山**を含めて、**台湾北東の島々、釣魚諸島を記している**のは、当然である。福建省（福州）は、冊封・朝貢相手国の琉球王国への航海において、琉球王国の久米島に至る途上のこれらの島々を、「琉球冊封使録」に記された島でもあり、歴史的・行政的に監督・防衛すべき領土の最先端ととらえていたからと理解するべきである。

　第四に、史料に基づき歴史的事実を検証しよう。先ず台湾北端、北東の島々や、釣魚諸島が、航海の為の必然として記録されているのは、唯一、明・清代での歴代の「**琉球冊封使録**」である。また琉球王国は、此の島々を船印に、冊封を受けての朝貢貿易による利益を求めて、中国福州港との間を何度も往来した。福州港には、「領事館兼商館」とも言うべき**福州琉球館**の設営が認可され、琉球王国の朝貢・貿易の窓口であった。そして、琉球船の船員たちは、久米島より以西の島々を、中国領として中国名で認知していた。中国福州港から沖縄那覇港までの航海でめぐる島々を、領有化など考えもしてなかった筈である。明代の蕭崇業・謝杰「使琉球録」付図「琉球過海図」（1579 年）では、『**小琉球、鶏籠嶼、花瓶嶼、澎佳山、釣魚嶼、黄尾嶼、赤嶼**』の島々が名とともに船印としての位置・針路方向まで描かれている。この島々の内、『**釣魚嶼、黄尾嶼、赤嶼**』が釣魚＝尖閣諸島である。

　奥原敏雄氏、**原田禹雄**氏の両氏は、領土である事を明記していないから、明代にはすべて「無主地」であると解釈する。清代には、**小琉球（台湾本島）**を支配し、その近くの**鶏籠嶼**も領土化されたことは認める。さらに、**原田禹雄**氏は、「権威あるとする『**清会典**』図説興地（1899 年）に、**澎佳嶼・棉花嶼・花瓶嶼も、釣魚諸島も出ていない**。清代を通じて、尖閣諸島は、清国領ではなかったことは、このことで十分に明白である」と述べている。さて、琉球王国への「**冊封使録**」各書は、権威ある第一級公史料ではないのか。「**冊封使録**」各書に記された、琉球王国の久米島より以西の島々を中国（福建省）管轄の領土と見なすことは、歴史的・行政的な服属として正しい判断と確信する。むしろ、**奥原敏雄**氏、**原田禹雄**氏の両氏は、釣魚諸島を「無主地」と決めつけて「無主地先占」により領有化した日本政府の所為を、何とか「正当化」しようと取り繕いしながら強弁しているに過ぎないのである。

　さて、**原田禹雄氏**には、経緯度に基づき正確に測量した、欧米近代地図の史料的価値が分かっていないようである。すでに、清代・江戸幕府末には、英国を筆頭にして、仏・露・米国などにより、情報を交流しながら、東アジア全域の正確な地図が作成されていた。釣魚諸島についても、英国軍艦SAMARANG（艦長 Edward Balcher）は、石垣島から、釣魚諸島へと向かい調査・測量を実施し（1845.6.14 ～ 17、日清戦争よりもずっと前に）、結果は、英国海軍公地図に記録され、各国の翻訳・活用することとなった。その地図によれば、清代に、台湾の附属島嶼として、**澎佳嶼・棉花嶼・花瓶嶼も、釣魚諸島も**記載されている。

　今日、釣魚＝尖閣諸島の領有権をめぐり紛争している日中両政府も、欧米近代地図とその翻訳・参考した地図の史料的価値を認識できていない。欧米近代地図は、希少・高価で入手・閲覧が困難なためか、俎上に取り上げて論議できてない。

⑹　欧米近代地図は、釣魚諸島を中国領と表示した

a.「釣魚諸島」は、中国領の命名・管轄が明確である

　中国政府の見解「釣魚島問題の基本的状況」（2012年9月15日）は、欧米地図が釣魚島を中国領としていることを指摘する。すなわち、「19世紀、英国、

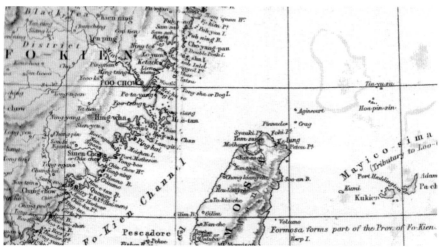

英国ジョンストン「CHINA and JAPAN」（1860年以降）。Hoa-pin-sin（釣魚島）、Tia-yu-su（黄尾嶼）が釣魚＝尖閣諸島である。台湾、福建省と同色の青色とされ、宮古諸島の黄色と区別される。著者所蔵。

フランス、米国、スペインなど列強の関連文献と地図も、釣魚島が中国に属することを認めている。1877 年、英国海軍が作成した『**中国東海沿岸の香港～遼東湾海図**』は、釣魚島を台湾の付属島嶼とみなし、日本の南西諸島と明確に区分している。同図は、その後の国際交流で幅広く使用され、『馬関条約（下関条約）』は、同図を使って澎湖列島の範囲を決めた」。

　当時、最も正確な欧米地図が、釣魚諸島を中国側の命名通り記述したことは、中国の領有権を認めていたといえる証左である。

b. 日本の公地図も、当初は、釣魚諸島を中国領としていた

　明治政府は、徳川将軍から領地を封じる封建制を廃して天皇制中央集権（1871 年、廃藩置県）を断行した。従来の各藩主に領土支配を封じるのでなく、中央政府が、日本全国を統治支配するのである。日本全国の領土を調査し明確にする必然があり、内務省が担当し、太政官が決裁した。まとめて最初の日本領土の公地図を作成したのが**内務省地理局地誌課**（現在で言えば国土地理院）である。市販されるすべての日本地図の基本とされた。その**内務省地理局地誌課**「**大日本国全図**」（1881.2）には、「琉球諸島」の記載はあるが、釣魚＝尖閣諸島は領土外として記載されていない。また、**陸軍参謀局**「**大日本全図**」（1877）でも、同様に「**琉球諸島**」の記載はあるが、釣魚（尖閣）諸島は、日本領土外として記載されていない。日本政府の公地図に、釣魚＝尖閣諸島が登場するのは、日清戦争時（1894 ～ 95 年）以降である。いずれも、その公地図は欧米地図を模倣したものであった。

　江戸時代、**英国軍艦 SAMARANG**（艦長 Edward Balcher）は、石垣島から、釣魚＝尖閣諸島へと向かい調査を実施し（1845.6.14 ～ 17）、結果は、英国海軍公地図に記録された。**ペリー**（米国東インド艦隊司令長官）は、鎖国日本に開国をせまり（1853）、「日米和親条約」締結、琉球王国とは「米琉修好条約」締結をさせた（1854）が、彼の艦隊は、英海軍公地図を規範にして航海した。その地図は、「**日本遠征記**」付図「CHINA and of the JAPAN islands」（1855 年刊行）である。中国名のまま、**Hoa-pin-sin**（釣魚島）、**Tia-yu-su**（黄尾嶼）、**Raleigh-r**（赤尾嶼）が記載されている。因みに、英国海軍公地図を規範にしただけに、**リャンクールロック**（現在の**独島＝竹島**）を英国名で**ホーネット島**と記載している。

　かくて、**海軍水路部長海軍大佐肝付兼行**「**支那海 CHINA SEA**」（1894.9.6）は、英国海軍公地図（1887.5 初版、1892.2 改正）をそのままに写したので、正確である。

64

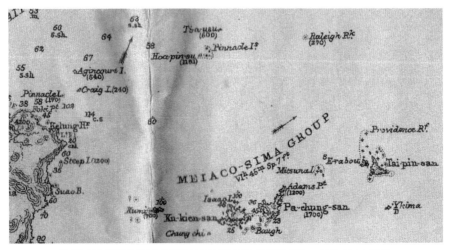

海軍水路部長海軍大佐肝付兼行「支那海CHINA SEA」（1894.9.6）部分

地図中の Hoa-pin-sin（釣魚島）、Pinnacle,is（北小島、南小島）、Tia-yu-su（黄尾嶼）、Raleigh-r（赤尾嶼）を、日本政府が「尖閣諸島」と呼ぶのである。

c. 「尖閣諸島」名付けは、欧米地図からの借用だった

　それは、英国海軍が、海図において、中国名に基づいて、**HOAPIN-SIN**（釣魚島）と呼び、そして釣魚島の東南側の北小島・南小島等の岩礁群を **PINNACLE ISLANDS**（尖頭諸嶼、尖閣群島）と呼んだ。これを参考にして、1900年、黒岩恒氏（沖縄県師範学校教諭）が学術研究発表で、釣魚島・尖頭諸嶼（尖閣群島）・黄尾嶼をまとめて「**尖閣列島**」なる名付けをしたのが最初とされる。実は最初ではないことを後で述べよう。日本領とするためには、日本固有の名称を必要として日本政府は「尖閣」なる名を歓迎したのである。その後、**Pinnacle,is**の翻訳に過ぎなかった「**尖閣**」名称を**日本固有の領土の名称の如く**定着させようとするのが、日本政府の作為である。

　さて、権威ある公地図を二点表示する。先ず、**海軍水路部長海軍大佐肝付兼行「日本総部附朝鮮及其付近露清海岸」**（1891.8.10）である。これは、英国海軍公地図（1887.5 初版）を参考にしているが、英文・ローマ字表記をすべて漢字、片仮名表記に変更している。此処で注目すべき釣魚（尖閣）諸島の箇所は不正確である。最大の島（3.81㎢）Hoa-pin-sin（釣魚島）が明確に示されず、**Pinnacle,is**（北小島、南小島など尖頭諸嶼・尖閣群島）などと一緒にして「**尖閣群島**」

と記し、Tia-yu-su（黄尾嶼）を「**低牙吾蘇（チャウス）島**」、Raleigh-r（赤尾嶼）を「**爾勒里（ラレリ）岩**」と記載している。この日文に変換した不正確な島々の名をそのまま記載した、もう一つの公地図が、**農商務省地質調査所「大日本帝国全図**」（1897.6.27）である。すなわち、「**尖閣群島**」、「**低牙吾蘇（チャウス）島**」、「**爾勒里（ラレリ）岩**」と記載されている。もう気付かれたと思うが、**黒岩恒氏**の発表（1900 年）よりも先に、政府・海軍は、Pinnacle,is（北小島、南小島など**尖頭諸嶼・尖閣群島**）翻訳から、「尖閣群島」の名称を取り入れていたのである。「尖閣群島」の名付けを**黒岩恒氏**とする通説は間違いである。

　しかし、日本政府は、英国軍艦が名付けた Pinnacle,is（北小島、南小島など**尖頭諸嶼**）を翻訳した「**尖閣群島**」の名称と範囲を、**釣魚島**、北小島、南小島など**尖頭諸嶼、黄尾嶼、赤尾嶼**をまとめる、「**尖閣諸島（列島）**」へと増大させ、日本独自の名称に祭り上げ日本領有化主張を有利に導く所為を行ってきたのは笑止である。そもそも、中国島名と無関係に、英国軍艦が名付けた Pinnacle（**尖頭・尖閣**）の意味は、**キリスト教会の尖塔**が語源であり、日本独自・固有ではないのである。

　日本公地図は、尖閣諸島の名称を定着させようとした。戦前の**日本軍参謀本部「部外秘　尖閣群島**」（1934 年）を見てみよう。**魚釣島**の他に、**沖の北岩・沖の南岩・北小島・南小島・飛瀬**を明示し、まとめて「**尖頭諸嶼**」とする。これらの島と、**黄尾嶼**をまとめて**尖閣群島**（沖縄琉球八重山石垣町所轄）と表示する。なお、**赤尾嶼**は名のみ欄外に記されている。また、**大日本帝国陸地測量部「亜細亜東部**」（1939.2.20）では、**赤尾嶼・黄尾嶼・和平山**を記し、**尖閣諸島**とまとめている。**和平山**は、Hoa-pin-sin（釣魚島）のことで、中国音に合わせて漢字を当てはめたものである。日本側が、唐突に名付けた島名であり、すぐに取り止めて、「和平山」から「魚釣島」の名に戻すこととなる。

d. ドイツのシュティーラー地図の領海線は矛盾している

　ここで、日本政府がとても喜ぶであろう欧米地図もあるので紹介しよう。**いしゐのぞむ「尖閣反駁マニュアル百題」**集広舎（2014.6.7）が、表紙・巻頭に掲げた地図である。ドイツのゴータ地理学研究所「**シュティーラー世界地図帖**」（1867 年）の分冊「**CHINA、KOREA、JAPAN**」である。シュティーラー自身は 1836 年に亡くなっているので、研究所編集部の作成である。この分冊は、以後も別刷され、普及した。この地図を、「産経新聞」も大きく報道したが、なぜ日本政府がとても喜ぶと勝手に判断したのか。また、尖閣諸島を日本領と

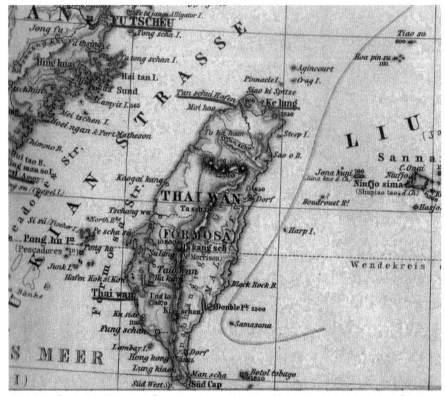

ドイツのゴータ地理学研究所「シュティーラー世界地図帖」（1867年初版）の分冊「CHINA、KOREA、JAPAN」1872年版、著者所蔵

主張する論客いしゐのぞむ氏（長崎純心大学教員、海洋政策研究財団島嶼資料調査委員）が、自著の表紙・巻頭で、この地図をクローズアップしたのか。原図を見れば、一目瞭然である。すなわち、地図上に、青色線にて**領土領海を示す境界線**が記入されていた。驚いたことに、その境界線は、**釣魚諸島の西側から台湾東南部沿岸の島々までを、琉球諸島の区域**に組み入れたものであった。さらに、原図は、日本と朝鮮の間でも、**鬱陵島、独島＝竹島を日本管轄区域内**とする青色境界線を記入しており、日本政府が大歓迎する地図である。この時期に、これらの地域（釣魚諸島と Samasana 島）を、琉球王国の領土と見なす境界線を示した欧米地図は他に知らない。それだけに、この地図の境界線を正しいとする証左を示してほしいが、この境界線の正しさを立証する参考史料は明示されていない。

　なお、原図（1872 年版）を著者も所蔵している。検証したが、適当に図示された境界線としか思われない。当該の地図を作成したドイツのゴータ地理学研究所は、実際の測量隊を派遣したわけではない。日本と朝鮮の間でも、先達のシーボルトの日本地図を参考にすれば、その誤ったダジューレ島（鬱陵島＝松島）、ホーネット島（独島＝竹島）を受け入れて、日本領として境界線を記す誤りを為したであろう。朝鮮領として明白な鬱陵島の西側に境界線を引き日本領と見做した、欧米地図は、他には見られない。また、釣魚諸島を測量調査した**英国軍艦 SAMARANG**（艦長 Edward Balcher）は、石垣島から、釣魚＝尖閣諸島へと向かい調査・測量を実施した（1845.6.14 〜 17）。これは、琉球王国の八重山諸島（西表島、石垣島など）を測量調査した際、その行動の一部として、琉球の八重山島民を水先案内人に、釣魚諸島も調査測量したのである。それで、琉球王国の一部とみなす先入観があったであろう。

　何よりも、**英国軍艦 SAMARANG** が、測量調査の際に、琉球王国への通告とともに、中国（清朝）**福州の琉球館**へも通告したことに注目したい。琉球館は、宗主国清国との公使館の役割も果たす。当然、英国軍艦が琉球王国の八重山諸島を測量調査したことは、**福建布政使司**に伝えられ、清国中央政府へも上申された。調査終了後には、琉球王からの福州琉球館を通してその旨の連絡もなされた。ところが、釣魚諸島が調査されたかどうかは、通告されていなかった。すなわち、**英国軍艦 SAMARANG**（艦長 Edward Balcher）は、宗主国中国（清朝）の立場を尊重して、従属する琉球王国での島嶼の測量調査を行うことを通告したのである。その釣魚諸島が測量調査の対象となったことも、琉球王国に属するか否かも含めて、**宗主国の清国の管轄下の出来事であり、清国側が判断する事であった。**

　さらに、この江戸期には、薩摩藩が武力により、琉球王国を実質支配していたが（1609 年以降）、中国との朝貢貿易の利益を求め、琉球王国の存立だけは認めていた。その薩摩藩が、幕府の命を受けて、琉球王国の領土を調査して公地図を作成した。その公地図「**正保琉球国絵図全三舗　大島絵図、悪鬼納島絵図、八重山島絵図**」でも明らかなように、**琉球王国自体が、自国領三十六島の内に釣魚諸島を含めていなかった**のである。日本の明治政府が、琉球王国を廃して沖縄県としてからも（1879 年）、釣魚諸島の領有権を調査し始めたのは、やっと 1885 年であった。「シュティーラー世界地図帖」（1867 年）の分冊「**CHINA、KOREA、JAPAN**」で、青色境界線が記された時より二十年近く後であり、歴史的事実とは矛盾した境界線であったと断定する。

Ⅳ. 釣魚 = 尖閣諸島の開拓と日本の実効支配

1　領有化による釣魚 = 尖閣諸島の探査と所轄

　1895 年 1 月 14 日、**日本政府は閣議決定にて、日清戦争での台湾侵攻の前段として、一方的に釣魚諸島を日本領として強奪した**。領有化前後の、日本人による釣魚諸島の調査と開拓は次のとおりである。(参考「那覇市史」資料編第二巻上。浦野起央「尖閣諸島・琉球・中国」三和書籍)。

■ 1845 年 6/14 〜 17 **英国軍艦 SAMARANG**(艦長 Edward Balcher)は、石垣島から、釣魚 = 尖閣諸島へと向かい調査・測量を実施し、英国公地図に記載した。

■ 1859 年、沖縄の**大城水保**は、清国への途上、釣魚島、黄尾嶼(久場島)、赤尾嶼を調査。

■ 1879 年 3/25、琉球藩処分官**松田道之**は、巡査隊、熊本鎮台二個中隊にて、首里城を侵攻。

■ **1879 年 4/4、琉球藩を廃して、沖縄県設置。**

■ 1879 年 5/20、中国(清)公使**何如璋**は、日本政府が**琉球国**を廃藩置県し、日本領としたことに抗議した。

■ 1884 年 3 月、**古賀辰四郎**は、黄尾嶼に上陸し、翌年、沖縄県令へ開拓許可願いを出すが、不許可。

■ 1885 年 10/21、沖縄県令**西村捨三**、出雲丸にて釣魚島を調査した。

■ **1885 年 12/5、政府は、沖縄県へ、釣魚諸島への国標建設は不用と通告。**

■ 1887 年 6 月、軍艦金剛が、八重山島、釣魚諸島を調査。

■ 1890 年 1/13、沖縄県知事より、久米赤島・久場島・釣魚島を沖縄県所轄とすることと、国標建設許可を上申する。政府は無回答。

■ 1893 年 11/2、再び、沖縄県知事より、所轄と国標を上申するも、無回答。

■ 1891 年、**伊沢弥喜太**が釣魚島にてアホウ鳥羽毛を採集した。

■ 1892 年 8 月、軍艦**海門**が、釣魚諸島を調査。

■ 1893 年、伊沢弥喜太が釣魚島にてアホウ鳥羽毛を採集。

■ **1894 年、古賀辰四郎**が、釣魚島の開拓を沖縄県知事、内務・農商務大臣へ請願したが、不許可。

釣魚島、鰹節工場前。中央で白服にステッキを持った人が古賀氏

■日清戦争（1894.8/1 開戦〜 1895.4/17 講和条約）

■ 1895 年 1/14、閣議決定で、久場島（黄尾嶼）・魚釣島・北小島・南小島を沖縄県所轄とし、沖縄県知事は、登野城村に編入した。

■ 1895.4/17、日清講和（下関）条約にて、**台湾と附属諸島が日本に割譲される。**

■ 1895 年 6/14、古賀辰四郎が、四島（釣魚島、久場島、南小島、北小島）の借用願を提出。

■ 1896 年 4/1、魚釣島、久場島、南小島、北小島は沖縄県八重山郡に編入された。

■ 1896 年 9 月、古賀辰四郎へ、四島を三十年間無料借用として許可。

■ 1897 年より、**古賀辰四郎**は労働者、物資を送り込み、本格的に開拓を開始した。此の年、35 名の労働者を、翌 1898 年に 50 名を、1899 年に 29 名を、1900 年に 22 名を派遣した。1909 年には、移住者は 99 世帯 248 名にもなった。

■ 1908 年、沖縄県八重山村登野城編入。

■ 1914 年、石垣村登野城に編入。

■ 1915 年、1917 年、1919 年、海軍水路部、尖閣諸島を実地調査。

■ **1921 年 7/25、赤尾島**（久米赤島＝大正島）を追加して日本領として編入。

■ 1932 年 3/31、古賀善次（辰四郎の息子）、四島の払い下げを認可され私有地とする。魚釣島（1,825 円）、久場島（247 円）、南小島（47 円）、北小島（31円 50 銭）。

■ 1940 年、古賀家が、戦時体制下で経営困難となり、尖閣四島から退去し、

無人島となる。

■ 1978 年 4/25、1988 年 1/1、**栗原国起**が、古賀家より尖閣四島を譲渡・継承する。

2　古賀辰四郎による開拓と実効支配

　日本政府は日清戦争にて割譲させた台湾の占領地支配、産業開発を優先し、無人島の小さな島々である尖閣 = 釣魚諸島の開拓などは後回しであった。初めての開拓が実行されることとなったのは、**古賀辰四郎**（沖縄県琉球国那覇西村 23 番地）が、内務大臣野村靖へ出した「**官有地拝借御願**」明治 28（1895）年 6 月 10 日付によるものであり、公文書に記された唯一の開拓である。また、実効支配の唯一の実績の始まりでもあった。

　その一部を抜粋する。「明治十八年、沖縄諸島に巡航し、舟を八重山島の北方九十海里の久場島に寄せ上陸いたし候処。図らずも、俗にバカ鳥と名乗る鳥の群集せるを発見いたし候。………バカ鳥羽毛輸出営業の目的を以て久場島全島を拝借候様出願に及ぶべき処。**右久場島は、未だ我国の所属たる事判明之無き由に承知仕り候**。故に今日まで折角の希望を抑制致し居り候。………然るに該島は確然日本の所属と確定いたし候趣、多年の願望に投じ申し候」。即ら、十年来、久場島のバカ鳥の羽毛の採集による儲けを思っていたが、日本領ではないので手を出せなかったが、此の度、日本領有化と聞き、開拓を申請したというわけである。

尖閣魚釣島の古賀村全景1900年代

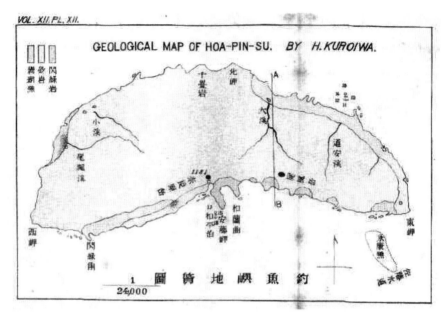

黒岩恒「釣魚嶼地質図(「地学雑誌」1900年8月号)

　1900年5月、古賀辰四郎が開拓事業を進めるために、永康丸をチャーターして実施したのが最初の学術調査ともいえる。**伊沢弥喜多氏**を案内役に、宮島幹之助理学士（慶応大学教授）、**黒岩恒教諭**（沖縄師範学校）が調査を担当し、八重山島司の野村道安氏が同行した。宮島理学士は、**黄尾嶼（久場島）**にて、風土病やマラリヤの恐れがなく、ハブ・猪などの害獣は生息しないこと、飲料水は確保できないと調査した。黒岩教諭は、**魚釣島**にて、飲料水が確保でき、居住可能なことを確認した。この調査を踏まえ、これらの島々を**「尖閣列島」**と呼称して、学術誌で報告した。

　このような調査と併行して、**古賀辰四郎**は、1897年より、発注していた遠洋漁業船二隻の完成を以って、労働者、物資を送り込み、本格的に移住準備に着手した。此の年35名の労働者を、1898年に50名を、1899年に29名を、1900年に22名を派遣した。家屋を建て、井戸を掘り、天水貯蔵タンクを設け、漁業だけでなく、開墾して畑作も始めた。また、1901年からは、熊倉工学士（沖縄県技師）の助言を受け、魚釣島に防波堤・防風柵・船着場を築き汚物処理場も設営していく。1904年からは、鰹船も発注して、黒潮の幸、カツオ漁に取り組み、宮崎県から漁師・職人を招き、かつお節製造工場を起業した。

尖閣諸島・魚釣島の船着き場（明治30年代の尖閣諸島）
写真提供：古賀花子さん／朝日新聞社（アサヒグラフ昭和５３年５月５日号）

尖閣で暮らす人たち
（明治30年代の尖
閣諸島）
写真提供：古賀花
子さん／朝日新聞社
（アサヒグラフ昭和
５３年５月５日号）

74

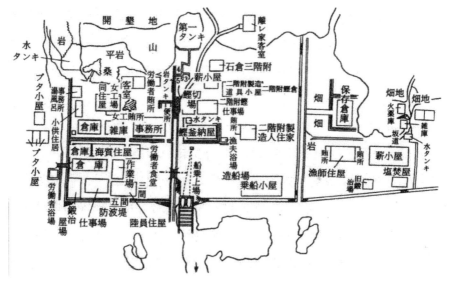

釣魚島の事業所建物配置図。1900年代初めに古賀辰四郎が作成。
「季刊沖縄」1972.12.31

　こうして、古賀家は、魚釣島・久場島を拠点に移住労働者を送り込み、貯水槽・耕地も開き、古賀村と呼称した。1909年には、移住者は99世帯248名にもなった。海鳥の捕獲、羽毛の採集事業（1912年まで）、鳥糞・燐鉱石採集事業（1925年まで）、鰹漁業・鰹節製造（1940年頃まで）などを続けた。しかし、長引く戦時体制で、人手も不足し、燃料も配給制となり、船舶運行が困難となり、事業から撤退した。以後、尖閣諸島は無人島となり、今日に至る。さらに、（息子の）古賀善次らは、那覇大空襲（1944.10.10）で商店・住居を失い、一時、長野県（妻花子の実家）へ疎開した。

　なお、1907年と思われる「**釣魚島事業所建物配置図**」（上地龍典「尖閣列島と竹島」）がある。また、釣魚島に居住した人々の暮らしの様子については、「アサヒグラフ」（1978.5.5）に、古賀花子氏所蔵の写真などが掲載されている。古賀辰四郎、伊沢弥喜多らを中心に、古賀商店での労働者の様子がわかる。

3　戦後、米軍政下での本格的な学術調査

　敗戦後、限定された領域に開発を求めた時期、米軍政下の沖縄から、無人島となってしまった尖閣諸島海域へも出漁がおこなわれていた。**琉球政府農林省**

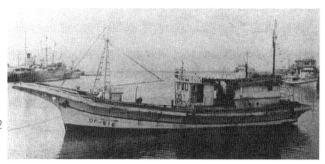

実習船「開洋丸 30.72噸 (「沖縄水産高校」1995.3)

資源局、琉球大学を中心とする学術調査が企画された。最初に踏査を為したのは、**琉球大学高良鉄夫氏**を中心とした学者・学生で構成された学術調査団である。資金難で、沖縄財界人をまわって支援を求めた。戦災で焼失した沖縄県立水産学校を再興した開洋高校に依頼し、航海実習として**実習船開洋丸**（30.72噸）で尖閣諸島へ出向いてもらい、学術調査団を運んでもらった。第一次（1950年 3/27 ～ 4/10）、第二次（1952年 4/10 ～ 4/20）、第三次（1953年 8/1 ～ 8/4）、第四次（1963年 5/15 ～ 5/18）、第五次（1968年 7/7 ～ 7/9）と、五度にわたる学術調査を成し遂げた。「**尖閣研究　高良学術調査団資料集上下**」（2007.10.14）による、「調査概略」は、次の通りである。

　＜第一次調査 1950年＞釣魚島の生物相調査。南・北小島は海鳥の楽園。この辺りは、鰹など漁業資源の宝庫であり、沖縄・四国・九州からの漁船の他に、台湾からの漁船もあった。

　＜第二次調査 1952年＞琉球大学に、農林省資源局・林業試験場・水産研究所から技官が加わり、本格的調査の開始。有用生物相、地質・土性、海鳥糞（グアノ）、水産資源を調査。

　＜第三次調査 1953年＞琉球大学主体の調査団に沖縄開洋高校（現；沖縄水産高校）の実習船が協力。

　＜第四次調査 1963年＞琉球政府気象庁海洋係が加わり、初めて海洋調査を実施。マスコミの取材として、琉球新報、沖縄タイムス、琉球放送テレビ、沖縄化学教材の記者が同行した。南小島、北小島、黄尾嶼で、台湾漁船が停泊していた。漁民が、羽毛・卵を求めて海鳥を乱獲していた。小屋を建てて難破船解体作業を行う労働者も見られた。

　＜第五次調査（1968年＞**国連エッカフエ（国連アジア・極東経済委員会）の東シナ海海底石油資源報告**により、尖閣海域も脚光を浴びる中で実施された。

したがって、第4次までの学術調査とは内容・目的が異なる。**日本政府総理府委嘱の鉱物資源調査が主目的となった。**

琉球政府の総務局・気象庁・通産局工業課、沖縄問題等懇談会、日本石油開発公団、琉球大学、茨城大学から担当・専門家が参加する大掛かりな規模となった。琉球政府水産研究所の図南丸が提供された。この、石油資源探索を主目的とした第五次調査と併行して、琉球政府は、尖閣諸島の領有化を確立する措置を急いだ。

続く、**琉球大学尖閣列島学術調査団**（池原貞雄団長）の学術的実績も大きい。尖閣諸島海域での石油資源埋蔵の予測もあり、学術調査の機運が高まり、琉球大学の研究助成金が交付された。第一次調査（1970.9.29～10.7）は、風雨の荒れと船舶の小ささ（新栄丸52噸）で実施を断念した。天候に万全を期した第二次（1971.3.29～4.10）学術調査は、琉球政府水産試験所の図南丸の協力もあり、成功裏に実施し得た。学術調査の詳細は、「**尖閣列島学術調査報告**」（琉球大学1971.7.28）にまとめられている。

4　尖閣諸島は、どんな島か……学術調査からの概略

　高良鉄夫調査団と池原貞雄調査団の、二期にわたる**琉球大学学術調査報告**に、最近の状況を加えながら、尖閣＝釣魚諸島の自然環境の概略を、島嶼別に記述する。なお、釣魚＝尖閣諸島は、東シナ海東端、大陸棚の外縁部に位置し、東側海底には、南北に沖縄トラフ（海溝）があり、琉球（南西）諸島とを分かつ。この海域は、黒潮（日本海流）が北東へと流れを転じる場所で、大陸棚の沿岸

尖閣諸島、最大の釣魚島。写真の南側は、険しい断崖がそそり立つ。石垣市パンフ「尖閣諸島」（2015年3月）

流と混ざり合う潮目となり、魚類も多い好漁場となっている。サバ、アジ、カツオ、マグロ、カジキ、サメなどの漁が行われてきた。

(1)　釣魚島＝魚釣島

尖閣諸島、最大の釣魚島。写真の南側は、険しい断崖がそそり立つ。

北緯 25 度 44 分、東経 123 度 28 分に位置する。諸島中、最大の島で、東西に約 3,300m と横長く、ほぼ楕円形の形状である。標高 362m、周囲 11,128km、面積 3.81 ㎢。海岸線は、隆起珊瑚礁におおわれ、安山岩・礫岩・砂岩の岩石、断崖が見られる。特に東南部は、険しい断崖絶壁である。西岸に、古賀事業所が造った掘割が、唯一の船着き場である。南側は、急峻で岩肌が剥き出しな断崖がそそり立つが、北側は、緩い斜面をなしており、いくつか

テッポウユリを持つ髙良鉄夫団長。古賀事業所跡前にて、「尖閣研究　琉球大学高良学術調査団」2007.10.14

の小渓流があり、草木も繁茂している。高木類で、最も広い範囲に群生しているのは、**ビロウ**（クバ）、クロツグである。草花・コケ類では、イヌマキ、シロガジュマル、タブノキ、八丈ススキ、潮風テンツキ、テッポウユリ、ハマボッス、ハマダイコン、ハマヒルガオの群生が見られる。釣魚島の植生は、297 種が確認されている。固有種の、**尖閣オトギリ、尖閣ツツジ、尖閣ハマサジ、尖閣トロロアオイ**などが可憐な花を咲かせているが、環境省・沖縄県より絶滅危惧種として保護指定されている。

動物については、調査団が、ごみ、残飯を捨てた所には、早速、野ネズミが現れた。固有種の**尖閣モグラ**は、絶滅危惧種に指定されている。爬虫類として、トカゲ、ヤモリの他に、**臭蛇**（ショウダ）が多く生息するが、毒蛇ハブはいないそうである。尖閣諸島の動物では、主役は、何といっても、海鳥だが、釣魚島では、海鳥が群生せず、個体が飛来してくるだけの状況となっている。

釣魚島を東南方面より鳥瞰する。北側は、緩やかな斜面が広がっている。外務省パンフ「尖閣諸島」より

残念ながら、現在、釣魚島では、野生化した**山羊**が繁殖している。或る政治団体が、非常食用にと山羊を島に放った（1978年）。十数年後には、船上から眺めて数えただけでも、三百頭程に増えた山羊が確認されている。その食害によって、植生が打撃を受け、見るからに土壌がむき出しの裸地が目立ってきた。山羊が食べやすい絶滅危惧種の草花は壊滅に瀕しているかもしれない。高木のビロウさえ、山羊の食害に脅かされている有様である。高良鉄夫団長が、背丈より高く伸びたテッポウユリの群生に驚き、記念写真を撮った。今では、山羊の食害の前には、テッポウユリの姿を見ることは無理かもしれない。ただ、放たれた山羊は懸命に生きてきただけである。他所へ移住させてやらねばならない。

セグロアジサシ(北小島)、「尖閣研究　琉球大学高良学術調査団」

(2)　北小島、海鳥（アジサシ）の島

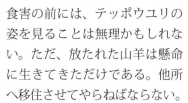

北緯25度43分、東経123度32分に位置する。上空から鳥瞰すると、島の四隅が突き出た矩形をなしている。面積0.31㎢。礫質の石英砂岩の岩山からなり、北側は険しい断崖絶壁（標高125m）である。そこから南に向かってゆるい傾斜の台地状の岩山には、土壌の堆積部分もあり、キヌゲメヒシバ、ハマダ

クロアシアホウドリ(北小島)、「尖閣研究　琉球大学高良学術調査団」

イコン、ハママンネングサなどの植生に被われている。ここが海鳥の絶好の棲息場となっている。その台地の中央部は窪地となり、湿地帯で、ノゲタイヌビエが群落をなしている。水源となる湿地帯の水は、棲息する海鳥の糞尿に汚染され、飲料には不適である。樹木は生育していない。周辺海岸部には、隆起サンゴ礁が広がり、モンパノキが生育している。海鳥が多数棲息するが、クロアジサシ、セグロアジサシが大半をせめている。北方部分にクロアジサシ、南方部分にセグロアジサシというように、争う事無く大まかに棲み分けて群棲している。また、場所を変えて、オオアジサシ、クロアシアホウドリ、アホウドリも、僅かだが棲息しているようである。

(3) 南小島、海鳥（カツオドリ）の島

北小島、南小島、第十一管区海上保安本部

北緯25度43分、東経123度33分に位置し、北小島との間は、僅か200m程しか離れていない。東端と西端に、険しく尖塔状の岩山があり、その間は、隆起サンゴ礁からなる平地が広がっている。岩山は、礫質砂岩が基底を成し、安山岩（長石、角閃石）が岩脈として貫入している。東端の岩山には、一ヶ所、渓流があり、飲用可能とされる。簡単な古賀事業所も設けられたので、水溜場の跡がある。山裾には草、コケ類は生育しているが、樹木は見られない。

この岩山の裾に、シロガジュマル、モンバノキ、コウライシバなどの群落が発達し、海鳥の棲息場所となっている。その海鳥も、南小島では、全島が大型のカツオドリで覆い尽くされている。なお、高良鉄夫調査団は、オオミズナギリが、棲息していた事を確認しているが、今日

南小島のカツオドリ
（琉球郵便）

では、カツオドリとの競合により、絶滅したのではないかと思われる。また、釣魚諸島に多数棲息していたアホウドリは、羽毛目当てに乱獲されたために、飛来も棲息もせず絶滅したとされてきた。南小島で、僅かだが棲息が発見されたことはうれしい。

　なお、海鳥は渡り鳥である。カツオドリは二月上旬より飛来・繁殖し、十二月中頃までに去る。アジサシやオオミズナギリは二月中旬より飛来・繁殖し、十月には去る。アホウドリは、十月頃に飛来・繁殖し、翌年四月頃に去る。

⑷　黄尾嶼＝久場島

　面積0.91km²、尖閣諸島で第二に大きな島嶼である。北緯25度55分、東経123度40分に位置する。中央部（標高117m）付近に数個の火口跡を有し、なだらかに円形を成した、火山島である。島の基底を成す岩石は、典型的な火山島にて、輝石安山岩、溶岩流、軽石・火山弾の岩である。そこに、海岸周辺は、隆起サンゴ礁・石灰岩が加わるが、溶岩流により絶壁が築かれ、上陸を阻む。面積は大きいが、渓流も湧き水もなく、飲料水の確保が困難である。

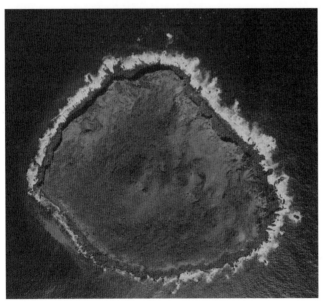

ビロウ（クバ）の林が広がり、オオクサボク、シロガジュマル、ギシギシ、ホソバワダン、ウラジロエノキ、アダン、ツルナなどが生育している。なお、カライモ、サトウキビなど、人為的な農耕が試みられた跡が残る。カツオドリ、オオミズナギリの棲息が見られる。ネズミ、野生化した猫も確認さ

黄尾嶼＝久場島（0.91km²、尖閣＝釣魚諸島北端）。私有地。在日米軍の爆撃訓練地。（国土地理院）

れている。現在、**在日米軍の爆撃訓練地**とされ立ち入り禁止である。

(5)　赤尾嶼 = 大正島

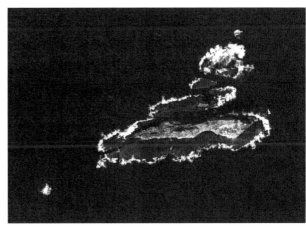

北緯 25 度 55 分、東経 124 度 33 分に位置する。面積 0.06 ㎢。大陸棚の東端にあり、沖縄トラフに面する。標高 75m の断崖絶壁の岩礁で、波濤厳しく上陸は困難である。アジサシ、カツオドリの棲息が観測されている。**在日米軍の爆撃訓練地**とされている。

大正島=赤尾嶼(0.06㎢、尖閣=釣魚諸島東端)国有地。在日米軍の爆撃訓練地。

(6)　沖の北岩 (0.03㎢)、沖の南岩 (0.01㎢)、飛瀬 (0.002㎢)

いずれも、釣魚島の東、北小島の北方に所在する小さな岩礁である。動植物の生育には不適である。

米軍の不発砲弾(赤尾嶼=大正島)「尖閣研究　琉球大学高良学術調査団」

Ⅴ.石油埋蔵発表で領有権・採掘権が焦点化

1　石油埋蔵に対して日米台が急遽の対処

■1961年、新野弘教授（東京水産大学、後に東海大学）とエメリー（Kenneth O.Emery 米国ウッズホール海洋研究所）の共同論文「東中国海及び南中国海部の沈積層」は、豊富な石油と天然ガスの埋蔵を発表した。両名は、続編の研究成果を1967年7月に発表し、「**海底石油・ガス田のもっとも有望な領域は、琉球列島の西にある大陸棚外辺部沿いの幅広い地帯である**」と指摘した。

■1966年、国連エッカフエ（国連アジア・極東経済委員会）は、東シナ海海底鉱物資源探査を開始した。そして、**CCOP**（アジア沿海鉱物資源共同探査調整委員会）を設け、**日米台韓の科学者が参加**して、1968年9月、続けて10〜11月、調査を実施した。この調査は、**米海軍海洋局が主導し、米海軍第7艦隊（横須賀港）の艦艇 R.V.Hunt** が提供された。米日の石油企業も開発・採掘権を求めて動いた。

■**1968年9/17、琉球政府は尖閣列島の領有権を声明。**

■**1968年9/18、尖閣列島の石油資源等開発促進協議会を結成。**

■**1969年2/5**、大見謝恒寿氏が、琉球政府通商産業局に対して、尖閣諸島領域の石油・ガスの採掘権を申請した。同年2月17日、古堅総光氏（日本石油開発公団代理）も申請した。同年4月、新里景一氏（琉球鉱業開発株式会社設立）も申請した。

■**1969〜1971年、日本政府総理府は、東海大学海洋学部に委嘱して、石油資源埋蔵と関わる第一次海域調査を実施した。**沖縄返還交渉が秘かに進行していたためである。

すなわち、1969年6月、新野弘教授（東海大学）を団長として、石油を探るために「尖閣列島周辺海域の海底地質に関する学術調査」を実施した。さらに、星野通平教授（東海大学）を団長に、改訂地質調査の第二次調査（1970.6）、第三次調査（1971.6）を行った。また、1971年には、上陸しての自然科学的調査が、4月に琉球大学によって、12月には九州大学・長崎大学の合同調査団によってなされた。

2　釣魚＝尖閣諸島が日中台の間で領土問題化した

⑴　日本、琉球政府による領有権の動き

■ 1968 年 8 月 12 日、台湾の民間業者が座礁船解体工事を実施していた南小島へ、石垣港から救難艇「ちとせ」で、調査に赴いた。**米軍民政府**（USCAR）渉外局ゲイダック氏、**琉球政府**の公安局、法務局出入管理庁、武装した八重山警察署員二名（平良繁治ら）の一行である。南小島で作業していたのは、台湾の興南工程所というサルベージ会社の従業員 45 名で、台湾基隆港務局長の許可書も所有していた。これに対して、「**南小島は、米軍民政府の管轄である**」として、米軍民政府（USCAR）への入域許可を申請させた。

■ **1968 年 9/17、琉球政府は、「尖閣列島の領土権について」の声明を公表した。**

■ **1969.5.9、琉球政府石垣市役所は尖閣諸島に領有を明示する石造の行政標柱を建立した。**戦後、領有権の正式表示である。

■ **1969 年 6/6、米国国務省**（バーネット国務次官補代理ら）は、**ガルフ社**（スチュアート・ネルソンワシントン支社代表、ジョセフカーター本社地質緒餌担当ら）と会談。ガルフ社が実施し始めた石油探査作業・採掘権の区域は、琉球政府と台湾（中華民国）との境界の為、活動を留保すべきとした。日本への沖縄返還の動静が背景にあった。

南小島で、解体作業をしていた台湾の労働者たち(1968.8.12)。（左端は、調査中の平良警察官。ホテルほどの大きな座礁船(奥の四角い形)を解体中で、スクリューだけでも二階建ての大きさだった。(「琉球新報」1968.7.11

「八重山尖閣群島、魚釣島の行政標柱
戦後に、魚釣(釣魚)島に建てられた八重山尖閣諸島の国標(1969.5.9沖縄県石垣市建立)。右
は、尖閣諸島七つの島名をまとめて記した標識。明確な領有権の表示となった。明治期に建
てられる予定の国標は、極秘に領有の為か、建設されなかった。

■ 1970 年 8/31、琉球政府立法院は「尖閣列島の領土防衛に関する要請決議」
を全会一致で採択した。米国大統領、琉球列島米国民政府高等弁務官に宛て
た決議文である。
全文を引用する。

「尖閣列島の領土権防衛に関する要請決議。
尖閣列島の石油資源が最近とみに世界の注目を浴び、県民がその開発に
期待を寄せている矢先、中華民国政府がアメリカ合衆国のガルフ社に対し、
鉱業権を与え、さらに尖閣列島の領有権までも主張しているとの報道に県

領有帰属を
示す行政標
柱裏、「尖
閣 研 究
琉球大学高
良学術調査
団」

釣魚島の警告板。
上に米国民政府
の英文、左下に
中国語文、右下に
日本語文を記す。
1970.7、「尖閣研
究 琉球大学高
良学術調査団」

民は驚いている。元来、**尖閣列島は、八重山石垣市字登野城の行政区域に属しており**、戦前同市在住の古賀商店が伐木事業及び漁業を経営していた島であって、同島の領土権について疑問の余地はない。よって、琉球政府立法院は、中華民国（台湾）の誤った主張に抗議し、その主張をやめさせる措置を早急にとってもらうよう院議をもって要請する。右決議する」。1970 年 8 月 31 日。**琉球政府立法院**。」。

■ 1970 年 9/3、**米国陸軍省琉球列島米国民政府（USCAR）**は、琉球政府へ、警察当局の巡視艇派遣と、米国・中国・日本の三カ国語の**不法入域警告板**を設置するよう勧告した。警告板は、1970 年 7 月初めに設営を完了させた。警告板の日本語、「**警告　此の島を含む琉球列島のいかなる島、または、その領海に琉球列島住民以外の者が無害通航の場合を除き、入域すると告訴される。ただし、琉球列島米国高等弁務官により許可された場合はその限りでない**」。

■ 1970 年 9/10、衆議院外務委員会で、愛知揆一外相の答弁「尖閣列島の領有権問題につきましては、これは明確に領土権を日本側が持っている」。

■ 1970 年 9/18、「沖縄県尖閣列島石油資源等開発促進協議会」（会長平良良松）を結成する。

■ 1970 年 11/12 よりソウルで、「日韓台三国連絡委員会」を開催し、大陸棚を相互に開放し、共同で東シナ海の資源開発をすることに合意した。

■ 1971 年 4/9、**米国国務省の要請**により、米国企業ガルフ社は、台湾（中

華民国)と提携した釣魚＝尖閣諸島周辺での海底資源探査を中止した。米国が、対ソ関係悪化と、ベトナム戦争の終結のために、中国との国交正常化に動いていたことが影響している。

■ 1971 年 1/26、参議院で佐藤栄作首相は、「尖閣諸島は、日本の沖縄に帰属する」と答弁した。

■ 1971 年 6/17、沖縄返還協定調印。1972 年 5 月 15 日、返還協定発効。

■ 1972 年 4/17、荒畑寒村、井上清、羽仁五郎ら「日帝の尖閣列島阻止のための会」を結成する。

■ 1972 年 5/10、日本防衛庁は、沖縄の防空識別圏に尖閣諸島を含む 34,000㎢拡大を公布し、5/15 実施した。

■ 1972 年 9/22、赤尾嶼にて、米軍が地対空ミサイル訓練を実施した。

■ 1972 年 9/25 ～ 29、田中角栄首相・大平正芳外相が訪中し、国交正常化共同声明。尖閣＝釣魚諸島の領有権の帰属については、論議・決定を棚上げとする公約をした。

■政治結社日本青年社が、尖閣諸島への灯台設置を行った。1978 年 8 月、魚釣島へ、1988 年 6/8、魚釣島に再び灯台を、1996 年 7/14、北小島へも灯台を設置した。いずれも、中国・台湾からの抗議を受けた。10/4、日本政府は灯台設営を不許可と発表したが、撤去はしていない。

(2)　台湾（中華民国）・香港による領有権の動き

■ 1969 年 7/17、台湾（中華民国）は、「海岸に隣接している領海外の大陸棚の海床及び底土のあらゆる天然資源に対し、すべて主権上の権利を行使することができる」との声明を発表した。これは尖閣＝釣魚諸島の海域を含んでいた。

■ 1970 年 7 月末、台湾（中華民国）は、米国パシフィック・ガルフ石油会社に鉱区権を与えて探査を開始した。これに対して、8/10、参議院沖縄・北方領土特別委員会で、愛知撥一外相は、「台湾の石油開発措置は無効である」と言及した。

■ 1970 年 9/2、台湾（中華民国）の水産試験所の海憲号が、釣魚島に赴き、乗員が中華民国旗の青天白日旗を建てた。「中国時報」記者らが同乗し、また、4 ～ 9 隻の台湾籍漁船が停留していた。後日、台湾（中華民国）は、在沖縄米軍の米国民政府が撤収した国旗返還を要請し、翌年 4 月 27 日、台湾（中

華民国）外交部へ返還された。

■ 1970年9/28、台湾基隆市漁業団体は、台湾政府に釣魚島諸島方面の漁船の保護を要請した。

■ 1970年9/30、**台湾議会、釣魚台諸島を固有の領土との決議を採択した。**

■ 1970年10/16、**台湾（中華民国）は、釣魚台諸島の資源領有を声明した。**

■ 1970年11/12よりソウルで、「**日韓台三国連絡委員会**」を開催し、**大陸棚を相互に開放し、共同で東シナ海の資源開発をすることに合意した。**

■ 1971年2/23、台湾外交部長**魏道明**、立法院で、「歴史的地理的にも実態からも中国領土」と表明。

■ 1971年4/9、米国国務省の要請により、**ガルフ社は、釣魚＝尖閣諸島周辺での海底資源探査を中止した。**米国は、対ソ関係悪化と、ベトナム戦争の終結のために、中国との国交正常化に動いたとされる。

■ **1971年4/10、台湾外交部は、「釣魚台は我が国の領土であり、米軍施政終了の時点で我が国に返還すべきである」と主張した。**台湾政府の初めての国際的公式表明であった。

■ 1971年4/16、香港八大学学長が、釣魚諸島に対する主権擁護を共同声明。

■ 1971年6/11、台湾外交部は、6/17調印予定の沖縄返還協定に釣魚諸島を含めていると抗議声明。

■ 1971年7/7、香港学生連合会が、「日本帝国主義の釣魚島侵犯抗議」のデモ。日本領事館へ抗議。

■ 1972年2/10、台湾（中華民国）は、**釣魚台諸島を台湾省宜蘭県に編入した。**

■ 1972年5/9、台湾（中華民国）外交部は、釣魚台諸島の主権を声明。

■ 1972年6/29、台湾（中華民国）は、釣魚台諸島海域へ巡視艇を派遣した。

■ 1990年10/12、台湾行政院長が、日本右翼による釣魚台諸島への灯台建設に抗議した。

■ 1990年10/21、釣魚（尖閣）諸島海域に、台湾船舶が立ち入り、日本海上保安庁の巡視船が退出させる。10/22、台湾国防部長は、日本保安庁巡視船こそ、釣魚諸島の我が領土主権を侵害したと抗議。

■ 1990年10/28、香港で、10/21台湾船舶強制退去に抗議する集会とデモ。

■ 1994年3/25、台湾軍機、釣魚＝尖閣諸島空域に、立ち入る。

■ 1996年9/6、香港・台湾から、釣魚＝尖閣諸島海域突入を目指す船団が出されたが、警備中の日本海上保安庁巡視船により排除された。

■ 1996年9/3、台北で、台湾外交部と日本水産庁は、釣魚尖閣諸島周辺で

の漁業協定について協議。

■ 1996 年 9/15 ～ 16、香港で、「保衛釣魚島連合行動」一万人集会とデモ。「中国の島を守れ！」「領土防衛！日本軍国主義反対！」「日本製品ボイコット」。日系デパートにも抗議行動。

■ 1996 年 9/22、香港、台湾から、「全球華人保釣台連盟突撃隊」が釣魚諸島へ向かい、海域で日本海上保安庁巡視船と対峙した。釣魚島へ泳いで渡ろうとした突撃隊長（デビットチャン）は溺死し、9/29 追悼集会。

■ 1996 年 10/7 日、台湾・香港・マカオから、「全球華人保釣台連盟突撃隊」のメンバー（300 名、漁船 49 隻）が釣魚諸島へ向かい、日本海

中国民間人による釣魚諸島への上陸示威行動（鳳凰網 news.ifeng.com）

上保安庁巡視艇が規制したが、四名が強行上陸した。五星紅旗と青天白日旗が掲揚された。

■ 1997 年 5/26、香港・台湾の活動家たちが乗る、漁船 30 隻が、釣魚（尖閣）諸島海域で、領有権主張の示威行動を展開した。3 隻が釣魚島海域に突入。規制した海上保安庁巡視船は、活動家二名を強制退去させた。

■ 1998 年 6/24、香港と台湾の船団六隻が釣魚＝尖閣諸島海域に突入した。海上保安庁巡視船が退去規制をしたが、一隻が沈没した。これに、香港・中国外交部が抗議した。

■ 1999 年 7/31、台湾海洋調査船（海研 2 号）が、釣魚（尖閣）諸島海域に立ち入る。

⑶　中国（中華人民共和国）による領有権の動き

　日本、台湾（中華民国）による尖閣諸島海域の石油資源の開発計画は、当初から日本政府が敵視した共産圏として国交のなかった中華人民共和国（中国）を排除し、国際法に違反した行為であった。当然、中国は、釣魚（尖閣）諸島の領有権と、その海域に対する中国大陸棚の権益を主張してきた。

■ 1970 年 12/4、「**人民日報**」で、「釣魚諸島は台湾に付属した中国領土である」と主張し、日韓台の三国連絡会による石油の共同開発を非難した。

■ 1970 年 12/28、「**新華社**」は、「米日反動派による我国の海底資源略奪を絶対に許さない」と報道。

■ 1970 年 12/30、**北京放送**は、「釣魚諸島は、1556 年、胡宗憲が倭寇討伐総督に任命されたころの防衛範囲であった」と史実を紹介した。

■ 1971 年 4/11、**新華社通信**にて、「沖縄の日本返還で、釣魚諸島を含んだことは中国の領土主権を侵犯する」と声明・抗議した。

■ 1971 年 5/1、「**人民日報**」で「中国の領土主権に対する侵犯を許さない」と論評。

■ **1971 年 12/30、中国外交部は、釣魚諸島の領有権を主張**し、「台湾を解放して、釣魚島などの台湾領土を解放する。」と声明。**中国政府の初めての国際的公式表明であった。**

■ 1972 年 3/3、国連海底平和利用委員会で、中国代表**安致運**は、「日本が釣魚諸島など中国の領土を不法占拠している」と非難した。

■ 1972 年 5/18、「**人民日報**」は、「日米両国は、沖縄返還に際し、中国の領土主権のある釣魚諸島を組み入れた」と非難した。

■ 1972 年 5/20、中国**国連大使黄華**が、国連安全保障理事会へ、「沖縄返還に際し中国領土である釣魚諸島を含めた移管を認めない」と通告。

■ 1972 年 9/25 ～ 29、**田中角栄首相・大平正芳外相**が訪中し、**日中国交正常化共同声明。**

■ 1974 年 4/23、中国外交部は、「当事国はその開発に対する一切の責任を負うべきである。中国政府の同意なくして勝手に開発活動をしてはならない」と声明。

■ 1974 年 10/3、日中友好代表団に、鄧小平副総理が「釣魚 = 尖閣諸島の領有権棚上げ」を確認。

■ 1978 年 4/12 ～ 15、釣魚 = 尖閣諸島海域に、中国武装船が多数（最大時 200 隻）集結。40 隻ほどは、釣魚島領海内で「釣魚島は中国領土」の垂れ幕を表示して操業。日本外務省からの退去要請に対して、中国大使館は拒否した。4/15、中国船団は操業後に引き揚げた。

■ 1978 年 8/12、「**日中平和友好条約**」調印。鄧小平副総理は、4/12 釣魚島での騒動の再発が無いように努力すべしと言明。

■ 1978 年 10/23、「**日中平和友好条約**」批准書交換。鄧小平副総理は、釣

魚＝尖閣諸島の領有権を棚上げすることを言明する。記者会見でも、公表した。

■ 1992 年 2/25、中国は「**領海法**」を公布。釣魚＝尖閣諸島は、中国領土と明記される。

■ 1996 年 5/15、中国は、**海洋基線**声明。6/26、**専管経済水域・大陸棚法**。これらに基づき、釣魚諸島海域での中国の調査活動は、国際法上でも中国の主権に属して合法となる。

■ 1996 年 11/9、中国の石油掘削船南海 6 号、上海東南方で日中中間線近くの平湖ガス海底油田で掘削を開始した。1998 年 4 月、操業を開始した。

■ 1998 年 4/28 ～ 5/1、中国海洋調査船奮闘 7 号、釣魚＝尖閣諸島海域で調査活動。

■ 1998 年 5/28 ～ 29、中国海洋調査船向陽紅 9 号、硫黄島北西海域で調査活動。

■ 1998 年 6/9 ～ 11、中国海洋調査船海洋 13 号、先島群島海域で調査活動。

■ 1998 年 6/22 ～ 25、6/29 ～ 7/9、中国海洋調査船海監 49 号、久米島北西海域で調査活動。

■ 1998 年 7/15 ～ 19、中国海洋調査船奮闘 7 号、及び探宝号、沖縄諸島南方海域で調査活動。

■ 1998 年 7/28 ～ 29、中国海洋調査船向陽紅 9 号、釣魚＝尖閣諸島西方海域で調査活動。

■ 1998 年 7/29 ～ 8/1、中国海洋調査船探宝号、釣魚＝尖閣諸島北方海域・久米島周辺で調査活動。

■ 1998 年 7/29 ～ 8/4、中国海洋調査船海監 49 号、硫黄島北西海域で調査活動。

■ 1998 年 7/31 ～ 8/2、中国海洋調査船奮闘 7 号、宮古島北方海域で調査活動。

■ 1998 年 8/11 ～ 17、中国海洋調査船海監 49 号、硫黄島北西海域で調査活動。

■ 1998 年 8/31 ～ 9/1、中国海洋調査船海監 49 号、久米島北西海域で調査活動。

■ 1998 年 10/27 ～ 28、中国海洋調査船海監 49 号、大隅諸島海域で調査活動。

＜以後、1999 年度、2000 年度と、例年の如く、中国海洋調査船は、東シナ海同規模の調査活動を進めながら、石油・天然ガス開発の為の海洋プラットフォームを、東シナ海の日中中間線の中国側に建設していく。

Ⅵ. 在日米軍の戦略管轄区域と沖縄返還

1　釣魚（尖閣）諸島は、米軍施政管轄に含まれた

　敗戦により、日本政府は、台湾、琉球諸島を放棄した。台湾は、台湾政府（中華民国）が管轄し、琉球諸島は、占領米軍による軍政下で琉球政府管轄とされた。しかし、尖閣＝釣魚諸島は、歴史的にも地理的にも南西諸島・琉球諸島には含まれない。歴史的には福建省、地理的には台湾付属の島嶼であった。

　冷戦下の状況で、台湾（中華民国政府）を擁護し、対共産圏中国と対峙する米軍戦略上の事由だけで、釣魚＝尖閣諸島をとらえたのであろうか。否、石油資源開発が有望な釣魚＝尖閣諸島をめぐって、日台中が三つ巴に対峙する事態は、沖縄に米軍駐留の必要条件になっていることは間違いないし、安保条約の

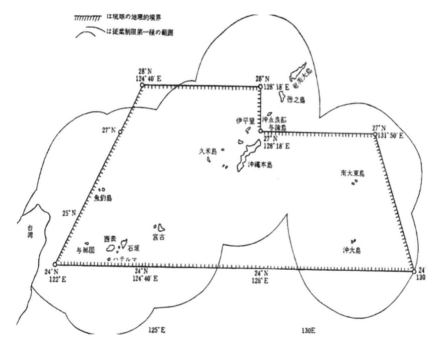

米軍布告の琉球政府施政管轄区域（1953年）。戦略区域と一対である。戦略区域には台湾の領域も含んでいる。

継続強化の事由となる。結局、日本占領米軍は、歴史的地理的な背景や、中国との領有権問題を考慮せず、当時、釣魚＝尖閣諸島が沖縄県施政下であった事をそのまま受け継いだ。そして、米軍が管轄する琉球政府施政下に釣魚＝尖閣諸島を組み入れたのである。

　米軍民政府が琉球政府施政下とした管轄区域は、奄美群島を日本へ返還した（1953.12.25）後、民政副長官・米国陸軍少将ダヴィド・A・D・オグデンより次のように布告された（1953.11.24指定、12.25施行）。すなわち、北緯28度・東経124度40分を起点として、北緯24度・東経122度、北緯24度・東経133度、北緯27度・東経131度50分、北緯27度・東経128度18分、北緯28度・東経128度18分の点を経て起点に至る。図の如く、**釣魚＝尖閣諸島は含まれており、この区域が沖縄返還協定でも適用された。**

2　沖縄返還での釣魚＝尖閣諸島と米国の狡猾さ

　1971年6月17日、日米は沖縄返還協定に調印した。この協定の内容の事前折衝で、日本側は、尖閣諸島が返還の対象に含まれることを明記することを求めた。**愛知揆一外相はマイヤー駐日大使**との会談で、「台湾との関係や、将来的には共産中国との関係の問題があり、日本政府としては、沖縄返還協定に**尖閣に関する明確な言葉を入れておきたい**」と申し入れた（1971.2.1）。**マイヤー駐日大使は、「アメリカが統治している地域を日本に返還するということだけを明確にしたいと望んでおり、尖閣に関する領有権の主張に判断を下すことは念頭に置いていない」**と結論した（1971.5.11）。かくて、島嶼の名前はなく、経緯度による範囲で施政圏が示された。1971年6/17「沖縄返還協定」調印直後にも、**ロジャース米国務長官は、「尖閣列島に対する施政権は日本に返還するが、主権（領有権）と施政権は別で、今度、日本に返還するのは施政権だけで、主権をめぐる問題には、アメリカは一切関与しない」**との声明を発表した。

　台湾（中華民国）と結託し、共産主義中国（中華人民共和国）と対峙してきた米国は、中台両政府が尖閣＝釣魚諸島の領有権・石油の採掘権を主張している現状に、日本政府側に加担した領有権の審判を下す「火中の栗を拾う」役割などはご免であっただろう。台湾（中華民国）とて、肝心の石油資源開発については、既に「日韓台三国連絡委員会」にて、大陸棚を相互に開放し、共同で東シナ海の資源開発をすることに合意済みであった（1970.11.12）。米国は、一つの中国（中華人民共和国）の下に台湾は含まれるとしながらも、台湾政権との実質上の国

交は継承した。米国は、台湾（中華民国）に対して、次のように釣魚諸島についての基本的立場を表明した。「**沖縄の施政権を日本に譲渡するが、中華民国の釣魚諸島に対する領土主権を損なうものではない**」「**米国は、釣魚諸島の領有権帰属に対して関与せず、当事国間で解決されるべき問題である**」（米国ケネディ特使。台湾経国行政副院長との会談 1971.6.7）。米国が、釣魚＝尖閣諸島の日本領有を明言しないわけだから、台湾（中華民国）は、自国領土として強く主張することができた。

3　沖縄返還時に政府も、与・野党とも、尖閣諸島を日本領と見なした

「沖縄返還協定」批准審議のための衆議院沖縄返還協定特別委員会（1971.10.29）において、西銘順治議員（自民党、与那国島出身）が、「国際法上も、歴史的にも、我が国固有の領土として対処すべきである」に応えて、**福田赳夫外相**は「一部の国が日本と異なった見解を述べているが、**尖閣は沖縄返還協定で日本に返還される地域に入っている**」と答弁した。すでに、政府としては、愛知揆一外相が、衆議院外務委員会にて、「尖閣諸島は日本領土」と答弁した（1970.9.10）。佐藤栄作首相も、参議院会議にて、「尖閣諸島は日本に帰属している」と答弁した（1971.1.26）。

相次いで、各政党から、尖閣諸島問題の領有権についての見解が発表され、マスコミによる報道がなされた。与党の**自民党**は、「尖閣諸島の領有権について、我が党は、歴史的にも国際法的にも、その**領有権が我が国にある**」「我が党は、中国との親善友好関係を推進する……本問題については、中国の理解と認識を求める」声明を発表した（1972.3.28）。続いて、**日本共産党**は、「尖閣諸島に関する日本共産党の見解」との声明を発表し、党機関紙「赤旗」にも掲載した。それは、「歴史的、国際的理由から、**尖閣諸島は日本に領有権がある。黄尾島・赤尾島での米軍訓練を廃止すべし**」とした（1972.3.30）。最大野党の**日本社会党**は、「国際法からも尖閣列島は日本の領土主権に属している。周辺の**海底資源については、日中台三カ国の間で平和的に解決策を模索すべきである。日中両国の外交関係の確立から見出すべきだ**」とした。**公明党、民社党**は、尖閣諸島が日本領であることは認めながらも、**中国との関係修復を最優先する立場**であった。

この状況を受けて、主要なメディアも、日中国交正常化が最優先しなければならない。しかし、**釣魚＝尖閣諸島の領有権は日本にあるとする立場**で報道

した。すでに、「**朝日新聞**」は、「社説　尖閣列島は沖縄の一部」（1970.12/6）
と報道していたが、その二年後に、「**朝日新聞**」は、「当時の尖閣諸島は、何
処の国にも帰属していなかった」「領有権問題は、日中国交正常化への障壁
となってはならない」とした（1972.3/20）。「**東京新聞**」は、「政府は、この
際、第二の竹島にしないため、断固たる態度を内外に示す必要がある」とした
（1972.2/20）。「**日本経済新聞**」は、「我が国の尖閣諸島に対する正当な領土権
に疑問はない」「日中両国民の早期復交の願望が領土問題で冷却するようなこ
とになっては困る。客観的な事実に基づいて冷静に対処すべきである」とした
（1972.3/5）。「**産経新聞**」は「火種を煽ってはならぬ。尖閣列島の領有権の主張と、
海底資源の開発とは厳しく区別し、前者に対しては毅然たる態度をとり、後者
に対しては、中国の主張に耳を傾け、共同開発の道をとるべきである」とした
（1972.3/7）。「**読売新聞**」は、「我が国の尖閣領有権は明確」「同列島周辺の海
底油田の開発については、中国側と話し合いによって解決すべきである」とし
た（1972.5/15）。「**毎日新聞**」社説は、「島根県の竹島の領有権を巡って韓国と
の間で紛糾した。……日韓条約でも懸案のまま残されたが、事実上韓国側に占
領されたままになっている。」「尖閣列島も、竹島の二の舞にならないとも言え
ない」とした（1972.3/9）。

　国家主義領土ナショナリズムに執着した政府・政治団体とは違って、歴史の
真実の基づき釣魚尖閣諸島の領土問題に向かいあおうとする民主運動があっ
た。まず、「日本国際貿易促進協会」（1954.9設立、代表石橋湛山元首相）は、「**尖
閣列島を中国から窃取する策動に反対する**」運動を展開した。また、知識人
95人連名「**日帝の尖閣列島掠奪防止の会**」（石田郁夫、井上清）らが、中国の領
有権を提起した。

4　在日米軍の戦略管轄区域の尖閣諸島を日本領とはできない

　しかも、当時、米国は、対ソ連政略もあって、密やかに共産主義中国（中華
人民共和国）との国交回復を進めていた。領土問題は火中の栗である。尖閣＝
釣魚諸島の領有権は、日中台の三政府間で折衝すべき問題に位置付けて、米国
は中立の立場（領有権に関与しない）に逃げた。

　しかし、米国は日本と安保条約という軍事同盟を結んでいる。「沖縄返還協定」
以前から、沖縄米海軍は、尖閣＝釣魚諸島の赤尾嶼と黄尾嶼を射撃・爆撃訓練
地域として使用してきた。領土問題に中立を装いながらも、日米安保条約・日

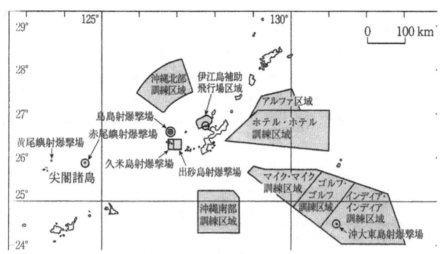

沖縄周辺の在日米軍海上訓練区域

米地位協定に基づいて、島嶼を訓練区域にしている実態は、日本の領有権を認めていることとも解釈できる。この事実は、日本政府側の領有権主張には都合がよい。安保条約が米軍による日本防衛義務が尖閣＝釣魚諸島に適用されることにもなる。今日も、黄尾嶼（久場島）の訓練場は米軍に貸与されたままである。しかし、米国は、安保条約の適用の実際については、黙してきた。なお、釣魚島、北小島、南小島は米軍の射撃・爆撃訓練場とはなっていないから、米軍の直接的な関与は否定される。

Ⅶ. 日中間で、棚上げ（領有権帰結を留保）の公約

1　棚上げにされてきた釣魚＝尖閣諸島の領有権

　沖縄返還を経て、米国は、台湾政府を排除し、中華人民共和国を唯一の中国とする政策へと転換した。対ソ連への牽制と、ベトナム戦争の終結を求めたためとされる。中華人民共和国との関係を模索していた日本政府（田中角栄政権）は、米国に追随して台湾政府と断絶し、中華人民共和国との国交正常化へと政策を転換した。中国の歓迎の意を受けて、出立する政府代表団は、政府与党の自民党だけでなく、野党も挙げての超党派の支持を受けた。

　1972 年 9 月 27 日、田中角栄首相・周恩来総理会談において、日中国交回復への共同声明案についてまとまった。その後、**尖閣＝釣魚諸島について**田中首相から提起された。**田中首相**「尖閣諸島についてどう思うか。私のところにいろいろ言ってくる人がいる」。

　周総理「尖閣問題については、今、これを話すのはよくない。石油が出るから、これが問題になった。石油が出なければ、台湾も米国も問題にしない」。これは、

日本総理田中角栄と中国総理周恩来との会談。(1972.9.27)、外務省パンフレット「尖閣諸島」より

日本総理福田赳夫と鄧小平中国副首相、来日・歓迎式典にて。(1978.10.23、時事通信社)

日中国交正常化を最優先して、領有権が不一致な釣魚＝尖閣諸島問題を一時保留して、解決は後の事としようという「棚上げ」である。この棚上げ施策を中国から提起して、日本側（田中角栄）が論議を避けるということで、受け入れたことは事実である。

　重ねて、提起したのは「日中平和友好条約」批准書交換に来日した**鄧小平副首相と福田赳夫首相との会談**（1978.10.25）である。**鄧小平副首相は、「中国では釣魚台、日本では尖閣諸島と呼んでいる問題がある。こういうことは、今回のような会談の席上に持ち出さなくてもよい問題である。園田外務大臣にも北京で述べたが、我々の世代では知恵が足りなくて解決できないかもしれないが、次の世代は、我々よりももっと知恵があり、この問題を解決できるだろう。この問題は大局から見ることが必要だ」と述べた。**

　さらに、記者会見で、**鄧小平副首相は、「尖閣諸島を我々は釣魚諸島と呼ぶ。確かに、この問題については、双方に食い違いがある。中日国交正常化の際も、双方はこの問題に触れないということを約束しました。今回、中日平和友好条約を交渉した際も、やはり同じく、この問題に触れないということで一致しました。……確かに、一部の人は、こういう問題を借りて、中日関係に水を差したがっている。だから両国交渉の際は、避ける方が良いと思う。こういう問題は、一時期棚上げにしてしてもかまいません。我々の世代の人間は知恵が足り**

ません。**次の世代は、我々よりももっと知恵があり、みんなが受け入れられる良い解決方法を見いだせるだろう**」。確かに、日中国交正常化・日中平和友好条約により、両国が相互理解を深めていく中で、意見が食い違っている尖閣＝釣魚諸島の領有権の帰属（どの国の領土）について「後日の交渉課題」としようというのである。この「棚上げ」公約・合意がなされた時から、日中両国は、尖閣＝釣魚諸島に対して、互いに自国領土との主張は続けるが、現状維持（巡視だけ）にて、領有化への港湾施設・居住などの強硬手段はとらないという事である。

2　「棚上げ」合意は、日本にとって国益に叶いありがたい

　この**棚上げ施策の公約**は、尖閣＝釣魚諸島を気弱ながらも実効支配する日本政府にとっては、ありがたい。**中国政府からの領土確定のための積極的な示威行為が留保される**からである。1979 年 5 月 30 日、国会答弁において、**大平正芳首相**は、「**尖閣諸島の領有権を対外的に誇示する**など、刺激的宣伝的なものであってはならない」とした。続けて担当部局の**園田直外務大臣**は、次のように明言した。「中国を刺激するような行動、これ見よがしに有効支配を誇示するようなことをやれば、やはり中国は、……自分の国であると言っているのであるから、これに対して異論を出さざるを得ないであろう。……日本には日本のメンツもあれば、中国には中国の面目もあるわけである。従って、私は、有効支配を誇示するためのものであるならば絶対反対だ」「私はじっとして、**鄧小平副主席**が言われた、……**今のままでいいじゃないかというような状態で通すことが日本独自の利益からいっても有り難いことではないか**と考えている」。これを台無しにしたのが、2012 年、尖閣諸島の国有化という野田政権の失策である。

　実は、これより先、尖閣諸島付近で操業していた中国漁船の船長を国内法で逮捕するという事件があり、日中間で軋轢が生じていた。2010 年 9 月

巡視船「よなくに」とぶつかる直前の中国漁船(2010.9.7
「よなくに」より撮影)

7日、尖閣諸島の久場島付近の「領海」内で操業していた中国の漁船（166トン）に対して、海上保安部の巡視船「よなくに」（1,349トン）から、「不法操業」として退去警告がなされた。逃走を始めた漁船は、巡視船「よなくに」の船尾にぶつかり、さらに、停船させようとした別の巡視船「みずき」（197トン）の右舷にぶつかり、なおも逃走しようとしたが巡視船により停船させられた。海上保安庁は、政府に連絡をとり、「**我が国の法律に基づいて厳正に対処していく**」（菅直人首相）として、中国漁船の船長を公務執行妨害容疑で逮捕・送検した。他の乗組員は、漁船とともに帰国させた。

　尖閣諸島付近は、アジ・サバなどの好漁場の為、この時期にはたくさんの中国漁船がやってくる。日中間で漁業協定も結ばれていない海域である。この日も、中国漁船が160隻ほど操業しており、80隻ほどは「領海」に入っていたという。これまでも、「領海」内に入っていた中国漁船は、巡視船からの退去警告には従ってきた。また、一部の活動家と言われる人たちが、釣魚＝尖閣諸島に上陸して領有の示威行動をとる場合があったが、いずれも強制退去で済ましてきた。

　しかし、今回の漁船だけは違った。日本政府からの「不法操業」「公務執行妨害」容疑での船長の逮捕・送検を通告され抗議をされた中国政府は、逆に「釣魚諸島は中国領土であり、日本の法律は適用できない」として抗議し、船長の即時釈放を求めた。事件が報道され、日中両国では、領土ナショナリズムが煽られて、双方で反発の世論が強まった。9/7、那覇地検は、船長を釈放として、不起訴の処置をとるとした。それでも、最大の貿易相手国となっていた中国との経済関係にひびが入った。特に、11月には、日本で開催予定のAPEC（アジア太平洋経済協力会議）に胡錦濤国家主席の来日が予定されていた。その矢先、巡視船から撮影した中国漁船がぶつかってくる映像が部外秘であったのに流出し、動画サイトのユーチューブで放映されたため、「巡視船の取締りが行き過ぎだ」「いや、ぶつかった漁船の船長が悪い」などと、市中でも、「そもそも尖閣諸島は、日中いずれのものか」の論議さえ惹起された。

3　国有化で、釣魚（尖閣）諸島問題は紛争化した

　2012年4月16日、**石原慎太郎東京都知事**が、ワシントンでヘリテージ財団が主催する講演で、「尖閣諸島の私有地を東京都が買い上げる」と宣言して領土ナショナリズムに火を付けた。「本当は国が買い上げたらいいけどね。国

が買い上げると『支那』が怒るからね。なんか外務省がびくびくしている。」とも述べた。

　米国で発表したのは、日米安保条約適用の話題とするためである。石原都知事は、日本に帰国してから、「国に代わって日本の実効支配を強化すべく、島の活用方法を検討していく」「島の購入のための寄付金が 10 億円を越えた」と述べ、尖閣諸島**領有権棚上げの現状を変更する**と息巻いた。

　さて、石原都知事が、尖閣＝釣魚諸島の私有地四島（釣魚島、南北小島、黄尾島）の内、黄尾島（久場島）を除いた三島だけを購入することとしたのはなぜか。それは、黄尾島（久場島）が、すでに米軍射撃・爆撃訓練場にされており、安保

「朝日新聞」2012.9.19

条約適用の条件を満たしており、購入する必要なしと判断したからであろう。

　このような中、東京都や沖縄県石垣市の視察船が、職員や議員を乗せて、釣魚島へ航行した。日本や中国、香港、台湾の、領有権を主張する活動家と言われる人たちが尖閣＝釣魚諸島への上陸・示威行動が盛んとなった。

　2012 年 5 月 14 日、**日中韓首脳会談**の席で、温家宝首相は「中国の核心的利益、重大な関心事項を尊重すべきである」とした。対して、野田佳彦首相は、「尖閣周辺を含む中国の海洋活動活発化が国民の感情を刺激している」などと反論した。

　領有権を前面に出して主張しあうことが、事態の対立を助長することを認識できていなかった。そして、石原都知事の購入の動きをストップさえすれば事態を鎮静化できると単純に考えたのであろう。「**石原東京都知事が購入するより、政府が購入した方が、問題が起きず中国からの反発が少なく事態が穏当に収まる**」と判断したのか、国が買い上げる折衝を強めた。2012 年 9 月 11 日には、

「釣魚島、南北小島の三島を買い上げて国有化した」と発表した。

　領有権（国家主権）を有する政府国家機構と、私有地同然で国家主権を持たない地方自治体；東京都との差異を認識できない失策であった。

　さらに驚いたことに、野田首相は、衆院本会議で、いかなる保守政党も言及しなかったことを述べていた。**「尖閣諸島を含む我が国の領土、領海で不法行為が発生した場合は、必要に応じて自衛隊を用いることを含め、政府全体で毅然と対応する」**と言明した（2012.7.26）。これに応えて、翌27日、森本敏防衛相も、「（中国船の進入に対して）海上保安庁や警察が対応できない場合、自衛隊が活動することは法的に確保されている」と、尖閣への自衛隊の出動をあり得るとした。これは南西諸島での自衛隊基地増設を公然化させていく政府方針の先ぶれとなった。

　中国側としても、釣魚＝尖閣諸島に対する領有権主張のための行動を政府として公然化させた。9月14日、これまでの漁業監視船（漁政）とは違って、**海洋監視船**（海監）6隻を尖閣諸島「領海」内に出動させた。また、9月16日、中国外務省は、**「国連海洋法条約」**（海の憲法といわれる。1994年発効）に基づく大陸棚を（「棚上げしていた」）釣魚＝尖閣諸島を含む沖縄トラフまで延長すると表明し、大陸棚限界委員会へ申請手続きをとった。同日、中国海軍は、大規模な海上実弾演習を行い、国営放送が報道した。中国国内では、領土ナショナリズムが、折からの9/18満州事変発端の「柳条湖事件81周年」とも結びつき、大規模な反日デモが、日本大使館・領事館・日系企業・商業施設を対象に各地で激化した。一部、暴徒化した群集は、日系商業施設を襲撃した。また、尖閣諸島海域に向かって、9/17、中国浙江省から中国漁船数千隻が出港し、9/24には、台湾から漁船60隻が出港した。いずれも、海洋監視船、巡視船に守られての出港であった。

4　「棚上げ」合意は無かったとのでたらめな繕い

　日中首脳会談における話し合いの内容や、会談後の記者会見での発表は、条約そのものではないが、外交記録に記された**公約**であり、日中両国政府は順守する義務がある。尖閣＝釣魚諸島の領有権の帰属について「棚上げ」合意をしたのは、日中国交正常化での、田中角栄総理と周恩来総理の会談（1972.9.27）、さらに日中平和友好条約締結での、福田赳夫総理と鄧小平副総理の会談・記者会見であった（1978.10.25）。先述したように、**尖閣＝釣魚諸島の領有権の帰**

野中元官房長官「尖閣棚上げ、国交回復時に確認」（「朝日新聞」2013.6.5）

属について「棚上げ」合意を認めたのは、会談の当事者である**田中角栄総理、福田赳夫総理**である。また、田中角栄とともに訪中した**大平正芳総理**も、福田赳夫内閣の**園田直外務大臣**も、「棚上げ」合意に基づき日中外交を進めて今日まで引き継がれてきた。

　ところが、**野田佳彦政権**が、中国からの再三の中止申し入れを振り切って、「私有地」の釣魚島・北小島・南小島を政府として買い上げて「国有地」とした。領土としての国家主権の行使を強行した。個人や東京都が、私有地を買い上げても、それは国家主権の行使とはならない。日本国領土であることを決定できるのは政府の権限である。もし、東京都が尖閣諸島を買い入れたとしても、日本領土ではない。「日本国領土であり東京都の管轄とする」との政府決定が必要であった。「国有化」されたのち、現在は、「日本国領土として沖縄県石垣市管轄」とされたのである。

　驚いたことに、最近、外務省見解として、尖閣＝釣魚諸島の領有権の帰属について、日中会談では「棚上げ」合意は無かったとの主張が公然となされ始めた。

　2012年の尖閣＝釣魚諸島国有化を強行した後、公約を破ったという外交の基本原則に反したことを弁明するためである。外務省見解は次の通りである。「中国側との間で、『棚上げ』や『現状維持』について合意したという事実はあ

「尖閣、現状維持で合意」82年に鈴木首相発言

日英首脳会談

沖縄県の尖閣諸島の領有権をめぐり、1982年に鈴木善幸首相（当時）が、来日したサッチャー英首相（同）との首脳会談で、中国との間で問題を実質的に棚上げしている、という趣旨の説明をしていたことがわかった。両首脳のやりとりを記録した文書を、英公文書館が12月30日付で機密解除した。

日英首脳会談は82年9月20日に首相官邸で行われた。文書によると、鈴木氏は

尖閣問題について「（中国の）鄧小平氏と会談した際に、日中）両国政府は大きな共通利益に基づいて協力し、細部の違いは脇に置くべきだとの結論に容易に達した」と説明。「具体的に問題化することなしに現状維持で合意し、問題は実質的に棚上げされた」と語ったという。鄧氏は78年の来日中の記者会見で「こういう問題は、一時棚上げしてもかまわない」と発言していた。

日本の外務省幹部は31日、朝日新聞の質問に対し、「報道に注意していない」と話した。釣魚島（尖閣諸島の中国名）問題での中国の立場は明確だ。両国の先代の指導者たちは大局に目を向け、この問題を適切に処理することについて、重要な了解と共通認識に達した」とのコメントを出した。

中国外務省報道官弁公室は31日、「尖閣諸島は歴史的にも国際法上も我が国固有の領土であり、中国側と『棚上げ』で合意したことなど

ない。そもそも、棚上げすべき領土問題は存在しない」と話した。（渡辺志帆、松井望美、北京＝林望）

鈴木首相発言「尖閣、現状維持で合意」（「朝日新聞」2015.1.1）

りません。**この点は、公開されている国交正常化の際の日中会談の記録からも明らかです」**（2012.10.4）。そして、日中会談の記録を記述している。はてさて、「日中首脳会談」記録の部分を読み直してみたが、「合意したという事実はありません」とは読み取れないのである。どうやら、田中角栄総理が、周恩来総理の「今は論議をやめておこう」を受けて、持ち出した尖閣問題の論議を取りやめた事実を、「合意していない」と理解せよというのであろうが、とてもできない。合意したから論議を引き下げたのである。

また、鄧小平副総理の「尖閣諸島問題は、持ち出さなくてよい」「この問題

は大局から見ることが必要だ」と述べたことに、外務省見解の「会談記録」には、笑止なことに、「（福田総理より応答は無し）」との付記がされている。これをもって、「合意しなかった」と理解せよというのだろうか。とても無理である。福田総理は、合意できたことだからそのまま聞きとり、その後の記者会見での鄧小平副総理の発言にも、何の異議も述べなかった。新聞でも大きく報道された。福田総理は「同意した」と理解するのが妥当であろう。

　外務省見解「尖閣諸島に関する事実関係」（2012.10.4）では、次のような詭弁をもって、尖閣諸島問題の「棚上げ」合意を否定している。証拠と引用されているのは、衆議院に於いて、野田政権の**前原誠司外務大臣の答弁**である。田中総理と周恩来総理との会談（1972.9.27）について「棚上げという言葉も出てこないし、それについてのやりとりもありませんし、ましてやそれに同意を与えたような言葉もないということですから、これを以って、いわゆる棚上げ論になっているという事ではない……」（2010.10.27 衆議院外務委員会）。

　福田総理と鄧小平副総理との会談（1978.10.25）について、「これは**鄧小平氏が一方的に言った言葉**であって、日本側が同意をしたという事ではございません。従いまして、結論としては、棚上げ論について中国と合意したという事実はございません」（2010.10.21）。笑止ではないか。日中首脳会談と言う公式の場において、周恩来総理が、続いて鄧小平副総理が、「尖閣＝釣魚諸島の領有権の帰属については、今は論議を止めておこう」と棚上げを提起したのであり、それに同意したからこそ、田中角栄総理も、福田赳夫総理も、意義を挟まなかったのである。言葉をあげつらい、本質をずらしてはならない。百歩譲って、尖閣諸島日本領土論の立場からも、「**鄧小平氏が一方的に言った言葉であった**」と解釈しても、黙認・同意することが日本側に有利と見なすのが為政者の態度であろう。弱いながらも、尖閣諸島を実効支配している日本側にとっては、中国側が、領有権の帰属について、現状維持のままで、棚上げにしてくれることはありがたい。日本側は実効支配の実績を積みあげることができるからである。

　せっかく、尖閣＝釣魚諸島の領有権の帰属についての公約；棚上げ論が実行されていたのに、釣魚島・北小島・南小島を国有化するという、領有権の帰属を一方的に国際的な合意を破って決着させるという強引な失政をしてしまった。領有権の帰属についての棚上げは、日中会談における国際法に基づく公約である。尖閣諸島の国有化が、国際的な信義を踏みにじった行為であったことを弁明するために、日本政府が躍起となっているのが、棚上げ論には合意してなかったとする上記の如き、外務省見解による史実の改竄である。そのような

誤魔化しは、日本政府内部からも、異議ありと指摘されることとなる。

2013 年、事実が明らかにされた。**日中友好超党派議員団**（自民党の**古賀誠元幹事長・野中広務元官房長官**、民主党の**仙谷由人元官房長官**たち）が、訪中した際の中国との会談に於いてである（2013.6.3）。**野中広務氏**から、「**日中国交正常化交渉において、日中双方が、尖閣諸島領有権の帰属を棚上げした**」ことが証言された。そして、日本に帰国してからの記者会見では、「当時の事を知る生き証人として、明らかにしたい」「残り僅かな人生をかけて、田中先生から聞いたことを明らかにしておくべきだ」「田中角栄総理は、周恩来首相との国交正常化交渉を終えた直後、箱根で開いた田中派の青年研修で、『**棚上げ**』について明らかにした」「**日中双方が、棚上げし、そのまま波静かにやっていこうという話だった**」「国益に反するかは結果が証明する。今、対立をやっていることが国益なのか」と述べた。

あわてて翌日、岸田文雄外務大臣は、「外交記録を見る限りそういった事実はない」。また菅義偉官房長官も、「『棚上げ』や現状維持で合意した事実はないし、棚上げするべき問題も存在しない」と述べた。（「朝日新聞」2013.6.5）。しかし、事実を否定することはできないのである。

更に付記する。1982 年に、**鈴木善幸総理**が、来日した**サッチャー総理**との日英首脳会談において、尖閣＝釣魚諸島を説明したが、その外交記録が英国公文書館にて機密解除された（2014.12.30）。その外交記録によれば、**鈴木総理**は、次のように語ったとある。「**尖閣問題について、中国の鄧小平副総理と会談した際、日中両国政府は、大きな共通利益に基づいて協力し**」「具体的に**問題化することなしに現状維持で合意し、問題は実質的に棚上げされた**」。さあ、外交記録にも載っていた。この事実を前に、記者会見では、日本外務省から「中国側と棚上げで合意したことなどない。そもそも棚上げすべき領土問題は存在しない」と弁明にならない空虚な発言を述べるしかなかった。（「朝日新聞」2015.1.1）。

5　日中両国が釣魚（尖閣）諸島の領有権に異なる見解を持つと合意した

2012 年秋、日中両国において、いずれも、新政権が発足したのを機に、日中両国政権が、「このような尖閣＝釣魚諸島の領有権をめぐる現地でのせめぎ合いからの衝突を回避する」ために、外交による折衝が重ねられ、首脳会談が

もたれることとなった。**安倍晋三首相と中国習近平国家主席との首脳会談が、**2014年11月、2016年9月と二度に渡って実現した。これは、会談を前にして、外交折衝にて日中両国が交わし、公開した「**合意文書**」(2014.11.7)に基づくものである。

日中首脳会談の実現(APEC北京会議の際)内閣広報部2014.11.10

　それは、尖閣＝釣魚諸島問題に関しては、「**双方は、尖閣諸島など東シナ海の海域において、近年、緊張状態が生じていることについて異なる見解(主張)を有していると認識し、対話と協議を通じて、情勢の悪化を防ぐとともに、危機管理メカニズムを構築し、不測の事態の発生を回避することで意見の一致をみた**」とする。これは、釣魚＝尖閣諸島の領有権をめぐって、日中両国が、「異なる見解(主張)を有する」の解釈が、玉虫色となった妥協の合意である。

　すなわち、中国側は、「領有権の主張を認めさせた」と解釈するが、日本側は、「日本の領土と明らかで、領土紛争は無いと主張した」と言う意味だとする。**それぞれが異なる主張をしていることを認め、対話と協議により、情勢の悪化や危機・不測の事態が起こらないように、相互に配慮する**という内容である。

　日中両国は、領有権の帰属については、「異なる見解」を有して決定していない。「情勢の悪化を防ぐため」、釣魚＝尖閣諸島は現状維持のままとする。何とか、「対話と協議を通じ**不測の事態の発生を回避する**」として、外交により関係改善に努める場を日中両国は設けたわけであった。

　これにて、何とか不測の事態だけは起こらないように努力することとはなったが、領有権の帰属については、引き続き話しあうことは約束されていない。だから、日中両国が領有権の発現として、領空・領海の防衛と巡視船派遣は、それぞれが今まで通りに進める。その場合に情勢の悪化を防ぐとともに、緊張時の不測の事態を回避する危機管理だけは互いに約束したというわけである。

Ⅷ．敵対的領土ナショナリズムを克服しよう

1　冷戦期からの米国追随が、領土問題解決を妨げている

〔1〕「サンフランシスコ講和条約」は、日本領土を確定できなかった

a. 領土問題より、まず国交回復からだった中国・韓国・ロシア（ソ連）

　戦後日本の領土を確定する場合、隣国との歴史的関係を基底にしなければならない。戦後の国際平和の構築は戦勝国主導で、国際連合を戦後体制についての共通認識の統合機関とした。現在の日本の領土については、敗戦国日本が受諾した「ポツダム宣言」に基づき、占領連合国軍総司令部が条約案を作成し、「サ

講和条約に署名する吉田茂首席全権(1951.9.8)

ンフランシスコ講和条約」で確定されたとする。これが日本政府の見解である。

　しかし、戦後における資本主義諸国対社会主義諸国（米国対ソ連）の冷戦情況のもとで、日本による植民地支配、侵略の被害国であった当事国の、朝鮮と中国が、「サンフランシスコ講和条約」への参画を認められなかったし、もちろん意見も反映されなかった。ソ連（今のロシア）も、条約審議に参画はしたが、米軍の在日駐留と「日米安全保障条約」の軍事同盟を前に、講和条約への署名は拒否した。こうして、日本の領土を確定するために必然な隣国（ロシア、朝鮮、中国）と日本との間で、自立した折衝は、占領軍主体の米軍の管轄下にあった日本は、一切保証されず、全くなされなかったのである。かくて、現在、日本と隣国との間で領土問題化されている、竹島＝独島、尖閣＝釣魚諸島、北方二島（歯舞・色丹島）については、「サンフランシスコ講和条約」では確定されなかったのである。

　冷戦期の資本主義陣営の東アジア最前線に、米国との軍事同盟主導下に韓国、日本、台湾（中華民国）を位置付ける戦略であった。米国は、韓国・日本・台湾（中華民国）の間に生じる領土紛争には責任を回避した。

　竹島＝独島については、当初は韓国領としながらも、講和条約では明記しないで、日韓両国間で折衝すべきこととした。講和条約にて、沖縄を米国の委任統治領として、その管轄に尖閣＝釣魚諸島を含めた。ところが、日本への沖縄返還において、米軍が管轄した尖閣＝釣魚諸島の領有権については、米国は関知せず、日中間にて交渉し決着すべきとした。

　また、北方領土については、先述した如く、米国が、ソ連との間で、平和条約締結がなされることを妨害した。国交正常化の締結に続いて進められていた、歯舞群島・色丹島の二島返還の合意に対して、米国ダレス長官の恫喝（「ソ連に国後島・択捉島の返還を求めなければ、米国は沖縄を返還しない」）がなされた。鳩山政権も、米国の恫喝に屈し、合意していた二島返還から、国後島・択捉島を加えた四島返還を、ソ連に求めた。この米国の介入に対して、ソ連（ロシア）も、在日駐留米軍の撤退が無ければ、歯舞諸島・色丹島の返還も拒否すると通告し、交渉は続かず、平和条約は今日に至るも締結されていない。

　整理すれば、**当事国が参画、署名していない「サンフランシスコ講和条約」によって、戦後日本の領土問題は最終的に確定されていない**。おおむね確定したのは、朝鮮、台湾への植民地支配を止めたこと、千島列島・南樺太、新南群島、西沙群島の領有権を放棄したこと、小笠原諸島・南西諸島、ミクロネシア（旧日本南洋委任統治領）を米国委任統治領としたことである。**今日の領土問題となっ**

ている竹島＝独島、北方二島（歯舞群島、色丹島）、尖閣＝釣魚諸島の領有権の帰属については、確定していない。隣国の韓国・ロシア・中国との外交による折衝によって、相互理解による合意と解決が必然となっているのである。

b.「サンフランシスコ講和条約」の条文を正確に読み取る

では、尖閣（釣魚）諸島の領有権に関わって、「サンフランシスコ講和条約」の条文を、日中両国政府の見解と照らし合わせながら解釈・検証したい。その前に、「サンフランシスコ講和条約」は、当事国の中國の参加を排除し、その見解を反映していないという重大な欠陥を持っているため、中国は、「その内容と結果の如何にかかわらず、不法かつ無効であり、断じて承認できない」と声明している（1951.8/15、1951.9/18）ことを明白にしておきたい。したがって、講和条約の条文を領有権の根拠にしての日本政府側（日本外務省）の見解を示し、次に、それを批判する内容に合致する中国政府側（中国駐日本国大使館）の見解を提示して、皆さんも対比して、検証・判断していただけるようにした。

■先ず、第二章「領域」の第二条（b）「**日本国は、台湾及び澎湖諸島に対するすべての権利、権原及び請求権を放棄する**」についてである。

日本政府の見解は、「第二条に基づき、日清戦争により、割譲された台湾及び澎湖諸島は放棄するが、尖閣諸島は台湾の附属島嶼ではないので、日本の領有主権は残存している」「尖閣諸島が、無人島であるだけでなく、清国の支配が及んでいないことを慎重に確認した上で、日本領土として閣議決定し、沖縄県に編入した（1895.1.14）。

中国政府の見解は、「地理的に見ても、中国の歴史的管轄実践から見ても、釣魚＝尖閣諸島は、ずっと台湾の附属島嶼である。ポツダム宣言に基づき、台湾とともに中国に返還されるべきである」「日本人が釣魚島を発見する前に、中国は釣魚島に対してすでに数百年に渡る有効な管轄を実施しており、争う余地のない主人である」「釣魚島が早くから中国に帰属し、国際法における無主地でないことを日本が了解していたことは、日本の政府文書からも証明されている」「日本が先占の原則によって釣魚島を無主地として版図に編入したことは、中国の領土を占拠した不法行為であり、国際法上効力を有さない」。

■次に、第三条「**日本国は、北緯二十九度以南の南西諸島（琉球諸島及び大東諸島を含む）、嬬婦岩の南の南方諸島（小笠原群島、西之島及び火山列島を含む）。並びに沖ノ鳥島及び南鳥島を、合衆国を唯一の施政権者とする信託統治制度の下に置くこととする、国際連合に対する合衆国のいかなる提案にも同意する。**

……」についてである。

日本政府の見解は、「尖閣諸島は、南西諸島の一部として米国が施政権を現実に行使し、また1972年の沖縄返還により、日本が施政権の返還を受けた区域にも（尖閣諸島は）明示的に含まれている」。

中国政府の見解は、「米国が委任管理する南西諸島には、釣魚＝尖閣諸島は含まれていない」「琉球米軍民政府は、第68号令（1952.2.29）、第27号令（1953.12.25）を公布し、不法に委任管理の範囲を拡大して、中国領の釣魚諸島をその管轄下に組み込んだ」「米日両国政府が、沖縄返還協定で、中国領の釣魚諸島を返還区域に組み入れたことは不法なことであり、中国の領土主権を改変することはできない」。中国政府の抗議を受けて、次のように米国政府は態度表明をしている。「米国政府は、日本から得て委任統治領に含めた尖閣諸島の施政権は日本に返還するが、中国が主張する領土主権を侵してはならない。領有権の帰属については、当時国間で互いに解決すべきである（1971.10）」「米国は、尖閣諸島の施政権を日本に返還するものの、日中両国が相反する領有権の主張する尖閣諸島をめぐる領土紛争については、米国は中立的立場をとり、日中どちらにも付かない（米国国務省声明1971.11）」。

さて、事実と論拠を混同した日本政府の言い回しにはあきれてしまう。日本政府の見解は整理すれば、次のようになる。「尖閣＝釣魚諸島は、台湾の附属島嶼ではないので、中国には返還しない。尖閣諸島が南西諸島（琉球諸島）に含まれることは、米国が委任統治してきたことで明白で、沖縄返還とともに日本に戻された」とする。しかし、地理的に、釣魚＝尖閣諸島は、台湾の附属島嶼として大陸棚に位置し、沖縄トラフ（海溝）によって南西諸島とは隔絶されており、南西諸島の一部などとは言えないことは周知のことである。

そして、「サンフランシスコ講和条約」の第三条「北緯二十九度以南の南西諸島（琉球諸島及び大東諸島を含む）」を委任統治した米軍民政府が、尖閣諸島を委任統治区域に含めたのは、「南西諸島の一部」との認識からでなく、委任統治する行政組織である「沖縄県（琉球政府）所管の地域」だったからである。

結局、日本政府が尖閣諸島を日本領土とする歴史的国際法上の根拠は、ただ一つ、無主地先占による閣議決定で沖縄県所管とした（1895.1.14）ことだけである。この領有化の手段については、尖閣＝釣魚諸島が清国領との懸念を抱いて実行を危ぶんできたが、日清戦争勝利の機運と台湾への侵攻に向けて、急遽㊙の閣議決定であった。当然、無主地の定義は成り立たないとして、中国から「領土窃取」と抗議され、日本政府は「領土紛争は無い。外交課題としない」と逃

沖縄返還協定調印式(1972.5.15東京、首相官邸)時事通信社

避してきた。

　米国は、沖縄返還（1971.6.17）にあたって、「委任統治してきた沖縄県の施政権は日本政府に返却する。その施政権に含まれた尖閣諸島の領有権の帰属については、米国は関与しない。日中両国の間で決定していただきたい」と結論した。このように米国は、委任統治を終えた時点で、尖閣諸島に対する施政権、領有権いずれにも関わりを持たない事を早々と宣言した。本来、委任統治でも、施政権は、領有権の下で行使できるものである。その領有権の帰属が、日中両国いずれのものか紛争があるのでは、施政権の正当性にも疑義が生じる。もし、領有権の帰属に関与・介入して、どちらかの国から敵対的領土ナショナリズムによる攻撃にさらされることなどお断りしたい。抜き差しならぬ当事者である日中両国の間でこそ解決すべき必然のことだからである。

　⑵　「尖閣有事!!」想定は、平和外交の否定

　a. 圧力・牽制でなく、均衡の海域巡視を
2012年、日本が釣魚＝尖閣諸島を国有化して以来、周辺の海域では、日

外務省資料「平成28 年8月上旬の中国公船及び中国漁船の活動状況について」

本側の保安庁巡視船に対抗して、中国側も実効支配を体現するために、海洋警察局監視船を頻繁に派遣することとなった。そのため、海警局の権限を強化し、海洋監視、漁業監視、密輸取り締まりなどを総括して監視船をまとめて活動を活発化させることとなった（2013.3.11「朝日新聞」）。

2016 年6/9、尖閣諸島の接続水域を、初めて中国の軍艦（フリゲート艦）が航行した。九月に、尖閣諸島付近での緊張状態をめぐり、第二回目の日中首脳会談が予定されていたが、直前の八月段階でも、尖閣諸島付近に立ち入った中国監視船（公船）は147 隻に達していた（海上保安庁）。2018 年、中国は、**海洋警察局を軍指揮下の人民武装警察部隊に編入し**、武装を強化して任務を遂行することとなった（2018.7.1）。翌年には、海上警察局責任者は海軍出身者になり、監視船の中には、機関砲を備えた艦船も見られるようになった。三千から五千トン級大型船の割合が増加していく。

　かくて、2021 年、中国は、尖閣諸島沖を含む東シナ海、南シナ海における海洋警察局の権限を強化した「海警法」を成立させ、翌月より施行とした（2021.1.22）。「海上武装力と法執行力」を有する組織に位置づけた。「中国が管轄する海域」に於いて、「外国船を調査・制止・退去させる権限」「中国船舶・航空機の武器使用を含む一切の必要措置をとる」「重要な島・岩礁、並びにEEZ や大陸棚にある埋立地・人工島・施設の安全を守る」「中国の許可無しの建築物は撤去する」としている。なお、「中国が管轄する海域」とは、「国連海洋法条約」が規定する領海、接続水域、排他的経済水域、大陸棚の海域に限定されるのか、中国独自の勢力圏も含むのかは、明確ではない。（以上、「毎日新聞」2/10、「朝日新聞」1/23、2/24）。

　中国の海上警察局が保有する監視船（公船）は、一万トン級を始め一千トン級以上の公船は、130 隻だが、日本の海上保安庁は、半分の66 隻である。尖閣（釣魚）諸島接続水域に入った**中国公船の隻数**は、2012 年407 隻、2016

年752隻、2018年615隻、2019年1,097隻、2020年1,160隻（航行日数は333日で、ほぼ通年の態勢）となった。（以上、海上保安庁調べ）。中国「**公船**」という耳新しい用語に違和感を抱いたであろう。「公機関の船」ということだが、中国の「巡視船」「監視船」という本来の用語は、海上保安庁の方では、尖閣諸島に対する中国の領有権を認めることになるから使用しないことになったようである。

　中国政府は、「**釣魚諸島の日本国有化は、核心的利益を損なう、中国の領土と国家主権への侵害**」として受け止め、対して、自国の領有権を護持し確定する取り組みとして、監視船の巡視（パトロール）は、中国による釣魚＝尖閣諸島を実効支配している体現（実証行為）と位置づけているからである。尖閣諸島付近を巡回する中国海警局の監視船に対して、日本保安庁の巡視船が、「貴船は、日本領土尖閣諸島水域に侵入している。すみやかに退去されたい」と警告する。中国海警局の監視船からは、「本船は、中国領土釣魚諸島水域を巡視中である。貴船は中国の主権を侵害している。貴船の方が退去されたい」と応じる。互いに何度か退去警告をし合うが、不測の事態に陥らないように、強制退去の実力（武力）行使は互いに控える。相手側の巡視（パトロール）が終わり、水域から離れるまで一定の距離を保って並走し続けるのである。このやりかたは、日中両国政府の話し合いに基づくものではない。十年来続けてきた、武力衝突だけは回避したいという、現地での暗黙の判断である。

　それでも、日中両国政府は、より強く相手国を牽制するために自国の軍事力の強化をさらに求める。そして、領土国家主権については、絶対守り抜くために取り組んでいると広報し、自国内の領土ナショナリズムをまとめているのである。例えば、中国では、中国共産党機関紙；人民日報は、「海洋監視船は、釣魚島の海域に到達し、主権を守り、法を執行している」と伝えた。中国国営中央テレビは、海洋監視船から日本の巡視船に向かって、無線で「貴船は中国の主権を侵害している。活動を止めて退去しなければ、いかなる結果を招こうと、責任はそちらにある」と警告した映像を何度も放映した。このように、領土と国家主権を核心的利益として、日本が釣魚＝尖閣諸島を領有することには、国を挙げて官民ともに断固阻止する姿勢を明確に示している。しかし、具体的な危機管理システムの合意がないままでは、軍事力強化の競合による牽制と対立で向かいあい、武力衝突の危惧をまねくだけであり、何らの解決にならない。

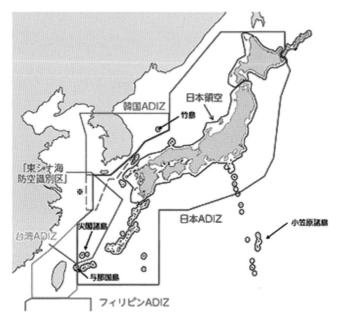

日中韓台、四カ国の防空識別圏、防衛省ホームページより

b. 交渉なく、重なり合う防空識別圏

　さて、東シナ海においては、中国の防空識別圏と、韓国・日本・台湾の防空識別圏の重なる空域が生じている。特に、日中両国が互いに領有権を主張している尖閣＝釣魚諸島上空は、両国の防空識別圏の空域が重なっている。釣魚＝尖閣諸島を実効支配している体現（アッピール）として、領空を守るためにスクランブルした日中両国の戦闘機が、上空で対峙して、相互に警告・監視・指示をおこなうこととなる。異常接近による事故や、トラブルの懸念が生じる。海域の漁船でなく、こちらは空域の民間機も取り締まりの対象にもなるかもしれない。架空の懸念ではない。

　2012年、日本政府が尖閣＝釣魚諸島を国有化して以来、中国は、釣魚諸島海域に海警局監視船を派遣して毎月のように隊列を組んで巡視航行を行っている。空域でも、中国の空軍機が巡視飛行を年々強化してきたのである。航空自衛隊のF15戦闘機が、防空識別圏に入った中国空軍機に対してスクランブルした回数は、次のように年々増加した。2012年度（306回）、2013年度（415回）、2014年度（464回）、2015年度（571回）、2016年度（851回）。以上、防衛省統合幕僚監部調査。

　それぞれの具体的な内容までは一般に報道されないため不明である。次の、中国国防省の発表などは注目したい。「2013 年 1/10、中国軍機が東シナ海ガス田の南西をパトロールしていたところ、日本自衛隊のF15 戦闘機二機が追尾してきた。これに対して中国殲 10 戦闘機二機がスクランブルして監視飛行した」とする。日本防衛省によれば、該当の空域は、尖閣諸島北方の防空識別圏内である。（北京発、林望「朝日新聞夕刊 2013.1.12」）。かように、日中の主力戦闘機が対峙する事態も実際に起こっているのである。

　なお、中国政府は、空軍力の充実と相まって新たな防空識別圏を設定することも構想している。しかも、2022 年 6 月 17 日、建造していた三隻目の最新悦型**航空母艦「福建」**を進水させた。今や、中国が有する第一〜第三艦隊すべてに、所属空母が揃った。海域に空域に、自由に拠点を移動し、管轄を広げて活動する能力を持つに至った。

　日本政府が日米安保体制によって、米軍を頼っての軍事力増強による牽制は、日中両国の相互理解による解決への道でなく、軍事力による脅威を競合し、軍事衝突の危惧を高めることになってしまった。

c. 友好を原則に、危機管理メカニズムから信頼関係を

　さて、現在に於ける尖閣 – 釣魚諸島をめぐる問題は、これまで日中両国政府

中国、三隻目となる航空母艦「福建」進水式(2022.6.17)。

中国海軍フリゲート艦、尖閣諸島の接続水域を一週間にわたって航行した。 (2022.7.4)防衛省撮影

が交えてきた関係を、情勢の変化に対応したものにしていかねばならない。先ず、これまでの日中両国が交えてきた関係とは、次の二点である。①領有権の帰属を論議せず（棚上げし）、現状維持の管理（弱弱しい実効支配）を日本が行う。②一つの中国の立場を踏まえて、善隣友好の政治・経済・文化の交易・交流を優先する。この二点が、次のように変化した。①"日本政府による尖閣諸島の国有化により、中国は、領有権の主張と、海空域の巡視を強化する。②"東アジア地域の覇権をめぐり、米中の対立が強まり、日米安保体制と関わって、軍事面から尖閣諸島問題解決に向かいあう比重が増してきた。

　これまで見てきたように、日中両国は、お互いが領有権を主張している尖閣＝釣魚諸島周辺において、海域での巡視航行、空域での偵察飛行・戦闘機スクランブルと緊張状態は強まり、それが常態化している。最近の中国の軍事力の向上は著しく、日本政府は「牽制の域を超え中国は現状維持の変更（領有化の実行）を企てている」と懸念し、安保体制による米軍の出動さえ仮定して抑圧する状況である。

　そのような安保体制による軍事増強をするよりも、日中友好を基盤とする外交折衝を優先する事を求める。日中両国政府は、尖閣＝釣魚諸島の最前線の海空域について、「危機管理メカニズム」が必然、かつ緊急を要することに合意しながら、今日に至るも、何らの話し合いも、具体的な取り決めもしていない。尖閣＝釣魚諸島と直接関わって相手国と協議することは、相手国の領有権主張を認めることになるとして、会談を持つことさえ躊躇してきた。

　2014年合意文書と、それに基づく二回の**日中首脳会談（習近平国家主席と安倍晋三首相）**の決定の実行はどうなったのか。再度、「**合意文書**」（2014.11.7）を確認しよう。尖閣＝釣魚諸島問題に関しては、「**双方は、尖閣諸島など東シ**

ナ海の海域において、近年、緊張状態が生じていることについて異なる見解（主張）を有していると認識し、対話と協議を通じて、情勢の悪化を防ぐとともに、**危機管理メカニズムを構築し、不測の事態の発生を回避することで意見の一致をみた**」とする。不測の事態とは、事故や武力衝突が想定される。

　この合意した「**危機管理メカニズムを構築し、不測の事態の発生を回避する**」が急がれるが、何と、著者が執筆している現在（2022.7）でも、日中両国政府は、軍事（防衛）当局が数回の会合を持ったが、具体的な取り決めが遅々として進展していない。最低限度の、事前連絡や緊急時に、日中両国の軍事（防衛）当局・政府が、直通で電話（テレビ）会談できるホットラインさえ設けられていない。すでに、中国政府は、米国、韓国とは、ホットラインを設けている。

　日中両国の軍事当局は、何を確認したのか。入手できた日本側の資料により最近の会談を見てみよう。日本側の資料では、中国側の意見が全く載せられていない。まず、「日中防衛相会談」（2022.6.12）である。シンガポールでのアジア安全保障会議の際、**岸信夫防衛大臣**は、中国の**魏鳳和国防部長**と会談した。「尖閣諸島周辺海域を含む東シナ海に於いて依然として**力を背景とした一方的な現状変更の試みが継続している**ことに対して、**重大な懸念を伝達した**」とされる。続いて、日中「高級事務レベル海洋協議団長間協議」（2022.6.23）が、コロナ禍でのテレビ会議として実施された。**船越健裕（アジア大洋州局長）**と中国の**洪亮（外交部辺境海洋事務司長）**の協議である。「日本側から、**尖閣諸島の周辺海域をめぐる情勢、我が国周辺海空域における中国の活発化する軍事活動の海洋・安全保障分野の課題**に関し、**我が国の立場に基づき強い懸念を申し入れた**」とされる。

　いずれも、中国政府が釣魚＝尖閣諸島の領有権を主張するために海空域で実施している巡視活動を「**力を背景とした一方的な現状変更の試みが継続している**」として「日本政府側が抱く懸念」である。なぜ、中国政府が、外交折衝という話し合いではなく、現地の釣魚＝尖閣諸島周辺の海空域で、「領海・領空の巡視行動をとっている」のかという処に目を向けるべきである。

　「沖縄返還協定」（1971.6.17）で尖閣＝釣魚諸島が沖縄に帰属するとして日本領土とされる事に対して、中国政府、台湾政権から、「本来、台湾と供に返還されるべき中国の領土である」との主張・抗議がなされた。周辺海域での石油・天然ガスの埋蔵が調査報告され、日本・中国・台湾政権いずれも、無人島のまま放置され忘れられていた尖閣＝釣魚諸島の領有権を重視して対峙する状況であった。幸い、日中国交回復交渉にあたって、領有権をめぐる論議を封印・後日に回し（棚上げし）、国交回復＝友好を進める中で信頼関係を積み上げ、将

来、領有権についても論議しようという時宜にかなった公約がなされてきた。

　しかし、2012年、私有地の尖閣諸島を買い上げるのは、東京都（石原慎太郎都知事）か、それとも政府かと国際的ニュースの渦中で、国有地とされた。釣魚＝尖閣諸島を自国領土であると公言してきた中国、台湾政権は、自国領土を侵害されたのであり、これを黙認し引き下がることは断じてできないのである。しかも、日本政府は、「尖閣＝釣魚諸島は固有の（我が国だけが領有権を持つ）領土であり、領土問題は存在しない（他国からの領有権主張は認めない）」とする主張を固持し続けている。

　従って、日本政府は、尖閣＝釣魚諸島に関しては、外交課題とすることを拒否してきた。共益を求めて、石油・天然ガスの共同開発について外交折衝をしても、尖閣諸島周辺については除外とする。ましてや、その領有権の帰属について論議することなどとんでもないことと、外交折衝は拒否である。必然とされる危機管理メカニズムの構築について日中会談をしようにも、最も軋轢がある尖閣諸島の領空・領海の海空域については交渉を拒否してきた。

　こうして、日中両国政府が外交課題としなければと切羽詰まるまで、尖閣＝釣魚諸島周辺での海空域における日中両国の巡視活動は、牽制・示威から脅威へと緊張状態は強化され、常態化され、不測の事態の発生さえ危惧される状況になってしまったのである。尖閣＝釣魚諸島の領有権の帰属は、現在のような軍事的な牽制によっては、確定できない。日中両国が、いずれも引き下がれない現状を認識することで、これ以上の緊張状態を避けて、日中両国が、尖閣＝釣魚諸島の領空・領海の海空域に危機管理メカニズムを構築する一歩は必然として歩み寄るべきである。それは、領有権の帰属の確定としてではなく、緊張状態ではなく平和な「現状維持」を是認しあう信頼関係を保持するためである。

⑶　米国覇権・中国脅威に日米安保体制を展開する危惧

a.「対峙する尖閣問題」と日米安保体制

　①尖閣諸島に、「安保条約第五条」の適用
　米国オバマ政権は、安倍晋三政権から、安保体制下における尖閣諸島に対する防衛に米軍の関与を明言するように求められてきた。2014年4月24日、日米首脳会談で合意し、共同文書で次のように明記した。「**米国の日米安保条**

約に基づく措置の範囲は日本の施政権下にある尖閣諸島も含む」。これまでも、クリントン国務長官や、ヘーゲル国防長官、ローズ大統領副補佐官らは、「尖閣諸島は日米安保の適用範囲」と言及してきたが、オバマ大統領の表明は文書で表記された。

　さらに、2017 年 2 月 10 日、安倍晋三首相と米国トランプ大統領は、初の首脳会談で、尖閣諸島に「日米安全保障条約第五条」が適用されることに合意した。第五条は、「日本と米国が、共通の危険に対処するように行動する」ことを明記している。それは、米国が集団的自衛権を行使し、日本を防衛する義務を負う根拠になっているとされる。また、**菅義偉首相も、米国次期大統領と決まったバイデン氏**と電話協議をして、同様の確認をした（2020.11.12「朝日新聞」）。

　では、日米安全保障条約の核心とされる第五条を正確に読んでみよう。「第五条　各締約国は、**日本国の施政の下にある領域**における、いずれか一方に対する武力攻撃が、**自国の平和及び安全を危うくするものであることを認め、自国の憲法上の規定及び手続きに従って共通の危険に対処するように行動すること**を宣言する。前記の武力攻撃及びその結果として執ったすべての措置は、国際連合憲章第五十一条の規定に従って**直ちに国際連合安全保障理事会に報告しなければならない。その措置は、安全保障理事会が国際の平和及び安全を回復し、及び維持するために必要な措置を執ったときは、終始しなければならない」**。

　しかし、尖閣諸島については、米国との合意には、限定条件があったことを思い出してほしい。第五条の「**日本国の施政下にある領域**での武力攻撃について」に、尖閣諸島は当てはまるであろうか。沖縄返還の際に、中国（台湾）からの主権（領有権）主張の申し入れに対して、「**尖閣諸島については、施政権は返還するが、日本の主権（領有権）の有無については関与せず**」とした米国の対応は、今日まで、取り消されずにそのままである。すなわち、1971 年 6/17「沖縄返還協定」調印直後にも、ロジャース米国務長官は、「**尖閣列島に対する施政権は日本に返還するが、主権（領有権）と施政権は別で、今度、日本に返還するのは施政権だけで、主権をめぐる問題には、アメリカは一切関与しない**」との声明を発表した。これは、国際法的に有効である。米国は、「尖閣諸島が日本国の領土主権下にある」とは認めていない。日中間で解決すべきで、中立の姿勢である。施政権は、主権（領有権）に従属して生じるものである。

②「尖閣有事!!」で米軍は出動するのか

　仮に、現状（領土主権が未解決のまま、日中両国のどちらも施政権を主張している中）で、尖閣諸島において、日中両国との間で武力衝突が生じたと仮定しよう。米国が、「**自国の平和及び安全を危うくする**」として米国議会の承認を経て、日本に加担して米軍が出動し、米中戦争を繰り広げることはあり得ない。領土紛争のある尖閣諸島問題は、米国にとって、「平和と安全を危うくする」問題とはならない。自衛隊だけで対応しなければならないのである。その自衛隊の交戦にしても、**日本国憲法第九条に照らして、違憲である。**すなわち、「**武力による威嚇または武力の行使は、国際紛争を解決する手段としては永久にこれを放棄する**」。

　さらに、国連の安全保障理事会への提起が必要とされるが、尖閣＝釣魚諸島問題は、すでに、国際的な課題として認知されている。日中両国の一方に（日本に）だけ支持してくれるはずがないのである。つまり、**尖閣諸島に対して領土問題が存在することは、日中両国が海空域で巡視して対峙している現状で明晰である。また、すでに国連総会でも領土紛争として提起され、日中両国の間で領有権と付随する施政権が未解決とされている問題である。**

　結局、日本は中国との間で、主権（領有権）を外交にて論議しないまま、尖閣諸島の施政権を、互いに監視船・巡視艇を対峙させる緊張した形で現状をやり過ごしてきたのである。日本は、中国に主権（領有権）の主張をさせないために、尖閣諸島は「我国の固有の領土」であり「領土問題は存在しない」と主張し、必然の外交の課題とすることさえ拒否し続けている。ホットラインさえ設けず、危機管理メカニズムの構築についても具体化していない。日米安保体制による威圧と牽制により、日本の尖閣諸島に対する実効支配の現状維持を優位に続けることができるとの危うい瀬戸際政策は、必ず破綻することが明らかである。

　では、米国が日本政府に対して、尖閣諸島の海空域における武力衝突に日米安保条約第五条が適用されると主張して、「米軍が出動する？」との幻想を抱かせようとするのか。米国は、絶大な軍事力を背景に、東アジアにおける政治的経済的な覇権を展開してきた。しかし、新たに成長著しい中国を前にして、米国の覇権が揺らぐことを警戒している。すでに、活発化する中国の経済は、国際市場で米国にとって最大の競争国となった。

　しかし、国際紛争・問題となれば、外交・軍事力による対応で覇権を競うこととなる。東アジア（インド・太平洋）では、中国と密接に関係する、或いは対

		中国	台湾
総　兵　力		約204万人	約16万人
陸上戦力	陸上兵力	約97万人	約9万人
	戦　車　等	99/A型、96/A型、88A/B型など 約6,000両	M-60A、M-48A/Hなど 約700両
海上戦力	艦　　艇	約730隻　212万トン	約250隻　約20.5万トン
	空母・駆逐艦・フリゲート	約90隻	約30隻
	潜　水　艦	約70隻	4隻
	海　兵　隊	約4万人	約1万人
航空戦力	作　戦　機	約2,900機	約520機
	近代的戦闘機	J-10×488機 Su-27/J-11×329機 Su-30×97機 Su-35×24機 J-15×34機 J-16×150機 J-20×24機 (第4・5世代戦闘機　合計1,146機)	ミラージュ2000×55機 F-16×143機 経国×127機 (第4世代戦闘機　合計325機)
参考	人　　口	約14億200万人	約2,300万人
	兵　　役	2年	徴兵による入隊は2018年末までに終了 (ただし、1994年以降に生まれた人は4か月の軍事訓練を受ける義務)

台湾の軍事力と中台軍事バランス、2021年版「防衛白書」

　峙する問題が惹起している。「北朝鮮の核・ミサイル」「尖閣諸島問題」「台湾有事‼」「南シナ海問題」「ミャンマー国軍クデーター」などである。というよりも、米国が対中国の課題として取り上げて煽っている側面もある。ロシアによるウクライナ侵攻に対して、米国は、「ロシアへの制裁」「ウクライナへの軍事援助」を主導している。中国が米国主導の取り組みに同調しないことで、米国は、中国を「ロシアによるウクライナ侵攻」の容認者として非難している。ウクライナ侵攻の前に、米ロ首脳が、NATO拡大とウクライナ問題について決裂した後に侵攻が行われた。「米ロ代理戦争となっているウクライナ紛争」と、なぜ言われるのか。此のような軍事紛争を二度と起こさせないために認識しておくべきであろう。ウクライナ軍事援助やロシア制裁によって、ロシアを疲弊させ牽制してウクライナ侵攻を終結させようとするやり方は、多大の犠牲を強いる。かつてのベトナム、イラク、アフガンの如く、米軍が撤退して終結するようにはならない。ウクライナ国家が、住民とともに分断されているのである。停戦・休戦が実現しても、親ロシア系住民はそのまま在住するし、ロシア兵も全面撤退はあり得ないのである。

　戦後の冷戦状況において、米国は、東アジアで、朝鮮戦争、ベトナム戦争、台湾海峡武力衝突において、中国とも対峙し、交戦した。いずれも、在日米軍が、日本国内の米軍基地より出動した。戦後、七十有余年に渡って、米軍は日本に駐留し続けている。米国の一存で、在日米軍が出動すれば、「日本有事!!」となるのが、米軍主導の日米安保体制である。

b. 平和と安定による「一つの中国」を

①中国を分断する「台湾有事!!」を煽ってはならない

　岸信夫防衛大臣は、「防衛白書」を公表し、日本の安全保障の課題について説明した。巻頭から、台湾有事に言及し、**「中国が台湾統一へ武力行使も辞さない構えを見せ、地域の緊張が高まりつつあります」**と解説。中国と台湾の軍事バランスを白書は、「中国側に有利な方向に変化し、差は年々拡大する傾向」だとする。「中国の国防費は、台湾の 17 倍である。**台湾を射程に収める短距離弾道ミサイルを千発程保有し、台湾は有効に対処できない」**と指摘した。「台湾情勢の安定が、日本の安全保障であり、米国などと連携し、一層の緊張感を持って注視していく」と結論した。また、尖閣諸島の接続水域に、中国の海洋警察監視船ではなく軍艦が航行した（2022.7.4）。中国海軍の測量艦船が屋久島周辺の領海内を航行した（2022.7.20）。中国について、「安全保障上の強い懸念が一層強まっている」と分析した。中国の外交**部汪文斌報道官**は、記者会見で、**「日本の防衛白書は、中国の国防政策と、正当な海洋活動を非難中傷し、いわゆる『中国の脅威』をでっち上げ、中国の内政である台**

中国軍が配備している対艦弾道ミサイル東風121-D(射程二千キロ) (台湾国防部「国防報告書」2011.7.19)

湾問題に干渉している。強い不満と断固反対を表明し、日本政府へ申し入れた」
とコメントした（2022.7.22）。

　　②一つの中国（平和外交）か、二つの中国（台湾有事）か
　中国は、「一つの中国原則」の立場を執っている。「台湾を中国の不可分の一
部である」として、台湾政権を国家として認めない、国連所属を始め、国際的
機関や会議への参画も、国家間の外交関係を認めさせない。ならば、中国は、
国共内戦を開戦して、台湾海峡を越えて武力による統合を実行するのか。否、
その国共内戦勃発は何十年も前に封印された。
　台湾政権が、蔣介石総統の頃と違って、大陸反攻による中国統一など、考え
もしなくなったからである。台湾の民意が、主義や武力で対立せず、自由主義
社会の維持と平和を求める世論が多数となっているからである。台湾で、国民
党政権の時、中国との事務的窓口で、平和的に中国に統一された台湾の政治・
経済の在り方が論議された（「1992年コンセンサス」）。これは、武力でなく、外
交により、中国が統一される可能性を方向づけた。
　国民党政権（馬英九総統）は、中国との間で、軍備増強を抑え、反共敵視を
前面に出さず、経済交易を積極的に進め、民衆の往還を自由にして社会的文化
的な交流を進めた。確かに、中国と台湾との武力衝突の緊張は緩和され、関係
改善がなされるようであった。
　しかし、中国の軍事力の増大は進められていた。大陸中国の防衛は、台湾だ
けを対象とはしていない。国境に関わる防衛は広範囲である。台湾に限定して
も、米軍をも相手とする軍事力の整備が必然とされる。実質的な米国との軍事
同盟である「**台湾関係法**」により、米軍が軍事的な支援も、出動して前面に立
つ可能性がある。台湾では軍事訓練の義務化も、四カ月から一年とされる予定
となった。
　実際、1995～96年、李登輝総統による訪米に抗議して、中国が示威の軍
事演習を実施した（台湾海峡危機）の際、米国は空母機動部隊を派遣して威圧し、
軍事演習を中断させた。中国は、軍事力の差による屈辱として、対台湾、対米
国の軍事力強化に取り組んできた。
　そのような中国の軍事力強化を前にして、野党の民進党勢力からは、台湾防
衛を疎かにすれば、中国からの軍事力の圧力に抵抗できず、台湾の自由主義社
会は中国の共産主義社会に飲み込まれる。「国防を空洞化した馬政権」が進め
る「関係改善」「和解」とは、共産主義への「屈服」「投降」だ。共産主義に投

降して戦わない台湾を、米国も救援しないだろうと反対した。

　米国、日本の反共勢力は、軍事力増強の民進党路線を支援した。台湾の民進党は、2016年総統選挙で、「共産主義へ投降するより、自由主義と愛国を」と、国家ナショナリズムを喚起し国民党政権を打ち破った。

　この情況に、中国**習近平国家主席**は、「**台湾の同胞に告げる**」（2019.1）で、「一つの中国にまとまっても、すぐに共産主義の体制に組み込まず、『**一国二制度**』**として、台湾の実情を十分に考慮する**」と呼びかけた。

　しかし、民進党政権に代わった台湾政権は、中国の統一「一つの中国」とは、共産主義国家の中国が主導して台湾政権が組み込まれるとして反対する政策を執った。総統選挙で圧勝した**蔡英文総統**（2016年就任、2020年再就任）は、民進党の政策が民意に支持されたとして、「**一国二制度**」**に反対し、対等な国家と国家の外交関係を展開するとした**。すでに、「一国二制度」が布かれた香港返還において、自由主義と共産主義が対立し、政治活動や治安が混乱した状況を見聞して、「一国二制度」実施への不信感と警戒感が強まり、民進党**蔡英文政権**の支持は増大した。一方で、中国からの国際的な「一つの中国原則」牽制により、「台湾政権を認めることは中国を分断する行為」として、台湾政権と国交を持つ国は、ごく僅かとなっている（2016年22カ国から2021年15カ国へ）。

　それでも、台湾の蔡英文政権が、圧倒的な国力・軍事力を持つ中国に、強気で対峙し続けることができるのは、半導体など先端科学技術・経済活動を活発に持続していることと、保有している軍事力は、中国に圧倒されるものの、一蹴はされないだけの近代的な武装が整っている。その台湾の防衛力を支援し、「台湾有事!!」に米軍が介入する可能性を定めた、軍事同盟に準じる**米国の「台湾関係法」が、絶大な影響力を持っている**。

　確かに、米国（カーター大統領）は、冷戦状況を有利にするため、中国（中華人民共和国）との国交を樹立し、台湾**(中華民国)**とは国交を断絶した（1979.1.1）。米国にとっては、中国とソ連との離間、ベトナム戦争の終結、中国市場の経済的利益などの実利があった。しかし、東アジアにおける自由主義陣営の最前線にある台湾政権が、共産主義国家の中国に統合されることは、阻止しなければならなかった。

　それまでの台湾との軍事同盟（米華相互防衛条約）に代わって、米国議会採決で「**台湾関係法**」を成立させた（1979.1.1施行）。この法律は、「台湾に対して、充分な自衛能力を可能とする武器を供給する」、大統領と議会は「台湾人民の安全や社会、経済制度への脅威、危険に対抗するため、とるべき適切な行動を

決定しなければならない」として、「台湾有事‼」の際の「米軍の介入・出動」が選択肢とされている。この有事に、直ちに介入・出動できる米軍は、沖縄に駐留する米軍であることは明白である。日米安保体制のもと、集団

テルスコルベット一番艦「塔江」台湾国防部

的自衛権の行使として、米軍と出動の合同演習をしている自衛隊は、当然、無関係とはならない。「台湾有事は、日本有事」と言われる所以である。

　中国、台湾の軍事力を対比し補説する。中国は、陸軍について圧倒的兵力だが、その陸軍を台湾本島へ上陸侵攻させる能力は現状では限定的であるため、大型揚陸艦の建造を急がねばならないだろう。中国は、海・空軍力も、量的に台湾を圧倒し、かつて台湾が優位であった質的な面でも改善・向上してきた。1996年に生じた台湾海峡軍事危機の際、米軍が空母機動部隊を派遣して牽制したため、中国は、軍事行動を中断した。今や、その空母機動部隊を中国も保有している。また、空母キラーと言われる大型弾道ミサイル東風21Dを開発し、

すでに沿岸部隊に配備している。特に、大陸から台湾全域を射程に収める弾道ミサイルを多数保有している。
　台湾は、迎撃ミサイルPAC-2の改良と、新規PAC-3導入を進めているが、対応が追いつかず厳しい。台湾

台湾の対艦ミサイル「雄風2(軍事演習2022.5/30)台湾国防部

中国の爆撃機と監視飛行する台湾機（Taiwan's Defence Ministry）

は、このような海空軍事力の劣勢を、装備の性能の向上で補う。米国から供給されたり、自主開発も加えられた新規兵器が目立つ。海上戦力のステルスコルベット（対潜水艦・対空戦艦）や、キッド級駆逐艦。航空戦力のF16新型戦闘機部隊、ミラージュ2000、開発した経国戦闘機部隊などが配備されている。

　なによりも、米軍との合同演習、作戦によって台湾防衛の強化を図ろうとする。米国が台湾政権へ供給している最新兵器は、もちろん無償ではない。台湾政権は、膨大な予算を組んで買い取らねばならない。米国軍需企業は、最新悦兵器を提供するとして、売り手市場で多大の利益を得てきた。

　はたして、このような中国と台湾政権が、互いに、軍備増強を競い、軍事演習を展開して、海空域へのスクランブルを行うなど、互いに牽制しあう緊張状況を何十年間どころか、これからも続けていくのだろうか。現在のように、台湾政権が、**軍事力増強により**、中国による統合を拒否し、牽制していることは、米国の歓迎する処である。米国にとっては、東アジアに影響を広める中国共産主義を制御したい。その対峙する最前線にある、台湾政権の自由主義社会を支援することは、東アジアの政治的経済的な覇権を維持したい米国政府にとっては必然の政策である。しかし、当事国の中国にとっては内政干渉である。もし、台湾の民意が、中国との間で、主義の対立よりも、統合の和解を優先して求めたとすれば、諸外国は介入してはならない。

　本来、民族自決の原則に基づき分断されている現状を解決するために、中国への台湾の平和的な統一を進めることは正義である。しかし、現状は、台湾政権が、「**台湾関係法**」による米国からの後押しを受けて、中国との間で軍事力の牽制・競合を進め、「**台湾有事**」の危惧がある。台湾有事とは、軍事衝突、戦争であり、絶対に避けなければならない。ただ、「**台湾関係法**」は、米国の**国内法であって、台湾と米国が締結した国際条約ではない**。はっきり言えば、

中国への台湾の統合の在り方について、米国が軍事的に内政干渉することを米国側の一存で決定したものである。

従って、台湾の軍備への供給も、台湾「有事」と見做して米軍が介入・出動する場合も、台湾政権の同意・要請に基づかねばならない。要するに、時の台湾政権の意向次第で、「台湾関係法」の施行される内容も方向も定まるのである。1979年、台湾政権は、「一つの中国原則」を受け入れた米国から、国交の断絶と、軍事同盟（米華相互防衛条約）の破棄をされた。台湾政権は、国際的な孤立と、中国との軍事的な統合への不安から、米国からの「台湾関係法」に、代々の政権が頼ってきた。しかし、それは、中国と軍事的に対峙し、競合し、平和と安定を脅かす緊張に明け暮れる歩みとなった。自立ではなく、東アジアに覇権を求める米国の対中国戦略の最前線に立たされ続けているのである。

台湾では、かつて国民党政権によって、軍事力による対立でなく、外交による平和的な統合が追求されようとしてきた。これは、戦争を忌避した道であった。ただ、政権交代で、あまりにも未討議な段階のまま頓挫した。間違いないのは、現在、台湾の民意の多数を占めるのは、中国からの軍事力による統合に絶対反対であり、自分たちが選挙で成立させた政権による政治と社会が安定して暮らしていけることである。これは、武力による戦争で中国が統合されることに反対しているのである。

戦争に反対という事だ。これを台湾「独立」を実現することだなどと、情勢判断を誤ってはならない。台湾「独立」とは、国共内戦・大陸反攻を再来させ、中国へ宣戦布告をする戦争への道開きである。武力の行使は、人権を抑圧し多大の犠牲をもたらす。

戦争に反対して、外交による解決を求めるならば、**習近平国家主席**が提起した「**一国二制度、台湾の実情を配慮する**」の具体的な内容と対処を検討すべきであろう。民進党は一蹴したが、軍事力増強で対峙するのは平和的な解決の否定である。台湾から反対の意見が出るのは、「強引に押しつけられる」強権政治だと誤解されているからである。そうではなく、これまで台湾で行われてきた政治と暮らしを尊重するからであり、何よりも権力と武力による統合・統制を避ける同胞としての立場からであることを根気強く説明すべきであろう。中国施政者側からだけでなく、2,300万人台湾同胞の民意を汲み上げるために、台湾からも「一国二制度」の在り方が論議され、主体的に取り組まれることを望みたい。

例えば、中国が台湾を統合する場合は、多くの課題があるが、具体的に論議

図表Ⅲ−1−2−2　九州・南西地域における主要部隊新編状況（2016年以降）（概念図）

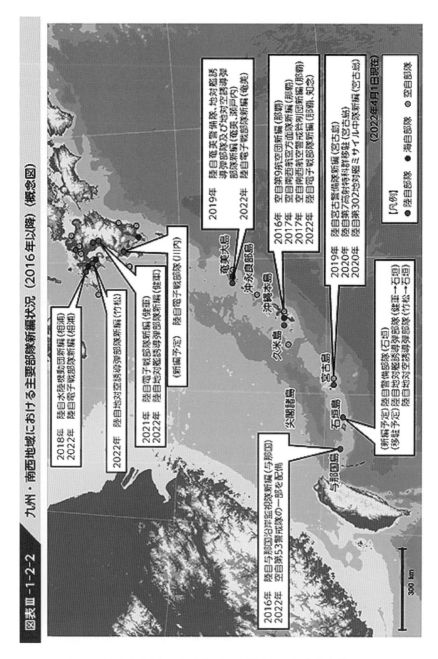

南西諸島を中心とした自衛隊の配置（令和４年版防衛白書から）

されていない。自治区や、香港、マカオの地方自治体を統合するようなわけにはいかない。中国が認めたくなくても、台湾には、「中華民国」を名乗った国家としての機構が存在している。憲政国家体制の下、議会・内閣・司法の三権、国防の軍隊、治安の警察が整う。民意を反映する総統、議会、地方自治体の選挙制度がある。経済は、共産主義と対立する資本主義である。自治区と行政・経済特区を組み合わせたようなやり方になるかもしれない。

　そして、共産主義国家である中国に統合される場合、何よりも明確にしなければならないのは、中国共産党による国政・人民解放軍への統率が、当初から、台湾の憲法に基づく台湾政権の施政、軍事・治安よりも優先して統率するのかという事である。台湾の軍隊は、中国の人民解放軍と交戦しうる軍事力を目指してきた。その軍隊は、解散するのか、人民解放軍へ編入されるのか、何年もかけて段階的に解決していく課題がある。台湾統合の当初から、共産主義化への統率が強行されるならば、自由主義の思想・経済への急激な弾圧となるだろう。土地、私企業、家屋など私有財産はどうなるのか。貨幣、預金、為替はどうなるのか。福祉や保険、年金制度はどうなるのか。庶民からすれば、今までの日常の生活の安定が脅かされるのではないかと不安だろう。同胞ではあるが、半世紀以上の隔絶した年月で、全く違った社会制度で過ごしてきたのである。反共勢力による共産主義への偏見も解かねばならない。

　されど民族・歴史文化など同胞としての絆を基にして、必ず統一への悲願を実現することであろう。しかも、武力・弾圧ではなく、啓発・選挙（あるいは民意を反映し、保障する制度）によって、資本主義社会から共産主義社会へと革新されるならば、歴史に初めて刻まれる平和革命となろう。平和的解決を期待したい。

③南西諸島の自衛隊増強は、「尖閣・台湾有事」と関わる

　2015 年、日米両政府は、ニューヨークで外務・防衛担当閣僚会議（2 プラス2）を開き、「日米防衛協力のための指針」を改訂した（2015.4.27）。**集団的自衛権**として、米軍への協力や肩代わりとして、自衛隊出動範囲を極東に限らず、全世界に広めた。日本の自衛隊と米軍との軍事同盟（安保体制）を強化一変し、対ロシア、対北朝鮮に加え、米国の戦略に追随して対中国への共闘戦略をも進めることになった。日本側からの提起で、**尖閣諸島を安保条約第五条の対象とすることに合意した**と公表した。そして「**平和安全法制関連二法**」（「平和安全法制整備法」「国際平和支援法」）として施行された（2016.3.29）。

霞ヶ浦駐屯地地対空パトリオット（陸上自衛隊HPより）

この日本の戦略は、米国が立案の「インド太平洋戦略枠組み（2018.2）」に組み入れられたものである。日本列島から南西諸島、台湾を通り、南シナ海を囲むように伸びる対中国を想定した「第一列島線」と関わる国々の防衛を戦略とする。バイデン米政権は、太平洋抑止構想と呼び、軍事費を2022年度予算71億ドル（約9,800億円）、2023年度予算案61億ドル（約8,300億円）を計上している。焦点とされるのが、海峡を挟み向かいあう**台湾の防衛**である。ここで、「台湾有事」で米国が従来から執ってきた米軍関与の「あいまい戦略」を検討しよう。これは、中国軍と台湾軍とが戦闘状況になった際、米軍は出動して台湾軍を助けるのか、出動しないで武器供与だけなのかという事を、米国は明言しないであいまいなままにするという戦略をこれまで執ってきたのである。

　何故か。もし、米軍が台湾軍を助けるために出動すると明言すれば、中国は、

南西諸島に配備された88式地対艦ミサイル（陸上自衛隊HPより）

米国を、政治的にも経済的にも軍事的にも完全に敵対視し、新たな冷戦への勢力の結束を強める。そして、米軍との交戦を想定して一層の軍事力増強を進めるだろう。一方、台湾の側からは、米軍を頼って「台湾独立勢力」が勢いを

増して、軍事衝突
へ走る恐れがある。

水陸機動団が装備する水陸両用車AAV（陸上自衛隊HPより）

　そして、もし、米国が、台湾へは武器の供与はするが、米軍が出動・交戦はしないと明言すれば、台湾軍より軍事力が格段に勝つと判断した段階で、中国が、軍事力で台湾を統合する挙に出る恐れがある。後者の恐れは、米国を始めNATO各国が、自国軍を派遣してロシアとの交戦まではしないと明言した結果、ロシアによるウクライナ侵攻を抑止できなかったと戦略分析する場合の恐れである。

　台湾の場合は、そのような単純な戦略的分析は間違いである。主義による違いとされるが、実際は、国権を軍事力で争った国共（国民党・共産党）内戦によって、中国の国土と民族が分断されたのが今日の台湾政権の存在である。米国で例示すれば、南北戦争と同じなのである。中国への台湾の平和的な統合について、国民党蔣介石台湾政権を支援してきた米国が、台湾統合の是非まで含めて主導しようとするのは内政干渉である。必ず、一つの中国原則により、台湾が統合されることに、他国は干渉できず、まして妨害してはならない。武力では無く、平和的な統合に協力するのが正しい関与である。また中国は、すでに習近平国家主席が、台湾同胞に対して提案した「一国二制度」を具体化して、台湾政権を「国家として認めるや否や」ではなく、実態とし国家機能を有する台湾政権と、軍事紛争による解決を否定して、平和的な統合を進める約定と対処をすべきであろう。

　2022年5月、バイデン米大統領は、インド太平洋地域に、米国が主導する新たな経済枠組み（IPEF）を発足させるために東アジア諸国を歴訪した。訪日したバイデン大統領は、岸田文雄首相と首脳会談を実施し、対中国の軍事的な共同声明を発表した（2022.5.23）。

　「（中国による強引な南シナ海などへの海洋進出や、台湾有事を引き起こす可能性を踏まえ、）**一方的な現状変更の試みをインド太平洋、とりわけ東アジアで許さぬよう、日米同盟の更なる強化が不可欠だ**」と述べた。米国側は、「核兵器を含

む戦力で、抑止と対処力を強化する」とし、岸田首相は、「ミサイルの脅威に対抗する能力を含め、**国家の防衛に必要なあらゆる選択肢を検討する**」「日本の防衛力を抜本的に強化し、その裏付けとなる防衛費を増額する」決意を表明した。さらに、バイデン大統領は、共同記者会見で、「**中国が台湾に侵攻した場合に、米国は軍事的に関与するのか**」と問われたが、「**イエス、それが我々のコミットメント（誓約）だ**」と明言した。米国の「あいまい戦略」から「明確な軍事戦略」への転換を示唆し、中国を牽制した。

　対中国の戦略として、自衛隊では、尖閣諸島を含む離島防衛強化のために、**米軍駐留の沖縄本島を中核に、南西諸島に「島嶼間射撃体制」「中期防衛力整備計画」**による陸上自衛隊ミサイル部隊配備計画を策定している。**与那国島と石垣島**（2016.3）、**奄美大島と宮古島**（2019.3）、そして**沖縄本島**（2023）にも計画している。（「朝日新聞」2018.2.27）。中国海軍の空母機動部隊が演習する際、東シナ海から西太平洋へと出向く際、南西諸島を越えなければならない。日本側から見れば、対中国の軍事基地を設営することで中国海軍への軍事牽制帯を構成できる。また、**警察庁**は、初めて「**国境離島警備隊**」を沖縄県警（那覇）に創設した（2020.4.1）。大型ヘリを配備し、尖閣諸島、石垣島を範囲に含め、151名専従で構成し、自動小銃・機関拳銃で武装し、当初予算71億円。武装集団の上陸・占拠に対応する（「朝日新聞」2020.4.2）。

　極東最大の機動部隊、攻撃型の海兵隊を中核とする在日米軍は、鹿児島県西之表市**馬毛島**に、空母艦載機の離着陸訓練基地を認めさせた。すでに、小笠原の**硫黄島**を離着陸訓練基地としてきたが、さらなる基地増設である。そこへ加えて、南西諸島防衛帯の自衛隊訓練基地も設営される計画がある。地元の西之表市の市長選では、基地建設に反対の現職八板俊輔市長が勝利したが、僅少差であり、基地造営は頓挫する様子は無い（「毎日新聞」2021.1.28、「朝日新聞」2021.2.19）。

　実際の日米合同の離島防衛訓練の一例を見よう。静岡県東富士演習場において、長崎佐世保駐屯の陸上自衛隊水陸機動団と、沖縄米軍第31海兵遠征部隊の合同演習である（2022.3.15）。自衛隊と米海兵隊のオスプレイが相次いで降下して、離島を制圧する作戦である。日米合同の離島制圧の軍事演習、その離島とは、南西諸島なのか、尖閣諸島なのか、はたまた台湾なのか、間違いないのは、**仮想敵国が中国**とされていることである。

　台湾有事となれば、米軍は、「台湾関係法」に基づき、台湾政権擁その出動する米軍とは、沖縄をはじめとして駐留する在日米軍である。もちろん、自衛

隊は、「安全保障条約」の「集団的自衛権の行使」として、最前線で米軍とともに中国軍と交戦することとなる。台湾は、日本と国境を接する。南西諸島に配備され沖縄をはじめとして駐留する在日米軍である。もちろん、自衛隊は、「安全保障条約」の「集団的自衛権の行使」として、最前線で米軍とともに中国軍と交戦することとなる。台湾は、日本と国境を接する。

　南西諸島に配備された自衛隊部隊は、後方支援どころではなく、最前線に位置する出動部隊となる。

　もし、中国軍と台湾軍が交戦すれば、台湾の一部であるとする釣魚＝尖閣諸島も戦場となる。自衛隊は、尖閣諸島を防護するため、中国軍と交戦することとなる。台湾有事での在日米軍の出動は、米軍と軍事同盟を結んだ日本の自衛隊が戦争をするために出動する日本有事なのである。軍事衝突の有事は、対立を避けるための平和外交が決裂した際だけでなく、軍事的な示威・圧力・牽制の為の軍事演習や、領土をめぐる空海域の監視（戦闘機のスクランブル、巡視船）活動が、常態化している緊張状態では、危機管理の行き違いや事故により、偶発的な軍事衝突が懸念される。

④中台分断は、軍事衝突を引き起こす

　これを予期する出来事が最近あった。米国のペロシ下院議長（大統領職継承第二位の要職）一行が訪台した出来事である（2022.8.2 〜 3）。7/19、英紙フィナンシャルタイムスが、ペロシ氏の訪台予定をスクープした。中国政府は、米国政府が「一つの中国原則」を受け入れて、国交を断絶している筈の台湾へ、米国要人が訪れることを容認するのは、原則を無視し、台湾独立勢力を支援することとして、厳しく抗議した。ペロシ氏一行の訪台中止がなければ、軍事的経済的対抗措置を執ると通告した。直ちに東部戦区に、台湾周辺の軍事演習の体制を準備させ、8 月 2 日、ペロシ氏一行が訪台直後に、20 機以上の戦闘機が台湾の防空識別圏内に進入した。

　米国側からは、カービー戦略広報担当調整官（国家安全保障会議）が、「ペロシ下院議長には個人として、台湾を訪問する権利がある」と擁護した。さらに、「ペロシ下院議長も、バイデン大統領も、『一つの中国原則』を守り、否定しない立場である」「米国は、危機を望んでいないし、軍事力による威嚇をするつもりもない。中国も、下院議長の訪台を、有事の紛争を引き起こす口実にしてはならない」と述べた。

　当のペロシ氏は、台湾に到着すると、蔡英文総統との会談や議会演説、声明

ペロシ氏一行とともに台湾へ向かった強襲揚陸艦トリポリ。全長約260m、ステルス戦闘機F35Bなどを搭載。

を発表した。ペロシ氏は、「**台湾関係法**」を提示しながら、「台湾と世界の民主主義を守っていくことは、アメリカのゆるぎない約束である」「中国が軍事力を加速させ台湾の民主主義が脅かされているが、アメリカは、台湾を支持し、決して見捨てない」「米国議会では、与野党を超えて超党派で台湾現政権を支持している」と述べた。これに応えて、蔡英文総統は、「軍事的脅威に引き下がらず、東アジアの民主主義の防衛線を守る」「台湾は、米国の信頼できる民主的なパートナーである」と伝えた。ペロシ下院議長一行が訪台した事由は、米国紙「ワシントンポスト」への寄稿から、国際的な情勢における米国政府の態度を明確にするためと判る。すなわち、アフガニスタンから撤退し民主主義勢力を見捨てたことや、ロシアによるウクライナ侵攻を止めることができなかったこと、そのように、台湾を米国は見捨てるのではないかとの疑念が生じていたと見る。ペロシ氏は、「中国は台湾との軍事的緊張を劇的に高め、台湾の民主主義が脅威にさらされている」「米国は台湾と共に在る」と明確に米国への疑念を払拭する為にやってきたと主張する。

　確かに、ペロシ下院議長一行の訪台は、台湾の世論での米国への疑念による動揺を防ぐことにはなった。しかし、米国における反共、覇権主義勢力が狙った本音、台湾を反共・資本主義陣営の砦として中国と対峙させていることは隠されている。ペロシ氏の発言を検証しよう。「民意を反映した台湾の自由と民

主主義社会を支援するアメリカの強固な意志を伝えに来ました」と言う。これは良いことのようだが、なぜアメリカが、中国国内問題に、特定して一方の立場に立つのか疑義がある。

　中国との意見の違いによる軍事的対立を避けるために、平和的な話し合いを仲介するのが正当だろう。ペロシ氏が述べた「『台湾関係法』によって、中国からの軍事力の圧力と戦っている台湾の軍事力を支え、共に戦います」というのには、とても私は賛同できない。軍事力による解決を第一義に提示する軍国主義

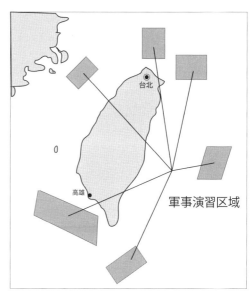

中国軍が実施を公示した軍事演習区域

である。「台湾関係法」に基づき、中国に対峙できるだけの最新・最強の武器を台湾へ供与（正確には売却）するので、軍事力を誇示して、中国との緊張関係を有利に展開してほしい。それでも、中国軍が台湾へ「侵攻」しようとすれば、台湾軍を助けるために米軍が出動するぞ（米国は台湾を見捨てない）と、軍事対立を煽っているのである。平和的な統合も共存も求める提起をしないのである。ペロシ氏の本音は台湾の分断された現状維持を「良し」として、台湾独立の動きも容認しているのである。

　実際、ペロシ下院議長一行が、最初の訪問国マレーシアから、米国政府専用機にて台湾へと向かった時、それに付随して、極秘に、南シナ海に展開していた米海軍部隊も動いていた（2022.8.2）。米国政府専用機は、ベトナム東岸を北上して台湾南方へ向かう通常ルートを飛行しなかった。政府専用機は、大きく東に迂回してフィリピンの東から北上して、台湾の東海上から台北の松江空港へ着陸した。この飛行ルートは、極秘であったが、同時に展開していた海軍の動きこそ極秘であった。南シナ海・フィリピン海域に展開していた米海軍の艦船が、ペロシ下院議長の政府専用機と呼応しながら、台湾へと随行して航行したルートと重なる。米国政府専用機とともに、米海軍の原子力空母ロナルド・レーガンの艦隊、最新型の**強襲揚陸艦トリポリ**の艦隊が、台湾へと一緒に航行

令和元年度海上自衛隊演習「実動演習（日米共同演習及び日米豪加共同訓練）」より

した。ペロシ下院議長一行の訪台は、個人的な行動ではない。米国政府・米軍が一体なのである。これらの米海軍艦隊は、台湾南東部の海域に停留し、中国軍を牽制し続けながら、中国が展開した軍事演習の全貌を偵察し、今後の軍事的な対応の参考にするのである。米海軍の行動に呼応して、沖縄米軍基地でも、空母艦載機や、戦闘機、偵察機などの離着陸が激しくなった。

　ペロシ下院議長の一行は、韓国を経由して、８月４日夜、日本の米軍横田基地に到着した。翌日には、これを歓迎する岸田文雄首相、細田博之衆院議長との会談が行われた。日本政府・自衛隊は、「台湾有事は、日本の有事」として発表して、日本の新聞・テレビは、中国の軍事演習を報道して、中国が軍事力（戦争）によって台湾を統合することを狙っているように決めつけた。

　「一つの中国原則」を軽視し、分断された台湾の現状を支援することを公言して、訪台したペロシ下院議長一行、それを止めることを米国政府に求めたが、拒否された中国。当然、言葉で拒否された中国側の反発は強く、行動で示した。中国は、「軍事力によって、台湾の分断・独立を謀ろうとする軍事力の（台湾軍・米軍の）策動には、中国も、軍事力を持って祖国の分断を防衛する」と決意を表明してきた。８月２日、ペロシ下院議長の一行を載せた米国政府専用機が、シンガポールから台湾に向けて離陸するや、福建省の**中国軍東部戦区**は、台湾周辺の海空域で、実弾による軍事演習、ミサイル試射を実施した。８月３日、**中国海軍空母「遼寧」**が、軍事演習へ参加するため、母港の楡林港から出港した。

爆撃機・戦闘機やミサイル駆逐艦の演習画像を SNS 公式アカウントで、何度も公開放映した。中国国営中央テレビも、8 月 3 日未明から、ミサイル車両の移動や、戦闘機・爆撃機の離陸を何度も放映した。台湾メディアも、8 月 3 日、大型ミサイル 055 型駆逐艦二隻が台湾東部 37 海里（約 70km）まで接近したことや、少なくとも 21 機の中国軍機が、台湾の防空識別圏に進入した報道した。特に、8 月 3 日、ペロシ下院議長が、台湾を離れた直後、米軍との直接の摩擦の危惧が無くなった。中国軍は、8 月 4 日〜7 日に大規模に実施すると軍事演習区域を公表した。これまでは、中国軍が、台湾海峡に留まっていた演習区域が、台湾をぐるりと囲む六つの区域を設定して、演習の空海域に進入しないように警告した。台湾の領海・領空が、一部含まれている。なお、日本の排他的経済水域（EEZ）も一部含まれているため、日本政府は、懸念を表明したが、中国側は、日本とは EEZ について合意していないと一蹴した。合意できていないのは、尖閣（釣魚）諸島問題が関与するからである。

　実際、弾道ミサイルが 11 発発射され、8 月 4 日には、日本の主張する EEZ 内に弾道ミサイル五発が落下した。外務省の森健良事務次官は、中国の孔鉉佑駐日大使へ抗議し、軍事演習中止を求めたが、日中国間で合意なき EEZ の主張の故、無理である。台湾防衛当局は、中国軍が、地上からのミサイル、ロケット、砲弾の発射の他に、軍用機 66 機、軍艦 14 隻が演習行動したことを確認したと発表した。

　また、台湾海峡中間線は、暗黙の領空海域として、軍用機・艦船が相互に越えなかったが、今回の演習により台湾海峡中間線を越える中国の軍用機は、8 月 7 日演習終了の後も、常態化してしまった。8/11 〜 21 だけでも、中国軍用機 120 機を数え、台湾側はスクランブル発進などで緊張は増すこととなった。「一つの中国原則」を否定して二つの中国（台湾独立）を求めることは、武力衝突、戦争への導火線に火をつけることになることが明示されたと言えよう。

　しかし、米国バイデン政権は、2022.9/2、中台分断勢力を励ますため武力による対立を選び、「台湾関係法」に基づき、大掛かりな最新の武器の供与・売却を決定した。対艦ミサイル「ハープーン」、空対空ミサイル、レーダーシステムなど、11 億ドル（約 1530 億円）相当である。（2022.9.4「朝日新聞」）

　一方、一時的だが、経済制裁も行われた。8 月 3 日までに、中国税関総署は、台湾からの柑橘類果物、魚（太刀魚、アジなど）、加工食品会社百社以上の製品が輸入停止された。政権与党の地盤である台湾南部の産物がターゲットと言われる。また、初めてとされるのが、台湾への輸出禁止に天然砂がなった。もし、

今後にレアアースやレアメタルを輸出禁止とされれば、台湾の主力工業である**半導体**などの電子産業が、原料を途絶されて大打撃を受ける。台湾からの半導体部品調達に依存している国々（台湾メーカーが世界シェア60%）も大混乱となる。今後、この経済危惧へ向かわないように、中国との関係改善が必然とされる（「朝日新聞」2023.8.4）。

　折しも、カンボジアの首都プノンペンにて、ASEAN（東南アジア諸国連合）諸国と日米中ロ豪などの外相による**東アジアサミット外相会議**が開催されていた。8月4日、**日本の林芳正外相**、米国ブリンケン国務長官、豪州のウォン外相は、台湾近辺での中国の軍事演習を非難する声明を発表した。声明では、中国の軍事演習を「世界の平和と安定に深刻な影響を与える」「緊張を高め、地域を不安定化させている」として中止を求めた。

　これに対して、記者会見した**中国の王毅外相**は、「一つの中国原則は、破ってはならない。軍事演習は、米国・台湾による台湾独立を共謀したことに対する厳正な警告である」「道理を踏まえない、この声明は紙くずに等しい。中国の権利を侵害した者をかばい、権利を守ろうとする者の行為を非難した」「台湾は、中国の不可分の一部である。**内政不干渉**こそが、世界の平和と安定を守る基本原則である」と述べた。また、予定されていた、国交正常化50周年に向けての日中外相会談は、「不当な声明により、日本は被害を受けた中国を逆に非難し、会談の機会をつぶした」として、中国側から中止が申し入れられた（「朝日新聞」2022.8/5、8/7）。

　因みに、ペロシ下院議長一行が訪問した韓国では、8月4日、韓国国会の金振杓議長が会談したが、**尹錫悦大統領は面談せず**に電話会談とした。尹錫悦大統領が面談を避けたのは、中国に対してスムーズな友好と経済的に最大の貿易相手国であることに配慮したとされる。ペロシ氏らは、記者会見で米韓軍事同盟による北朝鮮への抑止力を強調した。そして、南北軍事境界線上の板門店を訪れたという。

　さて、政府主導で、自衛隊基地が次々と増設されている現地、南西諸島では、**住民の意識は複雑である**。例えば、台湾と僅か110kmに位置して国境を隔てる**与那国島**に陸上自衛隊基地が開設された（2016.3.28）。前年に行われた自衛隊配備についての住民投票は、賛成（632票）が反対（445票）を僅かに超えた。自衛隊沿岸監視隊160人に家族200人以上が移住してきた。近く、電子戦部隊の新設も予定される。自衛隊との共有の施設が増設され、町民税は5,000万円増え、駐屯地の賃貸料が1,500万円入り、ごみ処理焼却関連費用24億円

が入り、子どもの給食費も無償化された。島の生活が潤い活発化される一方、「台湾や尖閣をめぐる状況に危険を感じる。自衛隊が増強されれば巻き込まれる危険はさらに増す」「島に対空ミサイルを配備するような話になれば、皆さんも怖がる。島が要塞化するのはいかがなものかと思う」との声もある（「毎日新聞」2021.4.6）。

　先述したように、岸田文雄首相は、バイデン大統領を迎えて日米首脳会談を実施した。「中国による強引な海洋進出や台湾有事を引き起こす可能性」をふまえて、日米同盟の対中国のための軍事的な共同声明を発表した（2022.5.23）。

　記者会見で、具体的に説明した岸田文雄首相は、「ミサイルの脅威に対抗する能力を含め、**国家の防衛に必要なあらゆる選択肢を検討する**」「日本の防衛力を抜本的に強化し、その裏付けとなる防衛費を増額する」と表明した。

　かくて、岸田政権は、防衛費の大幅増を目指すが、防衛省の 2023 年度予算案の概算要求が明らかとなった。予算だけで、約四千億円増となる**五兆五千億円超**であるが、例外扱いとして**金額を示さない事項要求**が百項目以上も盛り込まれ、年末に決定する防衛費は巨額化する可能性がある。ここに、敵基地攻撃（反撃）能力がある**長射程**の「**スタンド・オフ・ミサイル**能力向上型」の運用配備が含まれる。射程 1000km で、遠距離から攻撃でき、車両、艦艇、航空機からも発射できるという。他に、開発・整備を求めるミサイルとして、「高速滑空弾」「極超音速誘導弾」も事項要求に含まれているとみられる。すでに自衛隊で策定していた、**米軍駐留の沖縄本島を中核に南西諸島にミサイル部隊を配備する計画**が更に進行されているわけである（「朝日新聞」2022.8.21）。

2　南シナ海問題、領有権が不安定

⑴　南シナ海問題とは何か

　南シナ海は、中国の海南島と台湾の南方、フィリピン（東）とベトナム（西）に挟まれ、マレーシアの北方に位置する海域であり、東アジアと東南アジアとインド洋を結ぶ海上の要路である。南シナ海には、東沙群島、西沙群島、南沙（スプラトリー）群島と呼ばれる多数の島嶼、岩礁からなる群島域がある。特に、島嶼・岩礁が多く集中する南沙（スプラトリー）群島は、戦前、日本が、台湾総督府令により「新南群島」と名付けて台湾高雄市所管の植民地とした（1939.3.30）。近隣地域（インドシナ半島、フィリピン、ボルネオなど）を植民地としていた米仏

英からの抗議を一蹴して、日本は、南沙（スプラトリー）群島に加えて、西沙（パラセル）群島をも実効支配し、一時は、南シナ海の制海権を把握して、太平洋戦争へと突き進んだ。

　敗戦日本は、サンフランシスコ講和条約にて、台湾、南沙（スプラトリー）群島、西沙（パラセル）群島に関する権利・権限を放棄した。台湾が中国に帰属することは明白だったが、南シナ海の島嶼の帰属先は未定のままとなった。中国、台湾政権は、南シナ海全域の島嶼の歴史的な領有権を主張したが、南沙群島については、名目上であって、実効支配を伴わないものであった。かくて戦後、南シナ海の島嶼・岩礁の領有権をめぐって近隣諸国間で競合することとなる。領有化の動きが激しくなったのは、1960 年代後半に、国連アジア経済委員会の調査で、南沙群島付近で石油の埋蔵が報告されてからである。南シナ海は、「**第二のペルシャ湾**」「**海の火薬庫**」と呼ばれる状況となった。

　真っ先に、台湾へ政権を移した**中華民国**が、日本が領有していた「新南群島」（南沙群島）の領有権を引き継ぎ、台湾に帰属するとした。続いて、独立新興国となった**フィリピン、ベトナム、マレーシア、ブルネイ**などが島嶼・岩礁の領有権を求め、互いに領海、EEZ を主張するが、複雑に重なり合い、まとまらない。また、中華民国（台湾政権）との内戦に勝利した**中華人民共和国**は、1970年代に入って、国際的に唯一の中国と認証され、海軍力を整えて、領有権を主張して加わった。

　当初は、南シナ海の島嶼、岩礁、砂州をめぐって、近隣諸国間で互いに競合して、占拠し実効支配するための紛争が生じたのである。特に、中国とベトナムは、西沙（パラセル）群島の領有権をめぐって武力衝突をした。また、フィリピンと中国は、**フィリピンが実効支配する**スカボロー礁付近に、中国漁船が立ち入ったことで紛争した。また、**南沙（スプラトリー）群島域**では、ベトナム、マレーシア、フィリピンが、次々と島嶼に港湾・飛行場や居住施設を設営して、実効支配してきた。中国が現地に入った時には、すでに主だった島嶼は他国領とされていた。中国は、残された岩礁、砂州を大規模な埋め立てにより、港湾・飛行場を設営し、居住環境を整えて、領有権と実効支配の拡大・定着を進めてきた。

　現在では、共存共栄の ASEAN 諸国として、中国と、軍事力でなく外交により、領有権をまとめていく方向付けがなされて、それぞれの国・地域が実効支配する島嶼、岩礁・砂州なども、確定しつつある。

⑵　南シナ海で、当事国・地域が主張する管轄区域

各国が自国の権益を主張する境界線

⑶　戦後、南シナ海における領有権をめぐる動向

■ 1946.10/5、フランス軍艦が、「新南（スプラトリー）群島」の西鳥島、長島に上陸し、領有を宣言する。

■ 1946.12、台湾（中華民国）は仏国に抗議して会談を申し入れる。また、軍艦四隻（太平号、中業号、永興号、中建号）を派遣し、西沙（パラセル）群島、南沙（スプラトリー）群島＝「新南群島」全域の領有権を主張する。

12/12、長島を「太平島」、西沙・東沙・新南（スプラトリー）群島をまとめて「南海諸島」と名付ける。フランスは、第一次ベトナム戦争への対処から、台湾との会談を中止し、南シナ海での領有権主張を放棄した。

■ 1951.9/8、**日本は、「サンフランシスコ講和条約」にて、「新南群島、西沙群島の権利、権原及び請求権を放棄」した。**かくて、近隣諸国が、新たな帰属先となるべく領有権を競うこととなる。

■ 1956.10.22、**南ベトナム**は、「新南群島」＝南沙（スプラトリー）群島を領土として編入することを主張した。

■ 1971、**フィリピン**のマルコス政権は、南沙（スプラトリー）諸島に軍艦を派遣し、パグアサ島などを占領して、周辺の六島礁の領有権を主張した。

■ 1974.1、**中国と南ベトナム**が、西沙（パラセル）群島をめぐり交戦した。

■ 1988.2、**中国**は、南沙（スプラトリー）群島のファイアリークロス礁に、海洋気象観測所を建設。

■ 1988.3.14、**中国とベトナム**が、南沙（スプラトリー）群島ジョンソン南礁で交戦した。

■ 1988、**中国**は、西沙群島に、2,600m級の大滑走路を持つ軍用空港を建設した。

■ 1992.2、**中国**は、「領海及び接続水域法」を制定。西沙（パラセル）群島、南沙（スプラトリー）群島を領土として明記した。

■ 1992.7、**中国**は、南沙（スプラトリー）群島のガヴェン礁に中国国標を建てる。

■ 1994、**フィリピン**は、中沙群島のスカボロー礁付近の領有と管轄権を主張した。

■ 1995.2、**中国**は、南沙（スプラトリー）群島のミスチーフ礁を埋め立てて造営する。

■ 1999.5、**フィリピン**は、南沙（スプラトリー）群島のセカンドトーマス礁に船舶を座礁させ、領有権を主張した。

■ 1999.11、**フィリピン**は、南沙（スプラトリー）群島のスカボロー礁に船舶を座礁させた。

■ 2004.9、**ベトナム、フィリピン、中国**の三カ国は、南シナ海における石油資源に関する共同調査を実施することで合意した。

■ 200.1、**台湾政権**は、実効支配している南沙（スプラトリー）群島の太平島に、1,150m級の滑走路を持つ軍用空港を建設した。

■ 2009、**中国**は、国連宛の口上書で、「主権、主権的権利及び管轄権」が

及ぶ範囲（いわゆる九段線）を主張し、地図を添付した。

■ 2009.3、**フィリピン**は、「群島基線法」を制定し、南沙（スプラトリー）群島の一部、及びスカボロー礁に領有権を明記した。

南沙（スプラトリー）諸島太平島（2016.8.16台湾内政部）

■ 2009.5、**ベトナムとマレーシア**は、国連大陸棚限界委員会に、南沙（スプラトリー）群島海域に大陸棚限界線の延長を申請した。

■ 2012、**中国**は、「海南省三沙市」を設置し、南沙（スプラトリー）群島・西沙（パラセル）群島・中沙群島の島嶼・海域を管轄することとした。

■ 2012.6、**ベトナム**は、「海洋法」を制定し、南沙（スプラトリー）群島、西沙（パラセル）群島における島嶼の領有権を明記した。

■ 2013.1、**フィリピン**は、国連海洋法条約に基づき、中国による南シナ海への領有権を求める進出を、紛争と不利益をもたらすとして、常設仲裁裁判所へ提訴した。

■ 2013.11、**中国**は、海南省管轄水域（三沙市を含む）において、外国漁船が活動する場合には、中国国務院の承認を得なければならないとした。

■ 2014、**中国**は、南沙（スプラトリー）群島のジョンソン南礁、クァテロン礁、ガヴェン礁、ヒューズ礁などで埋め立て工事を進めた。アメリカの戦略国際問題研究所が衛星写真を公開した。

■ 2015、**中国**は、南沙（スプラトリー）群島のファイアリークロス礁（6/28）で、スービ礁（8/6）、ミスチーフ礁（9/15）などで、2000 〜 3000m 級の滑走路の建設工事を進めた。

■ 2015.10.10、**中国**は、南沙（スプラトリー）群島のジョンソン南礁とクァテロン礁とに、諸船舶の航行安全の為の大灯台（高さ約50m、照射距離22海里）を完成させたと発表した。

■ 2015.10.27、**米国**（オバマ政権）は、「航行の自由作戦」と称して、南沙（ス

148

プラトリー）群島へイージス駆逐艦ラッセンを派遣し、中国を監視・牽制した。

■ 2016.1、**中国**は、「五か年海洋政策」にて、「南沙（スプラトリー）群島、島嶼生体保護区」の建設に取り組むこととした。

■ 2016.1.2、**中国**は、ファイアリークロス礁3000m滑走路で試験飛行した。

■ 2016.7.12、**フィリピン**が提訴していた**常設仲裁裁判所の判決**が出された。中国の九段線海域における歴史的権利も、法的効果も無効であるとした。南シナ海の島嶼は、島でなく岩礁・環礁であり、埋め立てた人工島も含めて、領海・EEZ・大陸棚を設定できないとした。判決には強制力はない。ただちに、中国、台湾政権は、南シナ海には岩礁・環礁ばかりでなく、「明白な島嶼が存在する」「人々が居住している島嶼である」として判決に反対を表明した。

■ 2016.8.16、**台湾政権**内政部の葉俊栄部長（大臣）らは、南沙（スプラトリー）諸島太平島を視察した。フィリピンが提訴した常設仲裁裁判所の判決に抗議する声明を発表して、領有権を明示するためであった。内政部提供の写真から、港湾施設の整備や、滑走路が3000m級に整備拡大されていることが判る。

■ 2017.1、**フィリピン**は、南沙（スプラトリー）群島のティトウ礁の軍用滑走路の埋め立て補修工事をした。

■ 2017.5.25、**米国**（トランプ政権）が、「航行の自由作戦」として派遣したミサイル駆逐艦デューイは、南沙群島のミスチーフ礁領海を航行した。

■ 2018.9.30、**米国**海軍のミサイル駆逐艦デイケーターが、「航行の自由作戦」として、南沙群島のガベン礁、ジョンソン南礁の海域を航行した際、接近してきた中国海軍のミサイル駆逐艦より、海域より離れるよう警告された。

■ 2019.2.11、**米軍**第七艦隊から、「航行の自由作戦」として、ミサイル駆逐艦の「スプルーアンス」「プレブル」の二隻が南沙諸島海域を航行した。

■ 2019.3.15、**フィリピン**のデルロサリオ元外務大臣と、モラレス元行政監察官らが、「中国は、南シナ海で島嶼・岩礁を埋め立てて環境破壊し、周辺国に不利益を与えた」「人道に対する罪」として、習近平国家主席、王毅外交部長らを国際刑事裁判所に告発した。デルロサリオ元外務大臣らは、中国と外交による事態解決を進めるドゥテルテ大統領を批判する活動を展開した。

■ 2020.4.18、**中国**は、南沙（スプラトリー）群島を管轄する南沙区行政府をファイアリークロス礁に設置した。

■ 2021.3.7、**フィリピン**は、南沙（スプラトリー）群島付近に中国の船舶約200隻の停泊を発見し、他国への圧迫として危惧する。**中国**側は、「漁船であり、悪天候で集まっただけで他意はない」と主張した。

■ 2021.5.5、**フィリピンのドゥテルテ大統領**は、仲裁裁判所の判決は、中国に対して何の「役にも立たない」「ただの紙切れ、ごみ箱に捨てよう」と表明した。

■ 2021.8.24、シンガポールを訪問したハリス**米副大統領**は、「中国は、南シナ海で威圧と脅迫を続けている」と批判した。

■ 2022.1.23、**カンボジアのリアム海軍基地**（中国海軍の海外拠点）にて、大型艦艇が寄港できるように港湾の拡張整備工事を開始した。

■ 2022.7.1、新しく就任した**マルコス大統領（フィリピン）と王岐山副主席（中国）の会談**。「手を携えて、南シナ海の平和と安定をともに守る」。

⑷　南沙群島を日本領としたことが、戦後、紛争化した発端

a. 戦前、日本は「新南群島」として植民地化した

①資源を求めての南洋進出

　日本が、南沙（スプラトリー）群島の領有権を宣言する事由の一つとなったのは、資源を求めての経済進出であった。その初めは、肥料工業の**ラサ島燐鉱株式会社**（恒藤規隆社長）による調査・開発である。1918 年 5 月 -- 1918 年 9 月、第一次調査隊（予備海軍中佐**小倉卯之助**隊長）は、南沙諸島の中核となる大きな島嶼、North-east cay（北双子島）、South-west cay（南双子島）、West york island（西青島）、Thi-tu island（三角島）、**Itu Aba island（長島）**の 五島を踏査して、目的

西青島（ウエストヨーク島）に、日本国領有を示す国標「占有本島、大日本帝国、帆船報効丸乗員一同」を立てた(1919.1.10)。小倉卯之助「暴風の島 新南群島発見記」1940.12.10。以下に引用の写真も、同書による。

日本の国標（Itu Aba1936）

フランスの国標

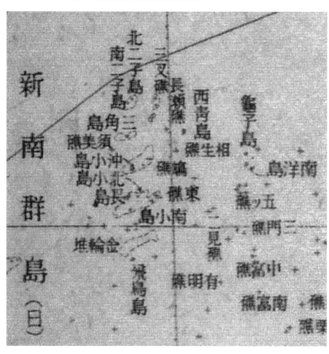

新南群島（日本領）
サンデー毎日「大東亜
共栄圏詳図」1940

の燐鉱石、グアノ（石化した鳥糞）の所在を確認した。さらに、**西青島（ウエストヨーク島）に、日本国領有を示す国標を立てた**。続けて、**副島村八（予備海軍中佐）**隊長による第二次調査隊（1920.11 ～ 1921.3.13）、第三次調査隊（1923.7 ～ 1923.12.31）を派遣して、ほぼ南沙諸島全域の主な 11 島嶼を踏査した。

　かくて、**ラサ島燐鉱株式会社**は、1921 年 6 月より、**長島（Itu Aba）**を拠点に燐鉱、グアノの採掘事業を展開した。輸送船を配備し、桟橋、採掘施設、軌道設営、事務所、宿舎、医院、通信所、倉庫、農園、漁業などを整備して、数百名が南沙諸島に根付いて、本格的な事業に着手した。経営状況は順調に進んだが、1920 年からの世界大恐慌、1923 年の関東大震災の不況により、1929 年 4 月、南沙群島での事業から撤退した。その世界恐慌・不況を侵略戦争によって打開した日本の国策会社が、その後の南沙（スプラトリー）群島での経済活動を引き継ぎ進めた。すなわち、台湾拓殖会社と関わる**開洋興業株式会社、拓洋水産株式会社、南洋興発株式会社**が、事業を展開した。

②フランスと争って、日本が植民地化した

　1933 年フランスは、軍艦を派遣して南沙群島の主だった七つの島嶼に上陸して、国標を設置した（最初に設置された北双子島の国標 1933.4.10）。7/25、官報に記して領有権を宣言した。中華民国が抗議した。日本政府も抗議して、先占の国標も設置して事業を進めた**ラサ島燐鉱株式会社**を事例として、日本が先に先占の領有権を有すると主張したが、フランスは、「民間企業の私的経営は国際法上の先占の概念に含まれない」と反論し、仲裁裁判を提議した。

　これを拒否して、日本政府は、**長島（Itu Aba）**に政府としての国標を立て、南沙群島の島嶼を「新南群島」と名付けて、台湾高雄市の管轄下として領有を宣言した（1939.3.30）。フランス政府へも通告した。**官報に記された南沙（スプラトリー）の群島領有権を宣言した告示**は次の通りである。「昭和 14（1939）年 3 月 30 日 台湾総督小林躋造 高雄州高雄市の管轄区域中「内惟」の下に「新南（スプラトリー）群島」を加え、その区域などは別にこれを告示す」「一、新南群島は、左の地点を遂次結ぶ区域内の全島を謂う。（経緯度で示す。中略）二、新南群島中に於ける主なる島嶼の名称左の如し。北二子島、南二子島、西青島、三角島、中小島、亀甲島、南洋島、長島、北小島、南小島、飛鳥島、西鳥島、丸島」。

　これに対して、英国筋では、「日本の新南群島領土編入は、……将来東アジア大戦の際には、日本軍にとって重要なる前哨基地となるであろう」。米国新

152

聞紙は、「新南群島の占拠は、日本の侵略的南進政策の表れであり、……戦時、米国が必要とするゴムや錫や、その他の必需品の輸送に脅威」とした。

b. 敗戦日本は、「西沙群島、南沙群島」を放棄した

　帝国主義の軍国日本は、連合国軍に敗戦して、近代に拡大した領土、植民地をすべて失うこととなった。**サンフランシスコ講和条約**（1951.9.8）に基づき、戦後の日本の領土は確定した。下図は、日本政府がまとめた「**日本の領土・領域**」である。ポーツマス条約によって獲得した**樺太南部**をソ連に返還した。植民地とした**朝鮮**は独立し、**台湾**は中国に返還された。日本政府は、今日、領土問題化している、**竹島＝独島、尖閣（釣魚）諸島、国後島、択捉島を含む千島列島**を放棄し、**色丹島と歯舞群島**の領有権だけを主張していた。また、**小笠原諸島**や、**奄美大島以南の沖縄**などの**南西諸島**は、米国の信託委任統治領域とされた。

　なお、図示されたように、南シナ海の**西沙群島・南沙（スプラトリー）群島**の支配・

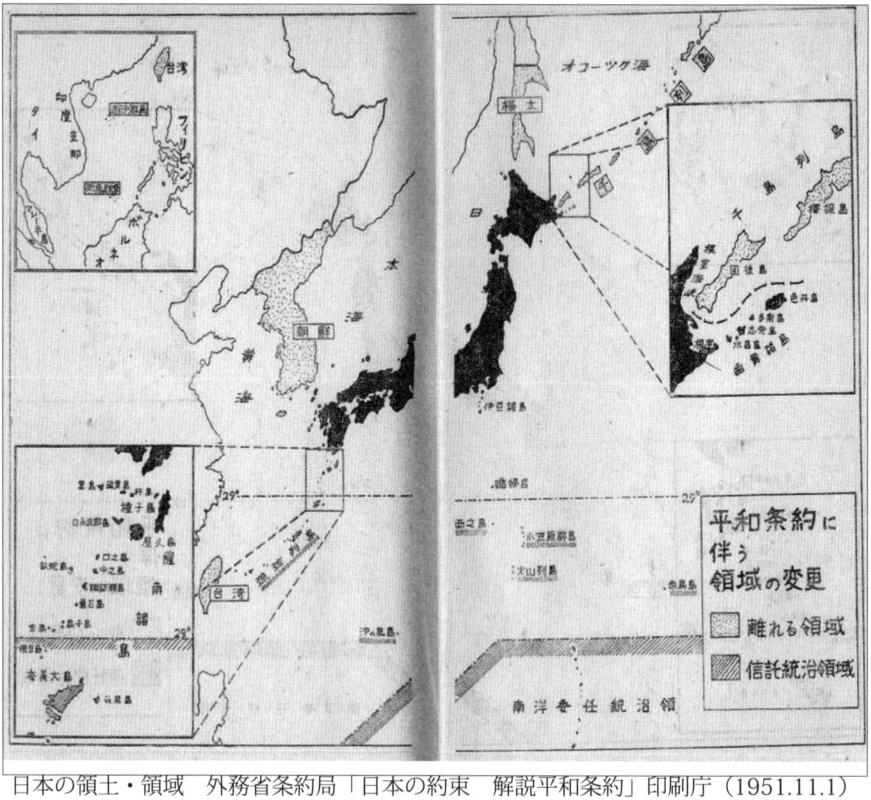

日本の領土・領域　外務省条約局「日本の約束　解説平和条約」印刷庁（1951.11.1）

領有権も放棄した。講和条約本文では、次のように記述している。「第二条（f）
**日本国は、新南群島及び西沙群島に対するすべての権利、権原及び請求権を放
棄する**」。この「新南群島」とは、**南沙（スプラトリー）群島**のことである。

⑸　当事国間で、南シナ海問題は解決すべきである

a. 中国は、領有権を持つ第一の当事国である

　南シナ海に位置する島嶼は、**東沙群島、西沙（バラセル）群島、南沙（スプラ
トリー）群島**の三区域に分かれている。近現代に於いて、領土・領海が確定さ
れて地図に明示されてきた。戦前、南シナ海に面する国々で、独立主権国は唯

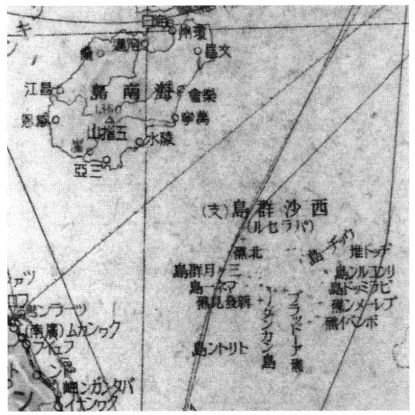

(支)中国領と明示された西沙群島、サンデー毎日「大東亜共栄圏詳図

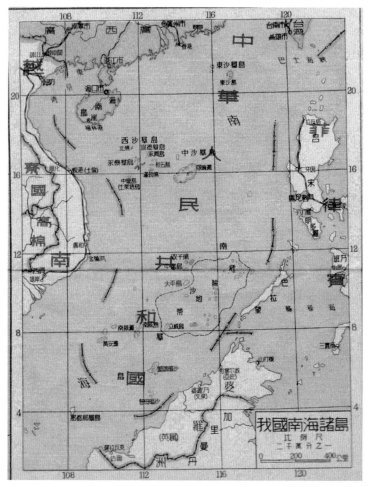

「新中国地図;我国南海諸島」1953.11.25。「危険地帯」とされている海域は、浅海で、大陸棚として領海宣言できる。

一、海南島から南面する中国（中華民国）だけであった。

　東面する「ベトナム」は、「仏領インドシナ」なるフランス領植民地であった。西面する「フィリピン」は、米国領植民地であった。北面する「マレーシア」は「英領ボルネオ」なるイギリス領植民地であった。

　中国は、海南島の南東に位置する東沙群島、南西に位置する西沙（パラセル）群島については、領有権を主張し、戦前の地図にも国際的に中国領と明示され

原油埋蔵と領有・開発の状況(1972.7.21「読売新聞」)

南シナ海の領有権、令和４年版防衛白書より

ていた。ただ南沙（スプラトリー）群島となると、英米仏日中などの船舶が、島嶼の存在を認識していただけで、きちんと探査もされず、領有権は不明確であった。先述したように、フランスが領有宣言をした際に、自国の方に領有の権限があると抗議したのは、日本と中国だけであった。フランスと日本の領有権主張は、無主地先占であり、中国は、歴史的に自国領土であったとする。

しかし、南シナ海は、東アジアと、インド洋、東南アジアを結ぶ交通要路であり、戦略要地である。日中戦争の戦線を広げて、南方侵略をも狙う日本は、**海南島を占領し南方侵略の拠点とした**（1939.2）。**東沙群島、西沙（パラセル）群島、南沙（スプラトリー）群島を支配して**、中国政権攻略（援蒋介石ルート遮断）のためと称して、仏領インドシナへと侵攻した（1940.9.23）。フランスが、ドイツに降服・占領された状況に乗じた侵攻であった。それは、マレー半島シンガポールを攻略する作戦の始まりであり、太平洋戦争の前哨戦であった。

b. 実効支配が入り組んだ南沙群島

①中国の「九段線地図」をめぐって

　現在、南シナ海に面する近隣諸国は、先に「**2. 当事国・地域が主張する管轄区域**」で示したように、「**国連海洋法条約**」（1994.11 発効）に基づき、自国の本土からの領海・EEZ を主張している。ベトナム、フィリピン、マレーシアが管轄内に島嶼も含めて、領有権を主張する。問題なのは、「国連海洋法条約」では、自国が領有する島嶼からの領空海・EEZ も有効である。中国は、この島嶼からの領土・領空海を主張する。中国が領土・領海の範囲として提示した「**九段線地図**」（国連宛口上書に添付 2009.5.7）は、南シナ海の中央部の東沙群島、中沙群島、西沙群島、南沙群島の島嶼群すべての領有権を歴史的に有すると主張した。**西沙（パラセル）群島の領有権**をめぐっては、**中国と南ベトナム**が武力衝突し、中国が西沙群島を実効支配済であった（1974.1.19）。

　しかし、南沙群島となると、既に、島嶼に実効支配地を確保していたベトナム、フィリピン、マレーシアは、「国連海洋法条約」に違反するとして、中国を批判し、国連に口上書を上げた。中国が「主権、主権的権利及び管轄権」が及ぶとする「九段線地図」は、かつて中華民国（台湾政権）が、戦後、フランスと南沙諸島の領有権を争った際に、自国の主張の為に公表した「**南海諸島（東沙群島、西沙群島、南沙群島）位置図**」（1948.2 十一段線地図）を引き継いだものである。この「九段線地図」の段線は、経緯度、領海、EEZ とは無縁に適当に図示されたもので、今日の国際法に基づいた境界線とは認知されない。

　中国は、歴史的にも、国際法（「国連海洋法条約」）的にも正当と見なされる、次の事実を主張すべきである。戦前、**東沙群島、西沙（パラセル）群島**は、海南島に付随して、歴史的にも国際法的にも、明確に中国固有の領土であった。**南沙（スプラトリー）群島**は、先占領有の国際法に基づいて、「**新南群島**」として日本が領有化し、**台湾高雄市の所管**とした。戦後、台湾に属した**南沙群島 = 新南群島は、台湾とともに、中国に返還**され領有権が帰属する。現代の国際条約に基づく結論である。

　中華民国（台湾政権）は、蒋介石政権の際に、日本と「日華平和条約」を締結した（1952.4）。その第二条に、「日本国は、サンフランシスコ条約第二条に基づき、**台湾及び澎湖諸島並びに新南群島及び西沙群島に対する、すべての権利、権原及び請求権を放棄したことが承認される**」とある。台湾政権は、日本が領有・実効支配していた南沙（スプラトリー）群島、西沙（パラセル）群島を「日

本が放棄したことを承認し」、台湾政権の帰属としたという事である。

　しかし、「サンフランシスコ講和条約」では、日本が放棄した西沙群島、南沙（スプラトリー）群島の帰属先を明記しなかった。この条約で帰属先となるべき、日本と領有権を争った「仏領インドシナ」（ベトナム）も、中国も、冷戦下で国が二つに分断される状況にあった。戦後、冷戦下において、サンフランシスコ講和条約にて主導権を握る米国は、社会主義政権の国へ、日本の放棄する領土を渡すことは明記できなかったのであろうか。米国が、日本から取り上げて委任統治する小笠原諸島、沖縄などの南西諸島、グアム島など南洋諸島については、米国委任を明記したのである。

　結局、南沙（スプラトリー）諸島をめぐっては、中国と台湾政権と、近隣の独立新興国（フィリピン、ベトナム、マレーシア）も交えて、当事国によって、実効支配による領有化を競合することとなったわけである。

②次々と実効支配・開発が先行した

　戦後、最も早く行動したのは、「仏領インドシナ」のフランスである。フランスは、南沙（スプラトリー）群島の最大の島嶼であった Itu Aba island（長島）に国標をたてて、領有を宣言し、「仏領インドシナ」の所轄とした（1946.10.5）。これに抗議して、**中華民国（台湾政権）**は、軍艦四隻を派遣し、Itu Aba island（長島）に上陸し、「中華民国」の国標をたてて、島名も軍艦の名に因んで「**太平島**」と改めて、領有を宣言した（1946.12.12）。此処に、南シナ海最初の飛行場と港湾が設営された。他の島嶼・岩礁が新興独立国によって実効支配されるのは、1970 年代からである。**フィリピン**が、三番目の広さの Thi-tu island（三角島）を占領した（1971）。**ベトナム**が、四番目の広さの Dao truong sa（長沙島）を占領した（1974）。**マレーシア**が、二番目の広さの Swallow reef（弾丸礁）を占領した（1979）。それぞれの国が、周辺の岩礁へも支配を広め、小さな島嶼を埋め立てなどして港湾・飛行場などを設営し、実効支配・居住の為に開発を進めた。

　戦後の中国では、共産党軍（毛沢東）が、中華民国政権を牛耳る国民党（蒋介石）軍との内戦に勝利し、蒋介石軍は台湾へと撤退した（1949.12.7）。かくて、大陸を制覇した共産党は、民主諸勢力と連合して、北平（北京）を主とする**中華人民共和国**を建国した（1949.10.1）。中国は、台湾（蒋介石）政権と同様に、南沙群島の領有権を主張した。しかし、名目の主張だけで、中国は、最も遅れて南沙（スプラトリー）群島の実効支配に参画することとなった。中国は、台湾

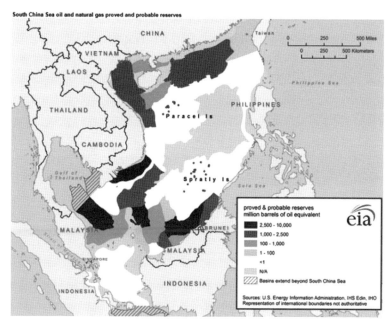

南シナ海で推定される海底油田。米国エネルギー省。2015.11.3

政権との紛争、国内各地の統合、経済復興と新国家建設、朝鮮戦争・ベトナム戦争への援軍、共産党政権の内紛（文化大革命）などを経て、唯一の中国として国連安保理常任理事国となる国際的地位の確立まで何十年を要した。何よりも、南方進出できる海軍がなかった。

　中国が、やっと海軍を整えて、領有権を主張して実効支配するために、南沙（スプラトリー）群島へと出向くことができたのは、二十世紀後半からであった。すでに島嶼（日本が官報に記した13島嶼）は、他国に実効支配されてしまって、残りは実効支配のための埋め立てもできず、設営・居住が困難と見なされた岩礁・砂州だけであった。その岩礁・砂州とて、大半は、フィリピン、ベトナムが名目でも領有化宣言をしていた。中国が、岩礁・砂州を占拠しようとすると、「其処は此方の支配地である」と紛争が生じた。中国にすれば、本来は我が領土である南沙諸島を占拠されているのを取り返すという立場である。フィリピン、ベトナムは、戦後の国際法に基づき実効支配している領土であり、守護する立場である。

　中国は、南沙（スプラトリー）群島に於いて、近隣諸国が、拠点として港湾・飛行場などを整備し、守備軍、居住地がある島嶼は実効支配地と容認し、紛争

を避けようとした。残る岩礁を「手つかず」と見做して、占拠して実効支配地を確保することにした。水没するほどの小さな岩礁を合わせれば、数百余もあるのである。ベトナムと武力衝突をして、**ジョンソン南礁、ヒューズ礁、ファイアクロス礁、クァテロン礁、ガベン礁、スビ礁の六岩礁を占領した**（1988.3.14）。**フィリピンとも武力衝突して、ミスチーフ礁を占領した**（1995.2）。中国は、これらの七つの岩礁の領有を宣言した。大規模な埋め立て工事により、何倍もの広さの島嶼に改造し、軍事基地、港湾、飛行場、関連施設、居住地を設営してきた。さらに、これらの改造した島嶼を拠点に、漁業だけでなく、石油・天然ガスなどの海底資源の調査・開発へも取り組んでいる。

c. 石油をめぐる、アセアン諸国と中国

①海の火薬庫、南シナ海

　既に気づかれていると思うが、南シナ海周辺の国々は、中国も含めて、戦前は、日欧米列強の帝国主義国から、侵略され、植民地支配をうけた。独立の戦を経て、国家建設と社会・経済の安定が第一であった。本土と離れた南沙群島の領有を競ったのは、帝国主義国家の関与で、海洋・海底資源の存在を知り、領海・EEZ による権益による自国の発展を求めたからである。

　国連エッカフエ（ECAFE; 国連アジア・極東経済委員会）は、1960 年代後半、**東シナ海、南シナ海の海底資源探査**を実施した。東シナ海では、忘れられていた島であった**尖閣（釣魚）諸島周辺の天然ガス・石油の海底資源**が確認され、日本と中国（台湾政権も含めて）とで、領有権問題がクローズアップした（1966～68）。領海・EEZ の権利が付随して、周辺の海洋・海底資源を自国の権益にできるからである。**調査・開発を主導したのは、当初は、米海軍と米国石油企業であった**。戦勝国でも現状は、英仏は被災の戦後復興に、米国はアジア進出であった。海底油田の存在が知らされてから、その権限を求めて南シナ海周辺諸国は島嶼の領有権と海底油田の調査・開発を競ったため、海域は、「**第二のペルシャ湾**」「**海の火薬庫**」と称された。中国も加わって再編成されて、結局、実効支配されている島嶼・岩礁は、1992 年段階で、ベトナム（25 カ所）、フィリピン（8 カ所）、マレーシア（4 カ所）、ブルネイ（1 カ所）、中国（9 カ所）、台湾政権（1 カ所）である。

　周辺国の領有権が、モザイクのように入り組んだ現状に、中国と当事国・ASEAN 諸国は、紛争・武力衝突を回避するために、①領有争いの中止と現状

維持、②石油資源の開発は、領海・EEZ で紛争せずに共同開発を目指すことを
何度か話し合って確認してきた（1992.7/22、2005、2011.6/25）。しかし、石
油資源の開発については、後述の如く、ベトナムと中国との間で紛争が生じた。

　さて、南シナ海では、EIA（米国エネルギー情報局）報告によれば、実証値が
無く推計で、米地質調査所は 280 億バレル、中国調査では 2,130 億バレルと
ある（2008 年）。その差が極端である。海底油田の場合は、大まかな推定で、
試掘してみなければ、埋蔵量は、正確には把握できない。200m 位の深さでは
油田が小さく、400m よりも深くなるほど大油田が出てくるという。日本と中
国が領有権を争う尖閣（釣魚）諸島周辺海域でも、推定では約 1,000 億バレル
〜約 30 億バレルと極端に差がある。きちんとした調査が行われていないから
である。海底油田・天然ガスの場合、採掘にはプラットフォームなどを設営し
た、先進の技術と多額の費用を要する。きちんとした調査と試掘をして、埋蔵
量を明確にして、採算が合うかどうかで開発の是非を判断しなければならない。
自国の開発能力を高めるだけでなく、より優れた専門の技術や開発経験を持つ
他国の企業とも契約して、或いは、他国企業との共同開発として、探査・開発
を進める場合もある。

②海底油田をめぐる、ベトナムと中国の紛争

　南シナ海の場合、今までの調査で、石油・天然ガスの埋蔵が有望と推定され
ている海域が、南沙（スプラトリー）群島の西側のベトナム南部、マレー半島東。
南沙（スプラトリー）群島南部のマレーシア北部の沖合。西沙（パラセル）群島
の南側、海南島と西沙（パラセル）群島の間である。ほとんどが、ベトナムの東、
中国の南という事で、両国は、互いに領海・EEZ が重なり合う区域が出てくる。
西沙（パラセル）群島については、ベトナム側は、中国の領有を認めずに反対
している。当然、ベトナムと中国との間で、調査・開発をめぐって紛争が生じ
ることとなる。ベトナムは、東南部の石油埋蔵区域について、本土からの領海・
EEZ の範疇とする。中国やフィリピンは、南沙（スプラトリー）群島領有地か
らの領海・EEZ を主張する。

　遅れて進出してきた中国と違って、ベトナムの方が、南シナ海の海底油田の
調査・開発は先んじていた。南東部の領海・EEZ 範囲から開発が進められたから、
他国からの介入も受けなかった。南北分断の時分、南ベトナム政府は、米国モー
ビル社に利権を与えて、海底油田開発に乗り出した。南部ホーチミン市の沖合、
東南東約 125km にて、油田の掘削に成功した。ベトナム最初の**バクホー（白虎）**

油田である（1975.1）。統一ベトナムとなり、ソ連（ロシア）との**合弁企業ベトソフペトロ**によって、本格的な開発・生産が開始された（1986）。最新のプラットホーム五基を備え、深さ約2,700mの油田から汲み上げ、海底パイプラインによって、ホーチミン市外港**ブンタオ石油基地**へと送られる。産油量は、一日10〜15万バレルとされる（1996）。さらに、米国企業コノコフィリップス、英国企業SOCOインターと共同して、**ベトナム国営企業ペトロベトナム**が中心となり、隣接したランドン（大熊）油田を開発・併合（1998）した。かくて、バックホー・ランドン油田として成功裏に生産を進めている。さらに、原油輸出が中心だった状況から、自国内でも、石油精製・化学工業の創出・発展に力を注いでいる。

　一方、遅れて進出したとはいえ、中国は、国家政策として、軍・政治・経済が一体となって、海域の占有、石油資源の開発に取り組む。二十一世紀に入るや、大陸で多くの油田を開発し、石油化学工業を推進してきた国営の巨大石油企業が、南シナ海へも投資を拡大し、進出した。中国石油天然ガス（ペトロチャイナ）、中国石油化学工業（CNPC）、中国海洋石油（CNOOC）の巨大企業が、南シナ海海底油田開発に着手した。

　まず、ベトナムのバックホー・ランドン油田のすぐ東に近接して、米国のクレストンエネルギー社と共同で開発を始めた（1992）。海底油田の広がりは、領海・EEZの区域とは違って、広範囲に広がる。話し合い・共同開発を進めなければ、互いに利益の侵害の恐れが生じる。

　また、フィリピンの親米アキノ大統領政権は、ミスチーフ礁領有権をめぐって中国と対立した。フィリピンは、**国連常設仲裁裁判所**に、南シナ海における「中国の九段線による領有権」主張、「中国が進める人口島造成による実効支配」について、「国連海洋法条約」違反として訴訟した（2013.1）。その判決が2016.7に出された。「中国の歴史的な『**九段線**』を法的根拠はない」と否定した。また、「南シナ海の島嶼・岩礁を、いずれも『**島**』ではなくて、『**岩礁**』『**低潮高地**』で、領海・EEZは適用できない」とした。**常設仲裁裁判所の判決**は、**南シナ海での島嶼・岩礁の領有権**さえ否定したため、中国も含め、南シナ海周辺各国も受け入れがたいものであった。

　さらに、中国は、初めてとなるベトナム中部の沖合も調査開発区域とすると発表した（2012.6）。ここは、西沙（パラセル）群島の海域であり、中国が実効支配しているが、ベトナム側も、西沙（パラセル）群島の領有権を主張していた。そのため、調査・開発をめぐって、両国の巡視船が互いに相手国の退出を求め

て紛争が生じた（2014.5.2 ～ 7）。

　中国は、「**西沙（パラセル）群島周辺で、海底油田調査の掘削作業を実施する。**期間は、2014.5/2 ～ 8/15」とベトナム政府へ通告した。ベトナム側は、「西沙（パラセル）群島はベトナム領である。また、海底油田探索の該当海域は、ベトナム本土からのEEZ区域内でもある。ベトナムの主権侵害だ」と中国に抗議した。ベトナムのファム・ビン・ミン外相は、中国の**楊潔篪国務委員**に申し入れたが、拒否された。

　現地での紛争の状況は、ベトナム政府による外国メディア記者会見での発表によると次の通りであった。「中国は、軍艦7隻、海警監視船33隻など約80隻が集結して、ベトナムの巡視船は、水砲を発射されたり、衝突されて排除された」として、国際社会に中国側の不当性を訴えた。米国政府は、ベトナム政府の主張を擁護する見解を述べた。これに対して、記者会見した中国外務省の**副報道局長華春瑩**は、「西沙（パラセル）群島は、中国固有の領土であり、調査・採掘作業は完全に中国の主権の範囲内の出来事だ」と正当性を主張した（2014.5.8「朝日新聞」）。西沙（パラセル）群島については、中国が、戦前からの中国領として、南ベトナムの占有を排除して以来（1974.1.19）、実効支配を続けている。中国とベトナムは、共に社会主義国家として、米仏とのベトナム戦争で共闘した仲である。海南島西のトンキン湾での領有段階線を除去するなど、互いに武力紛争だけは避ける配慮がなされている。

d. 米中対立で緊張が高まる南シナ海

　①米国は、中国の国際進出を警戒する

　周知のことであるが、マラッカ海峡（シンガポール）から南シナ海へと続く海域は、アジアとアフリカ、中近東、インド、南太平洋を結ぶ海上要地である。戦前、欧米日帝国主義国家は、マラッカ海峡に続く南シナ海を戦略要地として、重視した。戦後、南シナ海について、周辺の中国、ASEAN諸国は主権を主張した。戦後、アジア全域に政治的軍事的経済的な覇権を展開してきた米国は、軍事的・戦略的には、台湾政権を擁護して社会主義中国と対峙する。また、米国は、「第二のペルシャ湾」「海の火薬庫」と呼ばれ、南シナ海の石油・天然ガスなどの海底資源をめぐるASEAN諸国と中国との関係にも、介入してきた。特に、経済力、軍事力も大きく成長した中国の勢力が、進出・拡大することを警戒してきた。

沖ノ鳥島の航空写真（国土交通省関東地方整備局HPより）

リーマンショック（2008年9月、米国大手投資銀行リーマン・ブラザーズの経営破綻に発する世界的不況）の中でも、社会主義中国は、北京オリンピック、鉄道・道路工事、通信、軍需、資源開発とインフラ整備に巨額の景気対策投資を行った。積極的に海外からの投資を受け入れ、技術・生産力を高め「**世界の工場**」と称された。さらに、貿易、海外進出・投資に力を注ぎ、「世界第二の経済大国」に成長した。

　中国が、経済発展を維持するためには、国内市場から、海外市場への貿易と海外投資を拡大しなければならない。「世界第一位の経済大国」米国と、「第二位経済大国」の中国とは、貿易・市場、海外投資をめぐって競合してきた。輸入品への関税や投資をめぐって、「**米中貿易戦争**」（2018〜19）の経済摩擦も生じて、今日に至る。中国は、新たに 2013 年からの「**一帯一路**」構想（アジア・中近東・ヨーロッパ・アフリカにまたがる経済協力関係）推進が効果をもたらし、140 カ国との協力関係を築いた（2021.6 現在）。米国（トランプ政権）が、米国経済の利益を第一として、**環太平洋経済連携協定（TPP）** から離脱した。これは、中国の政治的経済的な勢力拡大の好機となった。また、南シナ海周辺の **ASEAN 諸国**を含む南太平洋、アジアで構成する「**地域的包括的経済連携**」（RCEP2022.1）でも、中国は主導する。

　中国は、ASEAN 諸国との関係で平和外交を進めてきた。南沙群島での領有権の問題も、現状維持、これ以上の紛争を回避することで、解決する交渉を進めてきた。紛争を生じたベトナム、フィリピンとも個別に交渉して、軍事的対立は絶対に回避してきた。**中国の王毅外相・国務委員**は、ベトナムを訪れ、**ファム・ビン・ミン副首相**と会見し、「領有権をめぐる紛争海域では、対立を激化させず、現状の平和と安定を大切にする」との合意を発表した（2021.9.11）。

南シナ海での日米合同軍事演習。護衛艦(実質空母)「いずも」と、空母「ロナルド・レーガン」(2019.6.19)海上自衛隊ホームページより

また、新しく就任した**マルコス大統領（フィリピン）と王岐山副主席（中国）**は会談して、「手を携えて、南シナ海の平和と安定を共に守る」ことを約束した（2022.7.1）。

②米軍による中国への牽制

　中国は、南シナ海の南沙群島海域の岩礁を埋め立てた七カ所の人工島に、港湾、滑走路、工場、軍事・居住の施設などを造営して領有化を宣言した。また、南シナ海での海底油田の探査・開発を進めている。米国は、中国が進める人工島造営や、海底油田の開発は、国際秩序を乱す行為で、中国が主張する領土・領海・EEZなどは認めないとする。だから、対中国の経済制裁や、軍事的圧力を実施していると主張している。

　これは明らかに中国だけを狙い撃ちにした不当行為である。なぜなら、南沙群島の島嶼・岩礁での人工島造営は、ベトナム、マレーシア、フィリピンなども、滑走路、兵舎などの軍事基地を造営して、領有化を宣言しているからである。

　米国が、中国による人工島づくりは、「国際法違反だ」「国際秩序を乱す」として、制裁と軍事的圧力をかける根拠は、**国連常設仲裁裁判所の判決である**

中国人民革命軍事博物館に展示されているDF-21Aと移動式発射装置

る。また、米軍の軍事力を周辺国に見せつけて、中国勢力を排除して米国の影響力を周辺国に及ぼす狙いがある。米国の軍事演習に、（周辺国ではない、無関係の）日本の自衛隊が参加している。今すぐ、対中国を想定した軍事演習に、「**合同演習**」と称して加わる米国への追随は止めてほしいものである。

　これに対して、中国側は、米軍の軍事的な抑圧をはねのける軍事力を供えていることを示すため、対米軍を想定しての軍事演習を実施する。**米中両国ともに、南シナ海の治安と安定のために軍事演習を展開していると主張している。しかし、軍事演習は、周辺国に、軍事衝突勃発の不安と危惧を招いている。**

　■ 2015.10.27、**米国**（オバマ政権）は、「**航行の自由作戦**」と称して、南沙（スプラトリー）群島へ**イージス駆逐艦**「**ラッセン**」を派遣し、中国を監視・牽制した。

　■ 2016.4.18、**中国**は南シナ海での軍事演習を開始した。

　■ 2017.5.25、**米国**（トランプ政権）が、「**航行の自由作戦**」として派遣した**ミサイル駆逐艦**「**デューイ**」は、南沙群島のミスチーフ礁領海を航行した。

　■ 2018.9.30、**米国海軍のミサイル駆逐艦**「**デイケーター**」が、「**航行の自由作戦**」として、南沙群島のガベン礁、ジョンソン南礁の海域を航行した。

■ 2018.10.20 〜 29、**中国**は、マレーシア近海にて、**タイ、マレーシア**と合同軍事演習を実施した。中国の大型**空母**「**遼寧**」、駆逐艦、護衛艦が参加した。

■ 2018.10.22 〜 29、**中国**は、**ASEAN 諸国**に呼びかけて、広東省湛江にて**海難救助合同演習**を実施し、いかなる国も対手としない合同演習を定例化することをめざした。

■ 2019.2.11、米軍第七艦隊から、「**航行の自由作戦**」として、ミサイル駆逐艦の「**スプルーアンス**」「**プレブル**」の二隻が南沙諸島海域を航行した。

■ 2019.5.6、**米軍のミサイル駆逐艦**の「**プレブル**」「**チャンフー**」二隻が、「航行の自由作戦」として、南沙群島の中国のジョンソン南（赤瓜）礁の領海内を航行した。

■ 2019.6.19 〜 20、南シナ海で、日米合同軍事演習。**日本自衛隊**の（空母化される）**護衛艦**「**いずも**」、米海軍の**原子力空母**「**ロナルド・レーガン**」が参加した。

■ 2019.7.3、**中国**が、南沙（スプラトリー）群島の海域で、予告軍事演習として**対艦弾道ミサイル**の発射実験を実施した。ミサイルは、最新式の「**東風DF21**」（空母キラーと称される射程 1500km の大型弾道ミサイル）とされる。

■ 2020.6/9 〜 7/22、**日本自衛隊**の練習艦隊「**かしま**」「**しまゆき**」は、南シナ海で、**米海軍のイージス艦**「**マスティン**、**原子力空母**「**ロナルド・レーガン**」と日米合同軍事演習を実施した。

■ 2020.7.4、南シナ海での軍事演習へ、**米海軍の空母**「**ニミッツ**」打撃群、原子力**空母**「**ロナルド・レーガン**」打撃群を随伴艦とともに派遣した。

■ 2020.7.1 〜 5、**中国**は、西沙（パラセル）群島海域において、**イージス052D 型駆逐艦隊**による、電波妨害下での対空、対艦訓練を実施した。

■ 2020.8.26、**中国**は、予告通り、弾道ミサイル発射実験を行った。ミサイルは四発、**海南島と西沙群島の間の海域**に着弾させた。**グアム島米軍基地**も射程内の**中距離ミサイル**「**DF26B**」や、米空母撃沈可能な**対艦ミサイル**「**東風DF21D**」が発射されたとされる。

■ 2021.8.24、**シンガポール**を訪問したハリス**米国副大統領**は、「**中国**は、南シナ海で威圧と脅迫を続けている」と批判した。

■ 2022.6.27 〜 30、**中国**は、南シナ海へイージス駆逐艦隊を派遣し、軍事演習を実施した。例年定期的に実施すると発表した。

Ⅸ. 国際的に理解を得る領土紛争の解決を

1　日本による尖閣国有化は領土紛争の対立をもたらした

　日本政府（野田佳彦政権）による、尖閣（釣魚）諸島を買上げて国有化（2012.9.11）した事は、事態を一挙に、領土紛争化させる混乱を引き起こした誤りであった。以後の政権も、その誤りを是正せずに、引き継いでいるため、未だ尖閣（釣魚）諸島問題は、解決の見通しが困難な対立の渦中にある。

　尖閣（釣魚）諸島の解決を困難にしている状況は、次の四点である。①日中首脳が、国交正常化の際（1972）、そして平和友好条約締結の際（1978）、「尖閣（釣魚）諸島の領有権の帰結を後日に棚上げし、現状を維持する」との合意をしていたのに、一方的に破った。しかも、日本政府は、「合意はしなかった」との弁明を言い出して自らの非を認めない。②尖閣（釣魚）諸島の買上げ国有化は、日本の領土であることを政府が公認顕現したもので、それまでの現状維持の変更である。首脳面談にて、中国側から、事前に中止の申し入れをしたが、日本は拒否した。③日中両国政府は、それぞれが、「領有権を歴史的にも国際法的にも裏付ける根拠がある」ことを主張してきたが、その主張に基づく領有権の帰結については、「棚上げ合意」のために外交折衝はしてこなかった。④日中両国間の相互理解を求める外交交渉を何ら踏まえずに、日本政府側は、「日本政府の主張が正しく、領土問題は存在しない」「実効支配を強化する」として、外交課題とすることも、国際司法裁判所への提訴・供託も否定する立場をとってきた。

　対して、中国政府は、釣魚（尖閣）諸島の領有権は、国家主権の侵害と歴史認識に関わる根本的問題と位置付けている。日中両国間での外交による話し合いで、紛争を避け平和的に領有権を解決することを第一義とすることを宣言して、日本政府側にも通告した。これを無視して、日本政府側は、「尖閣諸島海域に巡視船を増派して実効支配の実態を強化している」「尖閣有事として、対中国を想定した安保体制の下、南西諸島の自衛隊配備と軍事力強化を推進している」。かくして、中国政府側も、国家主権を守るために日本側に対抗することとなった。「釣魚（尖閣）諸島海域に、海警局監視船を派遣して日本の海上保安庁巡視船に対峙して、実効支配を実行していく」、「日米安保体制に対峙し

て、東アジア海域の軍事防衛の強化を行う」、「石油資源の開発の為の活動を積極的に進める」、「領有権の歴史的国際法的な根拠を国際社会に向けて主張していく」などを次々と実施することとなった。

2　国連総会で、日中両国が、領有権主張の応酬

　2012年9月、日本政府による尖閣国有化に対して、中国政府は抗議を申し入れ、中国本土では日本への大規模な抗議デモが勃発した。尖閣（釣魚）諸島海域には、中国の海警局監視船が派遣され、日本の海上保安庁巡視船と対峙した。その海域には、中国漁船団が大挙して出漁を始め、海上での抗議デモの体を成した。このような領土紛争の存在を示す混乱事態を引き起こした要因と責任が、国際的に問われた。日本政府は、「領土紛争問題は無い。中国による干渉である」として、二国間の外交課題とすることを拒否した。かくて、中国政府は、国際社会に向けて、釣魚（尖閣）諸島の領有権を主張する取り組みを急ぐこととなった。早速、**「国連海洋法条約」**の規定に基づき、釣魚諸島周辺海域を中国の領海と定めた**新たな海図**を国連へ提出した（2012.9.14）。これで、中国の海警船・漁船が、尖閣（釣魚）諸島海域に立ち入ることは、国際法に基づき合法的となる。尖閣（釣魚）諸島の領有権について、日中両国の間で交渉すべき課題となる。

　国際社会に向けて尖閣（釣魚）諸島問題が提起される舞台として、先ずは、**国連総会**となった（2012.9.27）。**中国の楊潔篪（ヤンチエチー）外相**は、国連総会一般討論演説で、「日本は、中国の領土主権を侵害している」と述べ、日本の尖閣諸島国有化を強く非難し、日本政府が、交渉によって紛争を解決する場に戻ることを求めた。演説の要旨は次の通りである。「釣魚（尖閣）諸島は、昔から中国の領土の一部だった。争いようのない歴史的、法的な証拠がある。」「日清戦争末期に島を盗み取り、島やその他の領土を日本に割譲する条約を中国に強制した。第二次大戦後に、カイロ宣言やポツダム宣言などに基づき、日本に占領された釣魚諸島や、他の領土は、中国に返還された。」「日本政府による『島の購入』は、中国の領土主権を侵害している。これは、反ファシズム戦争に勝利した結果を否定するものであり、戦後の国際秩序や国連憲章の原則への重大な挑戦だ。」「中国の主権を侵害する行為を即時に中止し、交渉によって紛争を解決する場に戻ることを日本に強く求める」。（「朝日新聞」夕刊2012.9.28）

　この演説に対して、**日本の児玉和夫国連次席大使**は、答弁権を行使して、要

旨次のように反論した。「日本は、尖閣諸島には中国の支配が及んだ形跡がないことを確認して編入した。それも、日清戦争後の領土割譲を調印する条約より三ヵ月前である。『盗み取った』との主張は成り立たない」「サンフランシスコ条約で、日本は、台湾と附属諸島は中国に返還したが、尖閣諸島は含まれていない。戦後、尖閣諸島は、南西諸島の一部として米国の委任統治とされ、沖縄返還によって、日本に、尖閣諸島の施政権も戻った」「領有権に対する二国間の見解の相違を、戦後処理に結び付ける中国の姿勢は、本質から外れ、非生産的である」。（「朝日新聞」2012.9.29）

　国連総会で、日中両国が領有権の主張を応酬した内容について、実は、事前に相手国がどのような主張をするかはわかって、準備は整えていたようである。何故なら、既に、日中両国は、領有権主張の声明に於いて、歴史的根拠について公表していたからである。すなわち、**1971 年 6 月 17 日、沖縄返還協定調印**をめぐってである。米国から日本へと沖縄返還にあたって尖閣（釣魚）諸島も含まれることに、中国が、「自国領土を侵害するもの」として抗議の声明を行った。一方、日本は、「合法的に尖閣諸島を沖縄県所轄としたのが返還された」との声明をなした。この際の日中両国の声明は、翌年の「領有権の帰属について留保する」との棚上げ合意（1972.9.27）によって封印されて、外交折衝が行われてこなかっただけであった。ともあれ、国連総会で、口中両国は、それぞれに自国の領土であるとして歴史的根拠だけを述べた。尖閣諸島海域で展開され始めた「実効支配を顕現する空海域での巡視」による対峙を、自国の方こそが「正当」とする論理である。しかし、外交折衝を経ていないだけに、相手国との何らの緊急対処も同意が無く、尖閣諸島海域では、軍事的衝突の危惧を孕むのが現状である。また、領有権も、それに基づく実効支配についても、歴史的根拠とともに国際法に依拠して、日中両国のどちらの主張が正当なものかを、国際社会に認められなければならない。その為には、何よりも、外交折衝によって日中両国間の相互理解による解決を追求する取り組みが必然とされる。

3　領土紛争となった尖閣（釣魚）諸島問題について

⑴　諸外国は、「交渉で平和的に解決を」という立場である

a. 米国は、領有権が日中いずれの国に帰属するか特定しない

日本政府が尖閣国有化の動きを執り始め、日中間の対立が必然となった際、

黄尾嶼(久場島)での米軍演習の砲弾破片(琉球大学「尖閣列島学術調査報告」1971.7.28)

最も関係がある米国（オバマ政権）の姿勢は、どうであったか。**ヌーランド国防省報道官**は、日中韓三国からの記者会見で尖閣問題をめぐり質問をされて、次の三点を米国の原則的立場として答弁した。（2012.8.28）①日中双方が互いに自制して**平和的に解決**してほしい、②**尖閣（釣魚）諸島の領有主権**が、日中いずれにあるかを**米国は特定しない**。③尖閣諸島は、沖縄返還以降は日本の施政下にあるので、**日米安保条約の適用範囲**である。この答弁に、中国の記者は、「領有権問題について特定の立場は取らないのに、日米安保条約が適用されるのは矛盾ではないか」と指摘された（「朝日新聞」2012.9.4）。

　確かに矛盾である。領有主権に基づいて施政権を行使するのであって、領有主権が無いのに施政権を行使するのは不法占拠である。米国は実のところ、日中対立の要因となっている領有主権の審判などをやって、敵対される役割は御免であると言う立場である。それに加えて、日本が実効支配をしている限り、尖閣諸島を米軍の戦略に利用し続ける所存がある。米国は委任統治していた沖縄など南西諸島を返還したが、同時に日米安保条約と、それに基づく日米地位協定を適用範囲として施行した。沖縄本島を多大に占有する米軍基地は、沖縄返還後も今日に至るも、戦後一貫して実質的な治外法権であり、日本政府に費用負担を当然とし、基地返還の際は代替地を強いる。

　さて、尖閣（釣魚）諸島の島々の中には、日本政府が、安保条約・日米地位協定によって、米軍に提供している軍事基地がある。**尖閣（釣魚）諸島**は、2012年9月の、私有地買い上げての国有化でクローズアップされた、釣魚（魚釣）島、尖塔島嶼（北小島、南小島）だけではない。離れているが、二番目の面積を持ち、私有地である**黄尾嶼（久場島）**と、国有地の**赤尾嶼（大正島）**がある。米軍は、この黄尾嶼と赤尾嶼を中国名のまま登録して、日米地位協定に基づき、**砲撃・爆撃演習場**として日本政府から提供されている。私有地の黄尾嶼には政府が賃貸料を支払い、米軍に提供している。米国が、原則として唱える尖閣（釣魚）諸島の領有主権に関与しないのなら、**米軍が管轄・実効支配する**のをやめて、黄尾嶼（久場島）と赤尾嶼（大正島）を返還し、手を引くべきであろう。まして、最近は米軍が訓練を実施していないと言うではないか。日米安保条約の

「釣魚島は中国の領土」の意見広告。「ニューヨーク・タイムズ」(2012.9.28)

範囲に確実に入っており、すでに米軍により管轄されているとして、石原慎太郎も、日本政府（野田政権）も、買上げの対象としなかったである。

　ここで、米軍が射撃爆撃演習場としてきた**黄尾嶼（久場島）**と**赤尾嶼（大正島）**を使用しなくなった事由が判った。米軍は、委任統治の時から演習場にしてきて、沖縄返還（1972年）後も、日本政府が、米軍に提供してきた。なぜ1978年6月以降、射撃爆撃演習場として**黄尾嶼（久場島）**と**赤尾嶼（大正島）**を使用しなくなったのか。この時、米国務省が「尖閣領有権をめぐる日中対立を理由に、大正島の演習場を使用停止するように命じた」ことが、米国務省と、在日大使館、在中大使館とが交わした公電から判明した（米国立公文書館）。1978年4月には、中国漁船団が尖閣海域に出漁し、尖閣諸島の領有をめぐって、中国側が一歩も引かず、対立が表面化していた。米国は、演習場を使用すれば、米軍が管轄していることとなり、日本の領有権を認めているとして、領有権に中立（関与しない）という米国の原則に矛盾するからである。当時の**ウドコック駐中国大使**も、国務省に対して「日中いずれかの主張（領有権）に肩入れするような行動を避けるのが米国の利益だ」との見解を示した。「日米地位協定」によれば、米軍が使用しなくなった基地・演習場は返還しなければならない。しかし、日本政府は、尖閣諸島に含まれる**黄尾嶼（久場島）**と**赤尾嶼（大正島）**を、演習場

として差し出して、米軍の管轄として使用し続けてほしいので、返還を求めないわけである。（Rakuten infoseek 47News、2021.6.26）

　このように、米国政府は、尖閣（釣魚）諸島の領有権が日中のいずれに帰属するかは特定しないが、日本が実効支配して施政下にあるので、日米安保条約を適用するとして、領土紛争そのものには関与しないとしている。これに対して、中国政府は、米国民衆へ中国の正当性を啓発する手段を執った。国連総会での一般演説に合わせて、米国主要紙（ニューヨーク・タイムズ、ワシントン・ポスト、ロサンゼルス・タイムズ）に、「釣魚諸島は中国の領土」と題する意見広告を、広告主「チャイナ・ディリー」の名で掲載した（2012.9.28）。見開き全面に渡って、釣魚島の位置と写真を示して、中国の領有権を主張した。その要旨は、次の通りである。「釣魚島は、15世紀には、中国が発見し、命名していた」「日清戦争で日本に奪われたが、第二次世界大戦後に、中国に返還された」「日本による尖閣（釣魚）諸島の国有化は、中国の主権を著しく侵すもので、反ファシスト（第二次世界）戦争の勝利を踏みにじるものである」。（「朝日新聞デジタル版」2012.9.29）

b. 日中双方が、領有権について積極的に発信を競う

　中国政府、及び台湾政権が、「釣魚（尖閣）諸島は中国領である」と国際的に公式表明したのは、米国委任統治から日本への沖縄返還（1971.6.17）の際である。中国外交部は、釣魚諸島の領有権を国際的に公式表明した。「返還される沖縄に釣魚諸島を含めるのは、中国の領有主権を侵害している」「中国領の釣魚諸島を、日清戦争時に日本が奪った」「大戦後の戦後処理として、日本から釣魚諸島は中国に返還されるべきである」（1971.12.30）。さらに、国連加盟後の中国は、常任理事国として、黄華国連大使が国連安全保障理事会（1972.5.18）で、「沖縄返還に際し、中国領土である釣魚諸島を含めた移管を認めない」と通告した。米国が、「尖閣諸島の施政権を返還したのであって、領有権の帰属を日本なのか中国なのかは特定しない」「尖閣諸島の領有権については、日中双方が話し合いで平和的に解決すべきである」との中立の立場をとる背景が判るであろう。

　しかし、当事国である日中両国政府の首班が、日中国交正常化（1972.9.27）、及び日中平和友好条約批准（1978.10.23）に際して、「尖閣諸島の領有権の帰属については論議・決定を棚上げする」「尖閣諸島への対処は現状維持のままとする」ことで合意した。そのため、日中両国政府としては、双方が領有権を表

明しただけにとどまり、外交課題として領有の帰属について論議せず、国際社会へも政府としての公式見解の発信は互いに控えてきた。民間での領有をめぐる研究や運動が提起され始めたぐらいであった。

　ところが、尖閣国有化（2012.9.11）の後、日本政府は、「尖閣領有の帰属に棚上げ合意などしなかった」と信義に反する妄言を述べだした。そして、「日本の領有権は明白で、領土問題は無いから、領有権について発信する必要が無かったのだ。中国が発信するなら、こちらも発信して説明していくという事だ」（藤村修官房長官記者会見、2012.9.28）との姿勢を執った。

　日本外務省は、国連演説の際に準備した内容を整理し、海外での説明用の見解冊子「**尖閣諸島に関する三つの真実**」（2012.10.4）を作成し、在外公館に配布して広報活動を進め、国際会議でも日本の立場を説明していくこととした。「三つの真実」の要旨は、次の通りである。①尖閣諸島は、歴史的、国際法的に日本固有の領土である。清国の支配の痕跡が無いことを確認して、閣議決定で領土に編入した（1895）。東シナ海の石油の存在が指摘されたのを機に、1970年以降、中国は領有権を主張し始めた。②日本政府が尖閣諸島を国有化したのは、平穏安定的な管理のために最善の策である。③中国での反日デモに伴い暴力行為が生じたことは遺憾であり、許せない。適切に対処すべきである。

　この立場で、2012年10月、日本政府（野田政権）の玄葉光一郎外相は、**仏英独三カ国**を訪問して、尖閣諸島問題で、日本の立場への理解を求めたが、不発であったようだ。なぜなら、中国側の見解も在外公館を通じて知らされており、仏英独三カ国とも、中国との関係も大切であり、日本に肩入れはできないとして、いずれも「日中間の交渉で平和的解決を望む」という立場であった（「朝日新聞」2012.10.20）。

　日本政府は、「内閣官房領土・主権対策企画調整室」を事務方として、尖閣諸島研究委託調査委員会を組織して、尖閣諸島に関する資料の整理と調査研究を進めて、次々と冊子にまとめて刊行してきた。領土・主権展示館を設置して啓発活動を進めてきた。対外折衝を担当する外務省は、尖閣諸島についての政府見解、及び中国の主張への反論などをまとめた啓発冊子を数カ国語で刊行してきた。政府与党の自民党を中心に組織された、領土議連（日本の領土を守るため行動する議員連盟、会長新藤義孝）が、自民党政権を支える。そして、冒頭第Ⅱ章で述べたように、何よりも世論に最大の影響を及ぼす学校教育の教科書に、政府・外務省の見解「尖閣諸島は我が国固有の領土であり、有効に支配しているため、（中国の領土主張を否定し）領土問題は存在しない」との見解に基づく

内容のみが記述されることとなる。教科書検定の基準となる「学習指導要領」「学習指導要領解説」の改訂（2014.1.28）を経て、それから毎年、小中高校生数千万人に、中国側の見解・資料を排除して記述せずに、政府見解のみが注入されているのである。これは領土ナショナリズムによる敵愾心を煽り、平和友好関係を破壊する偏向教育である。

一方、中国政府も日本政府の尖閣国有化の動きに対応して、釣魚（尖閣）諸島の領有権についての政府見解と方針を発表した。すなわち、**中華人民共和国国務院報道弁公室「釣魚島は中国固有の領土である」**白書（2012.9.25）。その目次を引用する。**1．釣魚島は中国固有の領土である。**①中国が最も早く釣魚島を発見し、命名し、利用した。②中国は釣魚島を長期的に管轄してきた。③中外の地図が釣魚島は中国に属することを表示している。**2．日本は、釣魚島を窃取した。**①日本は、釣魚島窃取を密かに画策した。②釣魚島は、台湾島とともに日本に割譲することを強いられた。**3．米日が釣魚島を密かに授受したことは不法、かつ無効である。**①第二次世界大戦後、釣魚島は中国に返還された。②米国は、不法に釣魚島を委任管理の範囲に編入した。③米日は、釣魚島の「施政権」を密かに授受した。**4．釣魚島の主権に対する日本の主張にはまったく根拠がない。**日本外務省「尖閣諸島の領有権についての基本見解」（1972.3.8）への反論。**5．中国は、釣魚島の主権を守るために断固として戦う。**国際法に基づき、釣魚島及び周辺海域に対して管轄権を行使している。この中国政府の公式見解は、諸外国の大使、領事により公表された。

さらに、中国政府は、尖閣国有化を強行した日本政府に対して、**程永華駐日大使**を通して抗議するとともに、交渉で解決する軌道に戻ることを希望し、**中華人民共和国駐日本国大使館「釣魚島問題の基本的状況」**を発表した（2012.9.15）。特に、日本側の領有権の歴史的な主張に対して、中国側の反論が述べられている。

また、台湾政権も、外交部「日本が釣魚台列島を占拠した歴史的証拠」を発表した（2012.9.28）。その要旨は、史料を提示して、明・清の時代から、釣魚諸島を中国の領土であり、管轄していたことを証明した。そして、日本が日清戦争時に占拠した釣魚諸島は、日中戦争後、「カイロ宣言」「ポツダム宣言」「日本降伏文書」「日華平和条約」に基づき、中国に返還しなければならないとする。

本著作で、中国側の公式見解として分析したのは、上記の、中国国務院、中国大使館、台湾政権外交部の発表した内容である。台湾政権の場合も、中国に含まれるべき主張として扱った。

⑵　軍事でなく、外交折衝を重ねて平和的解決を

「**第Ⅷ章　敵対的領土ナショナリズムを克服しよう**」で論述したが、尖閣諸島をめぐり、日中両国の対立が解決に向かわない理由は、日本政府が、話し合いを拒否しているためである。すなわち、日本政府の歴代政権は、尖閣国有化を是認し、「尖閣諸島は我が国固有の領土であり、有効に支配している。領土（紛争）問題は存在しない」と言う立場である。これは、尖閣（釣魚）諸島の領有権を主張して外交折衝することを求める中国に対して、領有権について外交課題とすることを、「問答無用と門前払い」しているわけである。中国にすれば、「領有権帰属の論議は留保し現状を維持する」という棚上げ合意を一方的に破棄され、問答無用と突き放されたわけだから、抗議し、領土紛争の存在を訴えるのは道理である。何よりも、領有権は国家としての主権であり、門前払いされて引き下がることなどできないのである。国際社会へ領有権の主張を広報するだけでなく、日本と同様に中国も、釣魚（尖閣）諸島海域で実効支配の実態を顕現しなければならない。日中両国は、お互いが領有権を主張している尖閣＝釣魚諸島周辺において、海域での巡視航行、空域での偵察飛行・戦闘機スクランブルと、緊張状態を強め、それが常態化し、不測の事態が危惧される状況となった。

　日中両国政府は、尖閣＝釣魚諸島の海空域の最前線について、「危機管理メカニズム」が必然、かつ緊急を要することに合意し、二回の**日中首脳会談（習近平国家主席と安倍晋三首相）**を行った。再度、「**合意文書**」（2014.11.7）を確認しよう。尖閣＝釣魚諸島問題に関しては、「**双方は、尖閣諸島など東シナ海の海域において、近年、緊張状態が生じていることについて異なる見解（主張）を有していると認識し、対話と協議を通じて、情勢の悪化を防ぐとともに、危機管理メカニズムを構築し、不測の事態の発生を回避することで意見の一致をみた**」とする。不測の事態とは、事故や武力衝突が想定される。

　さて、「**異なる見解（主張）を有していると認識**」について、「中国の領有権主張と領土紛争の存在を日本側が認めた」ように解釈できるが、そうではない。日本政府側は、「日本領土と言うことに異なる主張をしていることを把握している」とするだけで、その主張する内容を否定し、領土紛争問題として扱う所存は無い。だから、「対話と協議を通じて」は「領有権について」ではなく、「**情勢の悪化を防ぐとともに**」への掛詞である。

　また「**危機管理メカニズムを構築し、不測の事態の発生を回避する**」としながらも、「危機管理メカニズムを構築する」ための具体的なメカニズムに

ついての協議はなされていない。尖閣諸島海域での、中国海警局の監視船と日本海上保安庁の巡視船が、「不測の事態を避ける」判断と行動は、現場サイト任せのままなのである。それは、最近持たれた「**日中防衛相会談**」(2022.6.12)での、日本側の主張に現れている。シンガポールでのアジア安全保障会議の際、**岸信夫防衛大臣**は、中国の**魏鳳和国防部長**と会談した。「尖閣諸島周辺海域を含む東シナ海に於いて依然として**力を背景とした一方的な現状変更の試み**が継続していることに対して、**重大な懸念を伝達した**」とされる。「**力を背景とした一方的な現状変更の試み**」とは、中国海警局の監視船が、尖閣（釣魚）諸島海域を巡視することを「**背景とした**」、日本の実効支配の現状（日本海上保安庁の巡視）を変更させようとする試みと言うわけである。このような伝達を中国側が受け入れる筈がないのである。むしろ、中国が領有化を主張している釣魚（尖閣）諸島を「試みどころか国有化という現状変更を行った」後始末さえする気が無いのが日本政府側である。

　戦後における中国の経済は急進的に発展し、陸空海の軍事力も構築され、その向上は著しい。日本政府は、「尖閣諸島海域において、中国は牽制の域を超え、現状維持の変更（領有化の実行）を企てている」として、「尖閣有事！」などの戦時を想定した言葉が世情に流れる。また、安保体制により、米軍と共同した軍事行動から、「**台湾有事は尖閣有事**」などとの**軍事演習**さえ実施されている。米軍との「**離島作戦**」との合同演習をしているが、この「離島」とは、「尖閣諸島」ではないのか。

　これは、米国が、政治的経済的な覇権を掌握し続けるために、成長著しい中国の進出を抑え込む「米国第一」なる帝国主義的政策へ日本が引き込まれる状況である。米軍の原子力空母ロナルド・レーガン艦隊は、南シナ海、東シナ海、台湾周辺を巡回し、軍事演習を行っている。その軍事演習へ、日本自衛隊も加わってきた。沖縄の米軍基地と連携して、南西諸島への自衛隊基地の増配備が強化されている。敵基地襲撃能力を持つミサイル基地も設営された。2022年9月には、日本政府は、巡航攻撃ミサイルのトマホークも導入し、イージス艦や潜水艦からの発射も計画していることが判明した（「朝日新聞」2022.10.29）。

　かつて、日本は、米軍が展開した朝鮮戦争、ベトナム戦争、イラク戦争、アフガン出動などに、米軍への基地提供という後方での軍事協力をしてきた。「台湾有事は尖閣有事」などと、中国を敵視した軍備増強・軍事演習を進めることを危惧する。「台湾有事」が引き起こされれば、沖縄の在日米軍が出動し、「安保体制」により、日本の自衛隊も、沖縄・南西諸島を最前線として日中戦争に

突入することとなる。「後方」「中立」ではないのである。そのような「安保体制」を前面に出して、**「尖閣有事には米軍の出動を」**などと、対中国の対立を煽ることで中国を牽制しようとする策動を止めるべきである。対中国の敵愾心を煽り、戦争の危機をもたらすことを避けようではないか。簡単である。多大の国費を負担して、巡視船の増派も、ミサイル基地も、トマホークも必要はない。**「尖閣国有化は、日本の主張の実行であった。しかし、中国の領有権主張を否定せず、話し合いをする所存である」**と通告をすればよいのである。これは、軍事対立からの戦争の危惧を回避し、平和的な外交折衝により、最大の貿易・友好国としての中国との関係を大切にする姿勢を明示するからである。

4　友好共益で、漁業協定、資源の開発を進めよう

(1)　急遽結ばれた「日台漁業協定」の現状

　日本政府による**尖閣国有化**は、それまで棚上げされていた、尖閣（釣魚）諸島をめぐる領土・領海・EEZ（排他的経済水域）が、日中台の三者で争われることとなった。中国、そして台湾政権も加わって、対日本へ「釣魚（尖閣）諸島は中国領土である」と領有権を主張する行動が加速される状況に、日本政府（野田政権）は、中国と台湾政権との実質的な連携状況を何とか分断させようとした。

　すでに、日本は、1996年6月の**「国連海洋法条約」**批准に伴い**排他的経済水域（EEZ）**の境界線の策定について、周辺国家との協議を進めた。この時に中国との間では、「**日中漁業協定**」の改訂は実施できた（1997.11.11）。尖閣（釣

台湾巡視船とともに台湾漁船40隻が来て、日本保安庁巡視船と対峙した。（「朝日新聞」2012.9.25)

魚）諸島海域については、日中両国間で領有権帰結を棚上げする合意ができていたからである。

　しかし、海域がより近接する台湾政権との協議は、なかなかまとまらなかった。釣魚諸島の領有権のこともあるが、近接する**先島諸島海域では、日台双方が主張するEEZが重なり合っていて、しかもマグロなどの好漁場で、水域の譲歩や、漁期・漁法・漁獲高など協議がなかなか折り合わなかった**からである。台湾政権も、領有権問題を前面に立てると尖閣諸島周辺の海域で、巡視船との対立もあり、肝心の漁撈が困難になっている現状を改善したいという意図があった。

　一方で、日台間の経済活動は順調で、貿易や企業の投資が活発で友好的であった。**日本外務省（玄葉光一郎外相）**は、民間ルートにより、財団法人**交流協会（大橋光夫会長）**を通して、台湾の**亜東関係協会（廖了以会長）**へ、中断されていた日台漁業協定の協議の再開を急遽申し入れた。**亜東関係協会**は、東日本大震災への台湾からの義捐・支援活動の窓口ともなり、日本国内で、台湾への友好関係の世論は高まっていた。この日台漁業協定の協議は、野田政権に代わって成立した**安倍晋三内閣**（2012年末）に引き継がれた。尖閣＝釣魚諸島の領有権の主張が対立しているため、日本と台湾が領有権の帰属を棚上げして、「**日台漁業協定**」を締結した（**2013.4.10**）。

　国家間の条約のようだが、通称であって、正式には「**公益財団法人交流協会と亜東関係協会との間の漁業秩序の構築に関する取り決め**」である。一つの中国（台湾は中国の一部）の立場から、日本と台湾とは政府間の協定を締結できないため、民間交流団体による協定の形態を執ったのである。私などは、この民間の形態からヒントが湧く。領有権をめぐる歴史認識についてなどは、いきなり政府間での外交折衝の課題にして論議するのは無理がある。政府が一歩下がって（対立を前面に出さずに）仲介して、民間歴史研究の日中交流の場を持てばどうだろう。日中両国の政府は、その研究交流の内容・進行状況を参考にすればよかろう。少なくとも、日中両政府の主張に対する、誤解については解かれ、相互の理解が深まることは確実である。

　さて、「**日台漁業協定**」の内容で、難問となったのは、尖閣諸島の領有権の帰属である。これが日台間で合意がされなければ、領海・EEZも、それが重なる海域での中間線も定まらない。そこで、領有権主張を棚上げ（留保）した結果、「**法令適用除外水域**」なる水域を設けたのである。**北緯27度以南の尖閣諸島を含む先島諸島近海までを「法令適用除外水域」とする。**この水域では、日台両方の監視船は、**自国の漁船は取り締まるが、相手側の漁船は取り締まらずに、**

自由操業させるというものである。ただし、尖閣（釣魚）諸島の「領海」内は、日台両方の漁船も立ち入って操業させない（これで日本の領有権を保持していると苦しい自己弁護であろう）。尖閣（釣魚）諸島海域は、マグロ・サバ・鯛などの好漁場である。漁労期には、日本から、そして中国本土、台湾から漁船がやってくる。日本政府は、尖閣国有化を行った当初は、中国と台湾の漁船への対処に四苦八苦した。国有化を行った関係で、中国、台湾の漁船を厳しく退去させなければならなかった。日本の巡視船が優勢なら、放水をして漁船を追い立てたりした。

　このように尖閣（釣魚）諸島海域から退去させようとするとする日本の巡視船に対抗して、中国、台湾の漁船は、自衛のため大挙して船団を組んでやってくる。その漁船団を守る中国、台湾の監視船は、一緒になって日本の巡視船と対峙してきた。今日では、中国海警局の監視船は、日本保安庁の巡視船よりも、船数も装備も優勢である。放水などして、トラブルを起こす所業などとんでもない。

　さて、実利を優先した台湾側は、すぐ結論の出ない領有権主張を棚上げして、「**法令適用除外水域**」を設けることで漁業協定を受け入れたのである

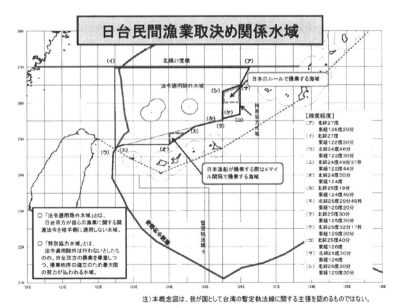

注）本概念図は、我が国として台湾の暫定執法線に関する主張を認めるものではない。

　資料　外務省作成「日台民間漁業取決め」関係水域概念図（2014年4月現在）
　　　出典：外務省中国・モンゴル第一課・第二課「最近の日台関係と台湾情勢」（2014年4月）より。なお同資料
　　　　　には、「日台民間漁業取決め：日台実務協力関係の充実を示す歴史的意義」との表題が付く。

（2013.4.10）。

　早速、協定の運用が開始された5月10日には、台湾漁船が十数隻、尖閣諸島の海域で操業を始めた。一回り小型の沖縄漁船団は、トラブルを避けて離れた海域で操業していたという。共存共栄で漁業を実施するには、共通操業のルール（漁期・魚種・漁法・漁獲量など）が双方の漁業組合間で合意しなければならないが、経験を重ねて継続協議する課題とされた。そのため、双方は**日台漁業委員会**を設置して協議していくこととした。

　ところで、漁撈時期には、中国の漁船団も、尖閣諸島も含めた東シナ海全域に大挙してやってくる。日本政府が尖閣国有化を行ってからは、中国海警局の監視船は増派され、釣魚（尖閣）諸島に対する実効支配の顕現の為に巡視活動を行うし、漁船の保護・臨検も行うようになった。中国監視船は、台湾の漁船は自由に放置するが、もし日本漁船を見れば臨検の対応を行なおうとする。

　それを阻止しようとする海上保安庁の巡視船とが対峙することとなる。日本政府が、中国と台湾との分断を策した「**日台漁業協定**」を、中国側は、台湾政権が釣魚（尖閣）諸島の領有権そのものを放棄しない限り、静観する。台湾を中国の一部とする立場からは、日本が台湾へ譲歩した協定は、中国に含まれる一部地域に漁業権を譲歩したことと見なされるからである。

　なによりも、為政者側の立場からの政策だけでは、政権の違いで分断しても、人民を分断などできないのである。歴史の流れの中で、統治政権の違いのために、一つにまとまるべきなのに、中国本土と台湾とに人民が分離されて生活しているだけである。「釣魚（尖閣）諸島は中国領土である」という中国、台湾の政権が共通する主張を支持する中国人民にとっては共通する「正義」であり、その人民の認識までは分断できない。しかし、その人民の認識は、日本でも同じである。「尖閣（釣魚）諸島は日本領土である」という日本政府の主張を支持する日本人民にとっては「正義」である。

　この場合は、日中両国どちらも、「」付きの正義である。歴史的根拠を、相互に検証・論議をしていないし、外交での折衝も一切していないから、相互理解を経た認識ではないからである。

⑵　「日中漁業協定」では、尖閣（釣魚）諸島海域は例外である

a. 国家間の信義と、国際法を遵守すべきである

日中国交正常化（1972）以前、日本は、台湾蒋介石政権（中華民国）を唯一

の中国と見做していたので、中国（中華人民共和国）との政府間交渉・協定はできなかった。双方に必要な課題であるだけに、民間団体の、日中漁業協議会（日本側）と中国漁業協会との間で、東シナ海、黄海での漁業取決め「**日中民間漁業協定**」が結ばれた（1955.4.15）。この協定は、二回の改訂を行った（1963.11/9、1965.12/17）。やっと、国交回復での「日中共同宣言」第９項「貿易・海運・航空・漁業に関する協定の締結の為の交渉」に基づき、日中両国政府間の正式な「**日中漁業協定**」が締結された（1975.8.15）。東シナ海、黄海で、自国の漁船に対して相互に責任を負う（違反取締り）ものであった。

　海洋における国家間の取り決めは、沿岸国の権益を利する方向へと、さらに進んだ。まず、漁業に限定せず、海底資源の開発、海底電線、海底パイプラインなどの権益を管轄する国家間の同意を「**大陸棚に関する条約**」（1958 年採択、1964 年発効）で規定した。また、他国からの遠洋漁業に対して、自国周辺海域に**領海**に加えて権益水域を広げ（200 海里 =370.4km が多数）、水産や海底の資源を自国の利益として保全しようとする政策が各国に広がってきた。先の大陸棚と合わせて、200 海里権益水域を、**排他的経済水域（EEZ）**として国際法にしようとする始まりである。日本政府も、200 海里を自国の管轄水域とする法令（「漁業水域暫定措置法」1977 年）を決めて、侵入する外国漁船を排除し取り締まることとした。やがて、国際的ルールとして、**排他的経済水域（EEZ）**の境界線を策定する規定として「**国連海洋法条約**」が定められた（1982 年採択、1994 年発効）。排他的経済水域（200 海里）、大陸棚（350 海里）は、隣国と重なり共有する部分がでる場合がある。その場合は、重なり共有している範囲を共同漁業水域としたり、その重なる範囲の中間線を境界とするなど、両国との合意の下で決定することとされる。

　この「**国連海洋法条約**」を批准した（1996 年６月）日本は、周辺国家と協議を始めた。黄海については、中国と北朝鮮・韓国との EEZ で一杯となり、公海の余地など無く、日本は出漁できなくなった。したがって、従来の「日中漁業協定」（1975）で改訂すべき対象は、東シナ海全域についてだけとなった。

b. 尖閣（釣魚）諸島の領有権の棚上げで安定していた

　改訂された現行の「日中漁業協定」（1997.11.11）の内容は、次の通りである。具体的な内容や問題が生じた場合は、日中共同漁業委員会を開き、協議する。①日中双方が合意した、それぞれの**相手国の排他的経済水域（EEZ）**においては、相互入会して操業できる。その場合、相手国の許可書を得て、相手国の法

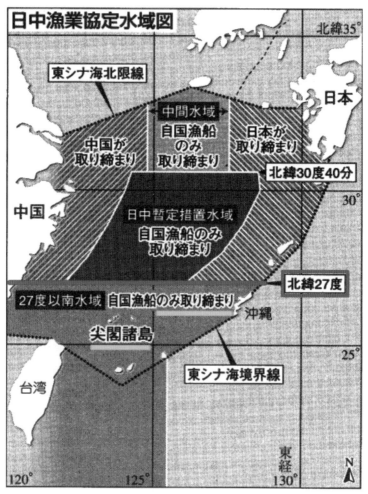

日中漁業協定水域図(リブインピース参考)

令・操業条件に従わなければならない。沿岸国は、違反する相手国の漁船に対して、自国の法令に基づき、拿捕を含む必要な措置を執ることができる。②中間水域においては、日中双方は、自国の漁船のみ取締りの権限を有する。韓国の排他的経済水域と抵触する箇所があり、「日韓漁業協定」との調整が必要である。③暫定措置水域においては、日中双方の漁船が操業できるが、操業条件は、日中共同漁業委員会が決定する。日中両国は、自国の漁船についてのみ、

取締りの権限を有する。日中双方の大陸棚限界を決定する海溝が全く食い違っており、中間線も決定できずに、「暫定措置水域」が設定されたのである。④（北緯27度以南の）**例外水域において**。「日中漁業協定」で、排他的経済水域（EEZ）を決定しない例外水域とされた。すると自国領の島嶼の領海だけが管轄水域となる。ただし、混乱を避けるために、「**相手国民に対して、当該水域では漁業に関する自国の関連法令を適用しない**」（小渕恵三外務大臣と徐敦信特命全権大使との往復書簡）が、実際には国際信義で運用されて、自国の漁船のみ取り締まることとされてきた。

　さて、「④（北緯27度以南の）**例外水域において**」を注目しなければならない。この水域には**尖閣（釣魚）諸島**が含まれている。尖閣（釣魚）諸島の島々には、それぞれ領海（12海里）と接続水域（12海里）と排他的経済水域（200海里）の権益が設定できる。この時期、日中両国は、「それぞれが領有を主張するが占有はしない」という棚上げ合意を尊守していた。当然、その領有権益の帰属を未決として、そのような水域が日中いずれの国が管轄するかを明示できない。さらに、大陸棚限界を決定すべき海溝をどれに比定するかが食い違ったままである。日本側は、**南西諸島東側の琉球海溝を大陸棚限界**と主張する。これならば、日本領土の南西諸島は、大陸棚を中国と共有しているとして、それぞれの国の領海基線からの中間線を大陸棚・排他的経済水域の境界に設定できて、日本側に有利である。しかし、中国側は、**釣魚（尖閣）諸島東側の沖縄海溝（トラフ）を大陸棚限界**と主張する。釣魚（尖閣）諸島は、中国の大陸棚の水域内に含まれるのである。更に、加えて、台湾からの大陸棚・排他的経済水域によっても（台湾は中国の一部である）、釣魚（尖閣）諸島は、中国の水域内に含まれるのである。こうして確実に、釣魚（尖閣）諸島は、中国の排他的経済水域に含まれて、中国は、「**国連海洋法条約**」に基づき、釣魚（尖閣）諸島の領有権の主張も有利に展開できるわけである。こうして、日本としては、尖閣（釣魚）諸島の領有権を第一義に優先すれば、合意が困難となった。それでも「**日中漁業協定**」は必要として、「**北緯27度以南を例外水域**」として、日中両国の友好的な国際信義に任せることになったのである。この時期、釣魚（尖閣）諸島の領有権の帰属について棚上げ合意があったからである。

　すると、お気付きであろう。尖閣（釣魚）諸島沖で漁をしていた中国漁船が、日本の海上保安庁の巡視船に、「領海侵犯」として咎められ、逃走時に巡視船に衝突したので、拿捕したとの事件である（2010.9.7）。「**日中漁業協定**」によれば、また釣魚（尖閣）諸島の領有権「棚上げ」合意によれば、日本の巡視船が、

「領海侵犯」とか臨検だとかで中国の漁船を咎め、追い回すのは、国際法にも、両国首班による合意にも反した、最前線現場の行き過ぎた行為であった。領土ナショナリズムに煽おわれることなく冷静に判断すべきであった。

　現在、日本政府は、「**尖閣諸島は、歴史的にも国際法上も明確に日本固有の領土であり、（国有化して、）有効に支配している。解決すべき領有権の問題は存在しない**」という立場をとっている。これは、「尖閣諸島領有権の帰属についての話し合いは先延ばしにして、現状維持をする」という、日中両国首脳の「棚上げ」合意を、「そんな合意は無かった」などと言い出した国際信義に反する、国家威信を傷つける恥ずべき立場である。既に論述したように、尖閣（釣魚）諸島が「日本領土」とは、「歴史的にも、国際法上も明確に立証されていない」のである。「日清戦争時に、中国から強奪した」との、中国政府の指摘に、問答無用と外交課題にしない態度である。

　領土とは、国家そのものの基盤であり、決して譲れない国家主権である。両国間の外交・折衝と言う手段が相手国に拒否されれば、国際世論に訴えながら、また有効支配と言う行動によって領土問題の存在を明示して、外交・折衝を求めるのが、平和的な解決への道である。また、領有権の帰属について外交・折衝で結論が出てなくても、再度（新たに？）「領有権帰属を棚上げ」して、漁業協定が締結できることは、すでに「日中漁業協定」「日台漁業協定」が締結されたことで明白である。政府も最前線の現場も、統一して行動できるように、「日中漁業協定」で、尖閣（釣魚）諸島が含まれる（**北緯27度以南の）例外水域**」について、今すぐ、台湾政権と結んだ「**日台漁業協定**」の内容を、「日中漁業協定」改訂にも反映する外交を行うのが望ましいと言えよう。合意できることを一つずつでも積み重ねていけば、尖閣（釣魚）諸島の現場での緊張関係は和らぎ、大きな課題も解決する展望が開けるのである。

⑶　東シナ海の石油・天然ガスの開発を進めるために

a. なぜ、何十年も調査・開発は停滞しているのか

①EEZの境界を対立したまま、牽制し合う現状
　東シナ海における日中両国の**排他的経済水域（EEZ）**の境界は、日本政府側の主張する**領海基線より200海里**だけでは決定できない。合意できていない二つの争点の為である。まず、日中双方（台湾を含む）の領土からほぼ中央に

位置する**尖閣（釣魚）諸島の領有権**が未解決である。当然、尖閣諸島の領海基線からの200海里が生じるからである。次に、中国政府が**大陸棚による境界とする沖縄トラフ（海溝）**を日本政府が否定しているためである。逆に、日本政府が提案する、日中双方の200海里の重なり合う**中間線境界**を中国政府が否定している。このような政府間の応酬に、待って居られないのが、漁業を日々の生業とする日中台の漁民である。生活が成り立たないので、争点を棚上げして何とか出漁だけはできるようにしてほしいと、自国の政府へ要求する。こうして、政治より経済が優先され、日中両国は、「**暫定水域**」や「**例外水域**」を設けて、「**日中漁業協定**」「**日台漁業協定**」が結ばれたのである。

　しかし、石油・天然ガスの調査・開発を実行するとなると、「**暫定水域**」とか「**例外水域**」を設ける手段は通用しない。漁期など通過的に巡視船が監視するようなことでは対処できないのである。石油・天然ガスの調査・開発では、定着した**プラットファーム（海上施設）**を設営しなければならない。石油よりも採掘しやすい天然ガスの場合も、液化天然ガスへ冷却変異させる工場設置と輸送手段も必要である。東シナ海では、このような多大の設営投資をして、採算が合うだけの石油・天然ガスの埋蔵量があるのかどうかを確認しなければならない。1960年代、**東シナ海の尖閣（釣魚）諸島などの海域で石油・天然ガスが豊富に埋蔵されている**との学術発表もあり、尖閣（釣魚）諸島の領有権も焦点化した。1968年の国連エッカフエ（極東経済委員会）の調査や、日本側も三度に渡る調査（1969〜71）では、**1,095億バレル**（原油換算）と有望視された。また、**レアメタルなどの海底熱水鉱床の調査**も期待されてきた。ところが、最近のより正確な調査を基に、経済産業省石油審議会が試算したところ、約32.6億バレルと、当初調査時の30分の1に激減してしまった（1994年）。すでに、中国側が調査試掘していた箇所（日本主張の中間線より中国側水域）のデーターでも、埋蔵量は**1.8億バレル**しかなかった（2008）。1バレル=159ℓ＝価格60〜80弗（2022年相場）である。それに、もっとも期待される尖閣（釣魚）諸島周辺の海域は、調査どころか立ち入り禁止である。これでは、とても採算が合わない。日本のエネルギー関係の企業は、投資も、ましてや開発に参画することに躊躇することになる。

　それに比して、近距離輸送ができる、**ロシアのサハリンⅡの油田・ガス田開発事業**に、ロシアが投資を呼びかけるや、その確実な埋蔵量の豊富さ（ガス田**95.2億バレル**）、液化天然ガス（LNG）への工程も見込み済みという事で、ヨーロッパとともに、日本企業は競って投資と輸入の契約に走ったのであった。

　それでも、天然ガス開発について、初めて日中政府間で合意がなされたことがあった。**日本（福田赳夫内閣）と中国（胡錦濤国家主席）との政治的な決断であった。2008 年 6 月 18 日、日本外務省は記者会見を開き、「東シナ海における日中間の協力について」** として、「東シナ海における共同開発」「白樺（春暁）油ガス田開発」を大々的に発表した。「日中双方は、日中間で未だ画定されていない東シナ海を平和・協力・友好の海とするため、……境界画定が実現するまでの過渡的期間に於いて双方の法的立場を損なうことなく、協力することにつき一致し、そして、その一歩を踏み出した。今後も、引き続き協議を継続していく」（日中共同プレス発表）。

　日本のマスコミも、翌日、「ガス田開発で日中合意」を評価する立場で報道した。「朝日新聞」より抜粋しよう（2008.6.19）。見出しに、**「ガス田開発」「互恵の障壁処理優先」「中間線論争は棚上げ」** とある。本文でも、「日中関係に刺さっていた棘がようやく抜けた。東シナ海のガス田について、**日本両政府は、主権を棚上げする形で共同開発することに合意した」「合意内容で注目されるのは、日本側が主張する『日中中間線』の中国側海域で、03 年に中国側が先行して開発に着手した『白樺（中国名春暁）』の取り扱いだ。両国は、中国企業に日本法人が出資する形で開発に参加することで一致した」「高村外相は、こう語った。『どんな困難な問題でも話し合いで解決できる好例となった。戦略的互恵関係の大きな成果だ』」**。また社説でも取り上げる。「**現実的な妥協ができた。**……海底資源などの権利を主張できる排他的経済水域の線引きに絡んで、長くもめていた問題だ。厄介な線引きを棚上げし、何とか妥協にこぎつけたのは良かった。合意の対象は、二か所の開発だ。すでに稼働直前の段階にある**白樺ガス田**について、日本側が中国の開発会社に出資し、出資比率に応じて利益を分ける。もう一つは、日本側が主張する両国沿岸からの中間線をまたぐ海域で、新たに日中折半で共同開発する。**双方が日中関係の全体をにらんで歩み寄ったという事だ」**。

　一方、中国政府の立場や対応を次のように伝える。「中国側は 18 日、記者会見を設定せず、中国外務省のホームページで、姜副局長が談話を出す形で合意内容を紹介するにとどめた。中央テレビも……ニュースの終了間際に一分足らず談話を読み上げただけだった」「（姜副局長は 17 日定例会見で）春暁ガス田は中国の主権の範囲内にある。共同開発とは関係ない。いわゆる（日本政府の主張する）**中間線を認めない中国側の立場に変化はない**（と明言した）」。この中国側の態度は、日本側主張の**中間線**は認めないし、中国側主張の**大陸棚・排**

他的経済水域なら中国の主権内の問題として日本側を相手にしないところである。しかし、ガス田開発でもめるのを避けるために、日本側も文句の付けようがない日本主張の中間線の中国側と言う場所で、天然ガスの調査・開発を進めてきた。日中の友好関係の為に、日本が投資で関わることに譲歩しているという形である。

　このように日中双方が、排他的経済水域の境界についての主張の違いを棚上げして、天然ガスの調査・開発への一歩を踏み出したが、座礁してしまった。尖閣（釣魚）諸島海域で生じた中国漁船の拿捕事件、尖閣国有化問題などの政治的な対立が惹起され、日中の経済への不安がある。レアメタルなどの海底熱水鉱床の埋蔵も期待される尖閣（釣魚）諸島海域が現状では立ち入り禁止である。日本エネルギー企業は、東シナ海の資源の調査・開発へは動かない。むしろ、三井物産、三菱商事は、2009 年より始まった**ロシアのサハリンⅡでの油田・ガス田の開発事業**へ投資した。東京ガス、西部ガス、九州電力などの企業が購入契約を行った。すでに、サハリンⅠの事業へは、伊藤忠商事、丸紅などの一般企業とともに政府経済産業省も加わる合弁企業が投資をしている。それに比して、東シナ海の油田・ガス田への投資は採算の見通しがないとして企業が参画しなかった。

　ところが、2022 年初めからのロシアによるウクライナ侵攻に抗議する欧米諸国などによるロシアへの経済制裁、これに日本も加わった。サハリンの石油・天然ガスの事業から、米国のモービル、英国のシェル、EU のエクイノールなどの企業が撤退した。対して、ロシアは、サハリンでの事業を運営する企業を新たに組み替えることとした。サハリンⅡで生産される液化天然ガス（LNG）の 6 割は、日本に供給されており、供給が止まれば、都市ガス、発電に大混乱が生じるため、日本側は事業からの撤収は考えてこなかった。液化天然ガスは、原油や石炭と違って、備蓄などは困難なため、新たな取引先を見つけてから、しかも大量を高値で購入しなければならない。インドの企業も撤収しないし、中国の企業が参画予定であった。日本は、引き続きロシアの新企業の事業に参画する希望を保持した（「朝日新聞」2022.6.30）。ロシアのサハリンⅡの事業運営を引き継ぐ新企業が 8 月 5 日に設立され、投資や、価格や供給量などの条件は、前の契約と同じにするとの連絡が届いた。撤退しないで待っていた日本企業は、相次いで契約を再締結した。経済・生活を動かす心臓とも言うべきエネルギー資源を自国で賄えない日本が、エネルギー資源の取引を経済制裁に加えることなどは無理であり、主導権はロシア側に掌握されたのである（「朝

日新聞」2022.8.26)。

②中国の進める開発事業では限界がある

　先述したように、東シナ海における石油・天然ガスの埋蔵量は、国連エッカフエ（極東経済委員会）の調査（1968年）や、日本側の調査（1969〜71年）では、1,095億バレル（原油換算）と有望視された。ところが、1994年時、より正確な調査を基に、経済産業省石油審議会試算したところ、約32.6億バレルと、30分の1に激減してしまった。また、2008年時に、中国側が天然ガスを試掘していた箇所では、埋蔵量は1.8億バレルしかなかった。

　現在、中国が天然ガスの調査・開発を進めている海域は、**上海、寧波、温州**の沖である。海域に設営した**プラットファーム（海上施設）**は、**平湖ガス田**（1999年）、**春暁ガス田**（2004年）を初めとして、2008年に5カ所、2015年には16カ所18基施設に及ぶ（外務省ホームページ）。新聞報道を読もう。「**中国ガス田開発12基増**、東シナ海。政府は22日、東シナ海での中国によるガス田開発の現状を示す航空写真や地図を外務省のホームページで公表した。菅義偉官房長官は記者会見で、日中中間線の中国側で2013年6月以降に新たに12基の構造物が確認され、既に確認済みの4基と合わせて**16基になった**と発表。『一方的な資源開発は極めて遺憾だ』と批判し、中止を求めた。……政府内には、『ヘリや無人機の展開拠点として利用する可能性もある』（中谷元防衛相）との見方が出ている」（「日本経済新聞」2015.7.23）。

　「日本、ガス田監視強化。東シナ海、中国生産兆候7基に。中国が、東シナ海のガス田開発をめぐり、日本政府による七月の海上施設16基の写真公表後も、4基でガス生産などを進めていることが16日、明らかになった。……開発の動きが確認された4基のうち2基では**ガスが出ていることを示す炎が新たに上がった**。別の1基は今年五月時点では土台だけだったが、移動式の掘削施設が設置され、もう1基では海中に延びるパイプが増設された。海上自衛隊の哨戒機が九月に入ってそれぞれ確認した。生産施設からの炎は、これまでも樫（中国名天外天）や平湖、八角亭など5基で確認されており、**ガス生産の兆候が見られるのは計7基となった**。掘削中の2基についても、ガス生産が始まるのは、時間の問題だとの見方もある」（「東京読売新聞」2015.9.17）

　中国側が、この海域で石油・天然ガスの調査・開発を進めてきた理由は二点推察できる。①日本との領土紛争が惹起される尖閣（釣魚）諸島海域や、日本主張の経済水域200海里（EEZ）を避けて、中国も独自に船舶を出して調査し

てきて、**寧波**などの沖に天然ガスの埋蔵が確認できた。②この海域では、中国本土の工業地帯へ**プラットファーム（海上施設）**から汲み出した天然ガス・石油を海底パイプラインで、便利に輸送できるし、一部では、天然ガス生産を本格化して海底パイプラインで輸送を始めていると推察される。

　そして、何よりも天然ガスが産出されれば、近接して石油の油田が発見される可能性が高いとされるから、調査・開発を活発に進めているわけである。

　天然ガスの調査・開発を進めてきた海域は、日本側が主張している 200 海里境界においても、中国側が主張している大

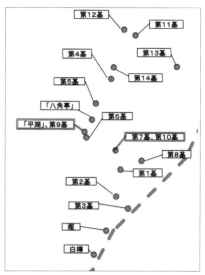

EEZ中間線境界の中国側水域(外務省)

陸棚境界においても、どちらの主張の場合でも中国側の排他的経済水域の中国側の境界内である。したがって、日中両国の間で、排他的経済水域の境界で合意できていない現段階でも、この海域で中国側が調査・開発を進めても、何ら国際法上でも問題は無く正当とする立場である。日本政府が、「中国が東シナ海（日本政府の主張する排他的経済水域の境界中間線付近）で一方的な開発を進めていることは遺憾である」と抗議してきたが、中国政府は、これを一蹴した。中国外務省の王文斌報道官発言「中国側の東シナ海におけるガス田の開発は、いずれも争う余地のない中国側が管轄する海域で行っている。日本はあれこれと言うべきでない」（2022.6.24 記者会見）。

　それなら、日本も単独で、**上海、寧波、温州**の沖の中間線境界より東の日本側海域に**プラットファーム（海上施設）**を設営して開発ができると思っているなら間違いである。その海域は、中国側が主張する大陸棚・排他的経済水域の内である。また、中国政府は、日本側の主張する 200 海里排他的経済水域の中間線境界を認めていないのである。

　もし、中国側が譲歩して 2008 年合意に戻って境界画定を棚上げできたとしても、日本企業が設営できたとする**プラットファーム（海上施設）**から、日本の南西諸島へのパイプラインは敷設できない。途中に**沖縄トラフ**と言う海底の障壁がある。天然ガス輸送の大型冷凍船を横付けできる大型の**プラットファー**

ム（海上施設）を設営するなど設備投資だけでも多大で、開発事業での見通し
が無く、とても採算が合わない。

　この海域では、中国側の石油・天然ガス企業への友好的な投資をするやり方
しか方策がないのである。しかも、この海域では、まだ本格的な油田の採掘に
成功した情報が乏しい。それ故、日本経済界は、東シナ海での事業展開に呼応
せずに、ロシアのサハリンⅠ・Ⅱへの事業投資や、石油・天然ガスの購入を選
択してきたことは先述した通りである。

b. 日中両国の友好共益で、尖閣（釣魚）諸島海域の開発を進めよう

①「合意文書」を守り、緊張状態を解く協議を

　この現実から、日中両国が領有権の帰属をめぐって対立している尖閣（釣魚）
諸島海域には日中双方が「現状維持」として触らぬままにしていることに気が
付くであろう。この海域こそ、調査では石油・天然ガスの宝庫として重視され
ているからである。20億5000万円もの多額の国庫税金で購入し国有地とし
た尖閣（釣魚）諸島中核の**魚釣島・北小島・南小島**は、現状維持（立ち入り禁止）
のために、日中両国の巡視船が対峙しながら周辺を監視する日々である。大陸
沖合と黒潮の流れで好漁場であるが、せっかくの**「日中漁業協定」**も、尖閣諸
島の領有権や、それと関わる**200海里排他的経済水域の境界**もあり、「協定外」
区域としなければならない矛盾を抱える。日中双方の漁船は、自国側の巡視船
に守られながらの漁労であり、不安定である。また、**尖閣（釣魚）諸島東端の
久場島・大正島**は、在日沖縄米軍の爆撃・砲射撃地として提供されており、最
近は実際には使用されていないが、立ち入り禁止である。

　実のところ、尖閣（釣魚）諸島海域が「石油・天然ガスの宝庫」との専門的
な発表がなされた時、沖縄返還前だった琉球政府と地元人民は歓喜した。琉球
政府は、尖閣諸島の領有権を声明した（1968.9.17）。石油・天然ガスの宝庫を
抱えた日本一の裕福な自治体になる可能性に包まれたからである。しかし、中
国、台湾政権による尖閣（釣魚）諸島の領有権主張を前にして、調査・開発を
始めることさえ手つかずのままストップした。

　その当時に**「うるま資源開発」**（1973.11）なる企業が結成された。日商岩井（現
在の双日）を中心に、コスモ石油、アラビア石油が加わって設立し、尖閣諸島
海域の資源開発を最初に行う「先願権」を保有する。日中両国政府が領有権の「棚
上げ」合意をしたため、「先願権」を「試掘権」に切り替える申請も許可され

ず「棚上げ」されてき
た。尖閣諸島の領有権
の決着を先延ばしにす
るという「棚上げ」合
意だったのに、日本側
が、いきなり尖閣国有
化 で、(2012.9.11) 領
有権を決着させる行為
をしてしまった。その
ために、実効支配の顕
現の為に、日中双方の
巡視船が対峙しあうこ
ととなった尖閣諸島の
海域で、調査・開発事
業を進めることなどは
困難である。現在、「う

平湖(1999年)と結合した第9基(2015年3月)。ガスの生産とパイ
プラインで輸送が進む。外務省公表。

るま資源開発」は、双日の社員が窓口担当をしている名目だけの企業である。

　さて、尖閣（釣魚）諸島海域での漁業、海底資源開発の為には、やはり日中
両国間で領有権問題について対処しなければ一歩も進まない。日本政府は、「尖
閣は日本固有の領土」との立場から、外交課題とすることを拒否してきた。ま
た中国も、領有権を主張してきたが、日中両政府が領有権の帰属を先延ばしに

する「棚上げ」合意を
踏まえて、「日中漁業
協定」に於いて、尖閣
（釣魚）諸島海域では、
日中双方の漁船が自由
操業できる区域として
きた。

　そして、日本政府は、
台湾政権と新たに締結
した「日台漁業協定」
でも、尖閣（釣魚）諸
島海域は、「暫定措置」

中国公船と漁船の状況（2006年8月6日、海上保安本部）

で日台双方の漁船が自由操業できる区域とした。日本政府は、尖閣国有化した後でも、領有権行使を「棚上げ（留保）」したのである。日中両国の漁民たちが、尖閣（釣魚）諸島海域を好漁場として漁業をしてきたのは、はるか昔からで、領土・領海・排他的経済水域などの国際法確定以前からである。国際法の適用は、この実態に合わすべきである。ましてや、隣り合う日中両国が、領有権の帰属を合意できていないのである。一方だけの主張を貫こうとすれば、必ず領土紛争が起こる。領土は、国家そのもの主権であり、合意がない限り譲れない対立課題である。日本政府が「尖閣国有化」（2012.9.11）で、日中両政府の領有権の先延ばしの「棚上げ」合意を破った。さらに、中国からの抗議と折衝を門前払いしたため、中国も、領有権を実効支配している行為を示すため、釣魚（尖閣）諸島周辺の空海域に巡視の監視船・偵察機を巡回させることとなった。日本政府が**「尖閣諸島は実効支配しており領土紛争は無い」**などと一方的に主張しても、中国は受け入れず、外交折衝を求めているのが現実である。「日中両国は尖閣（釣魚）諸島問題について話し合うべきだ」と言うのが国際的に通用する常識である。

　しかし、相変わらず日本政府（岸田政権）は、中国を威圧・抑止するために、在日米軍と共に日米安保体制を強化しながら、「尖閣有事（中国が侵攻してくる）」などと敵対的領土ナショナリズムを煽り、南西諸島に於ける軍事基地の増設を進めている。軍備増強による威圧・牽制は不信と対立を強め、相手国も、対応する軍備を増強し、戦争を惹起する恐れが増すだけである。

　私・久保井は、日中友好関係をこそ、堅実な安全保障と考える。せっかくの2012年の日中国交正常化四十周年の機会を日本政府は尖閣国有化でぶっ潰した。此の度の五十周年にも、政府間では尖閣（釣魚）諸島問題の為に際立った歩み寄りは見られない。日中両国の「合意文書」の内容（2014.11.7）に注目すべきである。「**双方は、尖閣諸島など東シナ海の海域において、近年、緊張状態が生じていることについて異なる見解を有していると認識し、対話と協議を通じて、情勢の悪化を防ぐ**」。即ち、日中両国は、緊張状態が生じているのは、「尖閣諸島の領有についてそれぞれが自国領土との見解を持っている。東シナ海での排他的経済水域の境界についても異なる見解を持っている」ためであることを認め合い、「対話と協議を通じて、緊張状態と情勢の悪化を防ぐ」と合意したのである。「相手国が、自国と違う見解を持っていることを認めあい、対話と協議によって解決しよう」とするのは、自国と相手国の尊厳を守る外交の根本原則である。

②単独では無理だが、共同開発は実現できる

まず、友好共益の立場から、対立する課題（領有権、EEZ）については互いに違いを認識して論議を継続する。相手国への非難や自国の主張の押し付けを強要しない。先ず、日本政府は、「尖閣国有化をしたのは、日本領土化を法的にも確実にする策謀である」と指摘される不信感を拭わなければならない。「本意は、政府による管轄で、現状維持を確実にする為であった。しかし、中国側の主張を無視したことは誤りであった。日本側の主張（日本領土）を有利にする一方的な現状変更はしない」ことを、再度やり直しで中國側に明言するべきである。

次に、東シナ海における海底資源の調査・開発についてである。当初から埋蔵箇所として有望視されている尖閣（釣魚）諸島海域について、日中両国ともに、本格的な調査を実施していない。領有権が対立している状況下で、相手国との同意なしに、**石油・天然ガスやレアメタルなどの海底熱水鉱床の調査**を強行すれば武力紛争が生じると、互いに自制しているからである。このような、牽制し合った緊張状態を打開するために日中両国は歩み寄るべきである。

日中両国政府は共に、共同共益での調査・開発を進めることが最良であり、この道しかないのである。まず、前提として、日中両国は、尖閣（釣魚）諸島の領有権、並びに排他的経済水域（EEZ）の境界の主張・行使を互いに留保しなければならない。日中両国の合意は可能である。すでに、「**日中漁業協定**」（1997.11.11）や「**東シナ海ガス田開発**」（2008.6.18）において、領有権とEEZ境界についての、主張の対立を「棚上げ（留保）」することができた。中国が反対しているのに、野田政権が「尖閣国有化」を焦って決行したことで、信頼関係の上に成立していた合意が崩れたのである。石原慎太郎東京都知事の「釣魚島に、灯台や船着き場を造り、都職員を常駐させる」との挑発を防ぐためと言うが、「尖閣国有化」をせずとも阻止できることであった。何よりも、せっかくの首脳会談をきちんとすればよかったのである。

日中両国が共同共益で、尖閣（釣魚）諸島周辺海域の海底資源の調査・開発を実施するための協議・折衝を始めることを提案する。最初は、海底資源の調査を共同分担で実施する協定を締結することから始めればよい。もし、調査結果を共有して、**海底熱水鉱床・天然ガス・石油**の埋蔵が有望ならば、日中両政府は、五分五分の投資・開発事業の協定を締結し、半官半民の開発企業を立ち上げるなり、お互いに知恵を出し合えばよい。

なお、見通しは「有望」である。日本総理府委託により、尖閣諸島海域の海

底地質調査が、1969 年、1970 年、1971 年の三次に渡る調査がなされた。東海大学、石油開発公団、琉球政府、琉球大学が参画した。尖閣諸島海域に絞って何度も念入りに調査している。調査内容は、海洋観測、海底地形、採泥・サンプル分析による海底地質調査、地磁気観測、スパーカー音波調査による海底地質構造調査、釣魚島・大正島の岩石調査であった。**石油・天然ガスに関連する海生新第三紀層**が、2,000m を越えて堆積していると推定される。5,000m を越えるボーリング調査をすべきであるとした。（東海大学所蔵の 1969 年「東海大学丸二世業務報告書」「尖閣列島周辺海底地質調査報告書」）。このような尖閣（釣魚）諸島海域の海底地質調査についてのデータを、今後も日中両国が共有し、共同開発を進めるべきである。

　次に、日中両国が、尖閣（釣魚）諸島海域の海底資源を共同開発する友好共益こそが明日への唯一の道であることを指摘したい。中国にとって、台湾は、釣魚（尖閣）諸島海域における海洋・海底資源の開発の為の最良の拠点となりうる。将来は、台湾に経済特区を建設できるかもしれない。しかし、中国の内に台湾が平和的に統一されるまでには、相互理解の為に年月が必要である。直接に釣魚（尖閣）諸島海域から中国本土へ**プラットファーム（海上施設）**から、パイプラインを引く場合も、日本と友好的に合意して、釣魚（尖閣）諸島の領有権については日中双方が合意できるまで「棚上げ」しなければならない。また、日本政府も、尖閣（釣魚）諸島海域について、中国との共同開発の合意が無ければ、調査も開発も実施できないのが現実である。それも、先ず、領有権について日中両国間で領有権の結着を互いに留保する合意をしなければならない。日中合同調査によって、尖閣（釣魚）諸島海域の海底資源が有望となって、開発事業を進める場合も、沖縄トラフが障壁となり、海底にパイプラインは敷設できないのである。日中両政府が、尖閣（釣魚）諸島を調査・開発の拠点として、天然ガス冷凍・精製工場、大型輸送船の港湾施設などの設営が必然となる筈である。

　現実に、放たれ増えた山羊の食害で緑が失われていく釣魚島を、また在日米軍の砲射撃訓練地と登録しながら最近は使用していない久場島・赤尾島を、きちんと見直してはどうだろうか。何よりも、領有権をめぐり日中両国の巡視船が対峙する危惧を解消したい。島嶼と海洋の自然環境を守りながら、漁業や、海底希少鉱床・天然ガス・石油の開発事業の拠点として活用する外交折衝をしたいものである。

Ⅹ．＜提言＞　解決への道を拓くために

1　中国を「不当」、日本を「正当」とする決めつけを止めよう

　この表題の言葉は、中国国内においては、日本と中国とを入れ替えて、論議する懐の深さを望みたい。国際的に、歴然とした事実は、日中国交回復時（1972.9.29）以来、日中両国は、互いに尖閣（釣魚）諸島を自国領土であると主張してきたが、その領有権の帰結について、両国間では実質「棚上げ」（外交課題として未折衝）である。これまで一度として、日中両国政府は、領有権の帰属について論議も、外交折衝したこともない為である。したがって、一方通行で、自国の主張が正しいと主張し相手を非難するため混乱が生じてきた。現在、中国政府は、外交課題とすることを求めているが、日本政府が拒否する態度は、国際的に通用しない。

　日本では、**尖閣（釣魚）諸島に関する報道**は、「中国の巡視船が日本領土である尖閣諸島海域を頻繁に侵犯している」とか、「中国は軍事力を増強して、台湾、尖閣諸島を狙っている」とした、中国敵視・脅威を煽る内容に満ちている。

　中国が、尖閣（釣魚）諸島海域へ海警局巡視船を増派することになったのは、2012年9月に、日本政府が**「尖閣国有化」**をして、日中間の合意（「領有権決定は後日に棚上げ」）を破ったからである。しかも、日本政府は、「そんな合意は無かった」こととして、「尖閣は日本固有の領土である。領土紛争問題は無い。外交課題としない」と開き直った。当然、中国は、釣魚諸島海域へ巡視船を派遣し、領有権と漁場を守る。「釣魚諸島は中国固有の領土である。領土問題として、日本は外交に応じるべきである」とする。十年前の2012年当時は、新聞でも、日中間の領有権帰結を「棚上げ」した合意の存在と、日本政府が合意を一方的に破ったことを報道していた。政府要人が合意の存在を肯定する証言も掲載されていた。最近の報道機関は、この「棚上げ」合意を日本政府が破った不条理について、政府の意向に忖度しているのだろうか掲載しない。

　私は、BS朝日の日曜スクープ「尖閣諸島を海洋保護区に」（2022.2.6）を鑑賞した。石垣市委託を受けた東海大学「望星丸」による海洋調査について報道されると思った。しかし、調査内容については尖閣諸島が、日本海流と対馬海流へと分かれる黒潮の源流に位置するとの説明くらいであった。大部分は、日

中双方の巡視船が、互いに「自国領土である」と主張して、相手に退去を求めつつ対峙する様子をめぐってであった。

ゲストとして、調査団員の山田吉彦教授（**東海大学海洋学部**）は当然だが、もう一人、河野克俊氏（元海上**自衛隊統合幕僚長**）が招聘されていた。なぜ、海洋調査に国防の自衛隊なのかと違和感を覚えた。彼の河野氏は、次のように語る。「私は、中国の人たちに言うのですけども、**国有化というのは、要は所有権が民間から国に移っただけであって、書類上の事です。何の現状変更もしていない**わけですよね。

これを理由にして、すべからく日中関係を断ち切っていくというのは、それはやりすぎじゃないですか」。この論理は、侵略側が誤魔化す詭弁である。戦後の講和条約では、敗戦日本国は、過去の戦争による占領地・植民地における公有・私有（民間）の不動産について放棄した。中国側の主張によれば、日清戦争時に占領された尖閣（釣魚）諸島は中国に返還されるべきである。戦後処理が未解決の島嶼に対する個人所有権（戦前の登記）を有効と認めて（返還を拒否して）国有化すれば、所有権ではなく領有権となることを誤魔化してはならない。

驚いたのは、まとめとして、山田氏の「**尖閣諸島を海洋保護区に**」を提言した目的が、「**保護区にして中国の海洋進出をコントロールする**」というのである。「中国の海洋進出では、まず漁船団が出てくるというのがよく使われる手法です。これに対して、世界の環境保護のルールを守ってもらう、守らせると言う処を大前提に置きまして、中国の船をコントロールしていく。国際社会が、海洋保護区と言う形で目を光らせていく……それぞれの国が、サメの保護ですとか、あるいは漁場の保護、その他の魚たちの保護という事を前面に打ち立てまして、海を守る、環境を守る、そして**自国の漁業者たちを守る**という事に力を割いています」「（山田さん、日本が尖閣諸島周辺を海洋保護区に設定しても、中国が侵入してくること、中国が行動を改めないことも考えられますが、そのあたりいかがですか）。中国は、やはり、それでも中国独自の理論で出漁してくると思いますが、それに対応するために、まず保護区と言う処で、日本の法整備もできますし、**対処することに新たな大義名分も立ち、そして国際社会として中国をコントロールしていくことが可能になってくるかと思います**」。尖閣（釣魚）諸島海域から中国を排除するために、「海洋保護区」指定をして制御するという、日本の領有権を有利にするための現状変更の企てであった。もし、日中両国が合意して、共同管理の「海洋保護区」指定を求める提案なら、私も賛成できる。

2　軍事による軋轢でなく、外交による合意を積み重ねよう

　日本政府による尖閣国有化（2012年9月）によって、以来、日中両国が、それぞれ積極的に尖閣（釣魚）諸島の領有権を主張し合う。海域では日中台の漁船が好漁場として入り会い、日中台の巡視船が対峙しているのが現状である。巡視船は、中国海警局、日本海上保安庁と、軍隊（自衛隊）でなく警察機構と日本側は見なすが、中国の場合は軍隊（人民解放軍）と連携して武装もして軍隊に等しい。また、領有権では、領土・領海・接続水域だけでなく、領空・防空識別圏がある。日中台の領空・防空識別圏内には、当然、尖閣（釣魚）諸島を自国領土として含む。巡回監視飛行も、スクランブル発進の戦闘機も、日中台とも軍隊の空軍である。偶発的な、非常事態・危機管理に備えて相互の安全確保のために外交折衝が必然である。

　最も危惧するのは、日本政府が、尖閣（釣魚）諸島を領土防衛事項として日米安保体制に組み込んでしまっていることである。領有権の帰結を「棚上げ」合意していた場合は、日中両国間における未決の外交課題であって、軍事による領土防衛事項ではなかったし、表立って確定してはならない事であった。それでも、日本政府は、当初の尖閣諸島問題への軍事的防衛は、**「日米安全保障条約」第五条**に該当するとして、米軍の圧倒的な軍事力の擁護によって対応すると主張してきた。「第五条　各締結国は、**日本国の施政の下にある領域における**、いずれか一方に対する武力攻撃が、自国の平和及び安全を危うくするものであることを認め、自国の憲法上の規定及び手続きに従って共通の危機に対処するように行動することを宣言する。（以下略）」。

　日本の領土問題について、第五条に照らすと、ロシアが実効支配する北方四島（国後島・択捉島・歯舞群島・色丹島）や、韓国が実効支配する独島＝竹島は、日本国の施政下には無く、尖閣（釣魚）諸島だけが巡視を実施し、か弱いながらも施政下にあると主張できる。**日本政府見解として、「北方領土と竹島は、現実を見れば、我が国が施政を行い得ない状態にある。日米安保条約五条の適用外となる」**（2020.11.12 加藤勝信官房長官記者会見）。

　米国の歴代の大統領・国務長官も、日本の首相・防衛大臣も、「日本の施政下にある尖閣諸島は、日米安全保障条約第五条が適用される」、即ち、「尖閣有事！」の事態が起これば、日本の自衛隊とともに在日米軍も出動すると主張してきた。しかし、好戦的「尖閣有事！」事態は、現状ではありえないのである。

中国からの尖閣（釣魚）諸島海域への巡視船の派遣は、日本政府と同様に、実効支配（施政）下にあるとする行動の提示であって、武力侵攻（「力による現状変更」）ではない。**中国は、尖閣諸島問題は、外交折衝によって解決することを求めているのである。**

　私が最も憂慮し危惧することは、日本が、**日米地位協定**により米国に従属していることである。覇権を求めての米国対中国の対立に、日本は同盟国の米国に軍事的加担を実質加担する。米国が、台湾の独立勢力を軍事的に支援して、中国と武力衝突した場合、沖縄を中心とした在日米軍が出動する。南西諸島に配備された自衛隊は、米軍に加担し、平和憲法無視の戦争に突入する危惧がある。それは、想定ではなく、現実的危惧である。**台湾有事＝尖閣有事などと対中国脅威が煽られて、日米合同軍事演習が展開される。**その名も、「離島防衛作戦」と言われることもある。離島とは、台湾か尖閣かである。

　日米合同軍事演習（キーンソード23）は、2022年11月10日〜19日に、「台湾有事」を想定して、有事に至る前の「グレーゾーン事態」への対処から、「武力攻撃事態」に発展した場合の対処などを、陸海空全部門で演習した。ミサイルへの対応、宇宙・サイバー・電磁波領域での作戦も訓練した。自衛隊約23,000人、米軍10,000人が動員され、米軍への自衛隊の即応性や、日米相互の協力の向上を図ったとされる。英国軍・カナダ軍・オーストラリア軍の艦艇も部分参加した。台湾直近の与那国島では、自衛隊の駐屯地での合同演習だけでなく、民間の与那国空港も演習に使用された。同島では、敵（中国？）のミサイル攻撃から避難する住民を巻き込んだ訓練も行われた。

　こうして、日本は、軍備をイージス艦、空母、ミサイル基地などと重武装攻撃型に増強している。配備を予定しているミサイルのトマホークは、攻撃殲滅型であり、専守防衛ではなく侵略兵器である。沖縄を中心に、南西諸島各所の軍事要塞が進められている。現地、南西諸島の人々からは、「沖縄を再び戦場にさせない！」「自衛隊・米軍の戦争訓練反対！」の声が湧きあがる。（「毎日新聞」2022.11.9、「琉球新報」2022.11.10 参考）

　そもそも日米安全保障条約による安保体制は、対社会主義の冷戦状況で、米国の行動に日本が組み込まれた軍事同盟である。日本の在日米軍基地は、日本の防衛のために活用されたことはない。ベトナム、イラク、アフガニスタンに覇権を求めて出動する米軍に、日本は従属し協力してきた。二十年ほど前には、日本・中国・韓国の首脳が、お互いの国を訪れて首脳会談を実施し、積極的に外交による友好の隣国関係を築いていた。

　先の安倍首相は、右派と言われながらも、軍備増強路線だけでなく、必要に迫られてではあるが、外交折衝も進めた。尖閣（釣魚）諸島をめぐる対中国との緊張関係に、外交折衝を重ねて、確認すべき「**合意文書**」を会談の事前に公開し（会談する目的を明確にするために）、2014 年から毎年首脳会談を実施し、四度目は北京へと出向き、情勢の悪化と不測の事態を防ぐために、危機管理の必要を確認して、以後も外交折衝を重ねると一応は約束したではないか。その必要に迫られた合意さえ、岸田首相は守らない。彼は、**日米首脳会談**に於いて何を確認したか。「中国の覇権に対して日米同盟の更なる強化が不可欠だ」。**バイデン大統領の「（台湾有事に）米軍は出動する**」に応えて、岸田首相「**日本も防衛力を強化する**」と述べた（2022.5.23）。何と緊張関係や不測の事態を防ぐために、中国との外交折衝を進めるべきなのに、いきなり米国の戦争に参戦する意思表示をしたのである。「敵基地攻撃の軍備増強」を進めることは、「敵」をつくり、戦争への危惧が増すばかりである。

　このように現在の安保体制は、日本が、相手国との外交折衝抜きで、いきなり武力紛争・戦争に突入することもあり得るのである。米国主導（運命共同体）で日本が追随する「**日米安全保障条約**」「**日米地位協定**」と、それを補強して随時に規定する「**安全保障関連法**」によって、米国が起こし関係する武力紛争・戦争に、日本の自衛隊は、協力・出動する義務を負うのである。

　そもそも、「日米安保条約第五条」による「日本の施政下の領域」には、**沖縄を中核とする米軍基地が含まれている**（外務省解説）。第二次安倍政権下（2015.9.19）に成立した「**安全保障関連法**」で、日本への直接攻撃でなくとも、米国など密接な関係の他国が攻撃された場合には、自衛隊は、その他国とともに、攻撃してきた相手国と戦うこと（集団的自衛権）が決定された。いわゆる「存立危機事態」である。即ち、「日本と密接な関係にある他国（米国）への武力攻撃が発生し、日本の存立が脅かされ、国民の生命や権利が根底から覆される明白な危険がある事態」である。

　これによれば、台湾有事の際には、日本は、米国と同盟して中国と交戦することとなる。米国の歴代大統領は、中国と台湾との武力衝突の際には、台湾支援のために米軍を（沖縄米軍基地などから）出動させると明言し、実行してきた。これまでも米国は、「**台湾関係法**」に基づき、米軍の出動を約束し、台湾政権へ必要な武器を供与してきた。さらに、加えて「**国防権限法**」（2022.12.23）にて、「台湾政権に、五年間で 100 億ドルの軍事資金援助を行う。環太平洋合同軍事演習に台湾軍を招待する」と決定した。米国による台湾政権への軍事的な肩入

れは、平和的な中国との統合を阻害し、台湾独立勢力を煽り、台湾有事の緊張を高める事態となっている。それは、すでに米軍と一体化した軍事演習している自衛隊を、そのまま実戦へと向かわせる危惧を招いているのである。

3　現状を認識し、虚構の「領土問題は無い」を止めよう

(1)　尖閣（釣魚）諸島海域には漁業協定がない

　尖閣（釣魚）諸島海域において、なぜ、日中両国間の緊張関係が高まり、武力衝突さえ危惧される事態になったのかを整理しておこう。最初の要因は、日本政府・関係機関が、「**日中漁業協定**」（1975.8.15）を正確に理解して遂行しなかったためである。日本の海上保安庁巡視船は、尖閣（釣魚）諸島近辺で操業をしていた中国漁船を検閲しようとする際、衝突した（2010.9.7）。

中国漁船と海上保安庁巡視船が衝突した（2010.9.7）保安庁より提出されたビデオ資料より

　日本海上保安庁の巡視船は、中国漁船による「領海への侵犯」「公務執行妨害」として対処した。日本の主張する領海・接続水域・EEZ を守る職務に忠実であった。しかし、この尖閣（釣魚）諸島海域は、「**日中漁業協定**」により、協定区域外の自由操業区域とされていた。また、日中両国は、それぞれが自国の漁船を管轄することとと合意していた。中国漁船を日本の巡視船が検閲・拿捕し、日本の法律によって処罰することは、日中両国の漁業協定および合意に違反する行為であった。この事件で、日中対立の領土ナショナリズムに火が付き、せっかくの東シナ海の油ガス田に対する日中共同開発の外交折衝がストップしたこ

とは残念であった。領有権（尖閣諸島海域）・EEZを棚上げして、東シナ海北西部の中国側水域での開発計画であった。また、実利を求めた日本企業はロシアのサハリンの開発を優先し、日本側の関与の具体案は出せなかったこともある。

　そもそも「**日中漁業協定**」（1975.8.15）では、**北緯27度以南の例外水域について**、排他的経済水域（EEZ）を決定しない例外水域とされた。肝要なのは、尖閣（釣魚）諸島の領有権が「棚上げ」合意により、尖閣（釣魚）諸島の領海・接続水域・EEZを、日中両国それぞれが主権を主張して、現場任せで対峙するままであった。そして、この水域での混乱を避けるために、とりあえず「**相手国民に対して、当該水域では漁業に関する自国の関連法令を適用しない**」（小渕恵三外務大臣と徐敦信特命全権大使との往復書簡）が、国際信義で、自国の漁船のみ取り締まることと運用されてきた。これでは駄目であった。尖閣（釣魚）諸島の領海・接続水域には、日中両国ともに、自国の漁船の操業を留保することを約定すべきであった。

　それに比して、「**日台漁業協定**」（2013.4.10）では、同じように**北緯27度以南水域**を「**法令適用除外水域**」としたが、往復書簡のような形でなく、協定締結の場で、「相手側の漁船に対して此方の法令で管轄しない」「尖閣（釣魚）諸島の領海内では、どちらも操業しない」ことを確約している。

　最悪の事態に陥ってしまったのは、日本政府が、日中両国で合意した尖閣（釣魚）諸島の領有権「棚上げ」（未解決）としてきた合意を蔑ろにして、「**尖閣国有化**」（2012.9.11）を強行した。その行為を正当化するために、「領有権の棚上げ合意などしなかった」と、国際信義に反する妄言を述べだした。日中両国の先達が、友好関係を進めるために成した努力を踏みにじった。その後も、中国からの「釣魚諸島の領有権の主張」を拒絶し、外交・折衝による解決を閉ざし、尖閣（釣魚）諸島海域での緊張状況を放置し増幅させているためである。このように煽られる対中国脅威や領土ナショナリズムから覚醒して、日中両国が、平和友好関係を第一義とすることを求める。尖閣（釣魚）諸島の領有権を留保する（**新たな「棚上げ」**）合意をすれば、東シナ海は、対立の緊張関係から解き放たれて、「**日中漁業協定**」改善、「**日中海底資源共同開発協定**」が実現する。友好共益の道を歩み進むことは、南西諸島の人々の生活・経済を守り進める。そして、日中両国における戦争への危惧を阻止する平和友好関係を確約し継続することになるのである。

⑵　日中が領有権に「異なる見解」を持つという合意

「尖閣は日本領である」「否、釣魚は中国領である」と、日中両国は、尖閣（釣魚）諸島の領有権について、「**異なる見解を有している**」。まず、合意文書(2014.11.7)を交わし、習近平国家主席と安倍晋三首相との首脳会談で確認した（2016.9.5 中国杭州会議）。合意内容を再確認しよう。「**双方は、尖閣諸島など東シナ海の海域において、近年、緊張状態が生じていることについて異なる見解（主張）を有していると認識し、対話と協議を通じて、情勢の悪化を防ぐとともに、危機管理メカニズムを構築し、不測の事態の発生を回避することで意見の一致をみた**」とする。これは、**釣魚＝尖閣諸島の領有権をめぐって、日中両国が、「異なる見解（主張）を有する」**の解釈が、玉虫色となった妥協の合意である。すなわち、中国側は、「領有権の主張を認めさせた」と解釈するが、日本側は、「日本の領土と明らかで、領土紛争は無いと主張した」と言う意味だとする。**それぞれが異なる主張をしていることを認め、対話と協議により、情勢の悪化や危機・不測の事態が起こらないように、相互に配慮する**という内容である。

せっかくの認識「尖閣諸島、東シナ海での日中間の緊張状況は、領有権やEEZ（排他的経済水域）について異なる見解（不一致）のためだ」がありながら、「**対話と協議を通じて、情勢の悪化を防ぐとともに、危機管理メカニズムを構築し、不測の事態の発生を回避すること**」は、何ら成し得ていない。日本側が、現状を認識できず（認めたくない?）、どう見ても虚構となっている「尖閣諸島について領土問題は無い」との見解を意固地に執着して、尖閣（釣魚）諸島の領有権が関係する案件について、外交折衝の場を設定する努力をしようとしない。日米安保体制を強化することによって、南西諸島の軍備強化によって、中国側の主張と行動を牽制・抑圧することに汲々としている。領土問題は、平和的に外交折衝により解決すべきである。

4　地元・民間からの共益・交流で、相互理解を深めよう

⑴　村上春樹さんの寄稿「魂の行き来する道筋」から考える

私が、ぜひ紹介したい主張がある。日本が「尖閣国有化」をして、日中両国が領土ナショナリズムに煽られ紛糾した時機である。「朝日新聞」への**村上春樹**さん寄稿「**魂の行き来する道筋**」(2012.9.28)である。ぜひ、全文を読んで

ほしいが、その一部を抜粋する。

　　文化の交換は、『我々はたとえ話す言葉が違っても、基本的には感情や感動を共有し合える人間同士なのだ』という認識をもたらすことを一つの重要な目的にしている。それはいわば、**国境を越えて魂が行ききする道筋なのだ。**今回の尖閣諸島問題や、あるいは竹島問題が、そのような地道な達成を大きく破壊してしまう事を、一人のアジアの作家として、また一人の日本人として、僕は恐れる。国境線というものが存在する以上、残念ながら（というべきだろう）領土問題は避けて通れないイシュー（争点）である。しかし、それは実務的に解決可能な案件であるはずだし、また実務的に解決可能な案件でなくてはならないと考えている。**領土問題が実務課題である事を超えて、『国民感情』の領域に踏み込んでくると、それは往々にして出口のない、危険な状況を出現させることになる。それは安酒の酔いに似ている。**安酒はほんの数杯で人を酔っ払わせ、頭に血を上らせる。人々の声は大きくなり、その行動は粗暴になる。**論理は単純化され、自己反復的になる。**しかし、賑やかに騒いだ後、夜が明けてみれば、後に残るのは嫌な頭痛だけだ。

　　今回の尖閣諸島問題においても、状況がこのように**深刻な段階まで推し進められた要因は、両方の側で後日冷静に検証されなくてはならないだろう。**政治家や論客は威勢の良い言葉を並べて人々を煽るだけで済むが、**実際に傷つくのは現場に立たされた個々の人間なのだ。**

　　安酒の酔いはいつか覚める。しかし魂が行き来する道筋を塞いでしまってはならない。その道筋をつくるために、多くの人々が長い年月をかけ、血の滲むような努力を重ねてきたのだ。そしてそれはこれからも、何があろうと維持し続けなくてはならない大事な道筋なのだ。

　さて、「村上春樹さんの寄稿」を、どのように読み取るかは、人それぞれでよいが、私は次の三点に思いを馳せた。まず一点目は、「**尖閣諸島（領土）問題を実務的(外交)課題に戻すべきである**」。国民感情を煽る排他的な領土ナショナリズムという安酒を撤廃しなければならない。日本政府は、「尖閣諸島は日本領で、領土（紛争）問題は無い」と主張して、領有権を主張する中国との交渉を拒否している。日本政府は、領土問題は無いなどとの虚構を捨てて、現状と国際関係から逃避せずに、解決に向けて努力する責務がある。

　次の二点目は、「**魂の行き来する道筋（文化の交換）を塞いではならない**」ことは、国境を越えて人間同士として連携する必要不可欠な条件である。残念ながら、日本政府は、領土に関する問題について学校教育に対して統制している。**文部科学省による**「**学習指導要領**」「**教科書検定**」によって、相手国の主張は記載せずに、日本側の主張だけを教科書に記載させ、教師にも日本側の主張だけ教えるように法的規制をしているのである。また、領土に関する公文書・議事録などの資料が、日本政府に「不利？」と「判断？」されると**特定秘密保護法**により不開示とされて、研究活動が阻害されている。否々、中国側では、日本政府の主張は、公開論議されているのだろうか。私は、中国でのことを正確には知らない。お互いに自由で正常な言論・文化の育成をしながら、自由活発に行き来する関係でありたい。インターネットで、日中両国政府の見解を知りえることは救いであるが、研究者として、その見解の原本史料・議事録の検証は困難である。「特定秘密保護法」により阻害されているためである。

⑵　「実際に傷つくのは現場に立たされた個々の人間なのだ」

　三点目に、「**実際に傷つくのは現場に立たされた個々の人間なのだ**」という言葉に私が賛同できたのは、次の二冊の書籍から、尖閣諸島海域をめぐる日中両国の地元当事者の立場を踏まえて事態を解決することが不可分だと認識したからである。

　先ず一冊目は、**琉球新報・山陰中央新報**「**環りの海、竹島と尖閣、国境地域からの問い**」**岩波書店**である。対岸の中国福建省在住の人へのインタビューがある。日本への留学経験があり、日系企業に勤める女性は、「釣魚島は領土問題だ。政治家が考えることだと思うが、国際化の時代に、敵対、武力衝突はあり得ない。隣国の中国と日本は、もっと親密になるべきだ。しかし、その事を口にできない雰囲気がある」「日本人と触れ合う機会は、内陸部の方がより少ない。私は留学した経験もあり、日本の良さも分かる。互いの理解が進んでほしい」と述べた。

　また、友好の出来事も紹介する。那覇市と福州市は、近世において、琉球王国と中国との交誼・貿易の拠点都市でした。那覇市と福州市とは、この歴史を、今日の日中友好関係の礎とする為に**友好都市締結**をしました（1981.5.20）。その友好都市十周年記念に、那覇市に「**福州園**」を造営した（1992.9.3）。応えて、中国は、琉球使節の官庁施設を「**柔遠駅（琉球館）**」として復元した（1992.12.9）。

その開館記念式典に、福州・那覇両市の関係者が集い、日中の友好発展に寄与することと祝賀した。その場に、（福州市人民代表大会常任委員会主任だった）習近平氏も列席していた。福州・那覇両市の友好都市関係は、学術・文化・スポーツ・経済などの視察・交流や、児童生徒の相互訪問など今日まで、活発に行われてきた。あの2012年9月の「尖閣国有化」という出来事があっても、「**魂の行き来する道筋（文化の交換）を塞ぐようなことはしなかった**」のである。それは、日頃の民間の友好の交誼が築いてきた信頼関係があったからだろう。これに学び、私たちは、日中間で生じた領土問題と言う実務的課題は、対

那覇市歴史博物館デジタル資料「福州琉球館」

立の行為を抑えて友好関係を第一義として、さまざまな話し合いの機会を重ねて、相互に理解し合える解決可能な策を求めるべきであろう。同書によれば、「琉球館」正面には、「**海不揚波**」（穏やかな海を求める思いは、過去も現在も変わらない）と記した額が掲げられているという。

　二冊目は、**沖縄タイムス『尖閣』取材班「波よ鎮まれ、尖閣への視座」旬報社**である。同書は、「沖縄タイムス」での連載記事（2012.11.18 ～ 2013.7.4）と特集記事を再構成したものである。内容の素晴らしさは、地元当事者の生活に根ざした声を特集していることである。石垣市尖閣の地元である沖縄八重山列島の農漁業者、医師、郷土史家、会社員、教員、学生など23名、さらに、釣魚（尖閣）諸島海域の生活者として地元である台湾北東部の人々14名も取材している。それぞれの方の見出しだけをあげても、生活者としての声が響いてくる。八重山の人々からは、「『中国船は怖い』『中国漁船とのトラブルで困っている』という構図にあてはめたいのでしょう」、「領土問題と言うよりは、台湾漁船や中国漁船とのすみ分けか、共存できる環境を整えてもらいたい」、「琉球の歴史に学べば、尖閣問題にどう対応すればよいのかが見えてくる」、「友好を深めれば観光や産業振興のきっかけも生まれる。戦争に結び付く武力行使だ

けはしてはならない」、「戦争しなくても国は成り立つし、人は生きられる。日中は余分なものを欲しがらず、共に生きる道を探してほしい」、「領土を守るために人間は死んでいいのか。国や領土は見えても、そこに暮らす人間は見えていない」、「戦争を避けたいのであれば、一緒に努力して引き分けに持っていく必要がある。流れを変える努力をする時期に来ている」、「昔からの沖縄の人たちの生き方を見習ってほしい。互いの個々を響かせ、通詞合わせることの重要性。それが今、最先端の外交のスキルなのでは」、「尖閣問題への対応は国益のためと言うが、実際いがみ合いになって損をするのは誰が。被害に遭うのは一般住民の僕たち」、「軍事力でものを語るのではなく、平和外交で何とかアジアの共生関係をうまく図れないか」、「隣同士の石垣と台湾がもっと仲良くなればいい、という希望はいつも持っている。『兄弟』みたいなものですからね」。

　そして、台湾の人々への取材。「黒潮に沿った一つの家族として台湾漁民も共存共栄を望んでいる。生存のために」、「領有権争いと言う政治問題で、蘇澳（台湾の漁港）と石垣の友好が損なわれてはならない。争いを棚上げして、資源を共有できるようにしてほしい」、「漁民同士なら解決の道を探れる。平和な海を残したい思いは一緒だ」、「領有権ばかりを主張するのではなく、海をもっと豊かにする方法を一緒に考えよう」、「資源は分け合うことができる。互いに不満はあっても、挑発を抑えなければ歩み寄れない」、「メディアは国家の立場からナショナリズムを煽るのではなく、沖縄が抱える厳しい現実にもっと目を向けるべきでは」、「国境を超え、漁民の組合同士で協同組合をつくることも不可能ではない」。

　以上のような、地元当事者の生活に根ざした声が、これまでの日本政府の尖閣（釣魚）諸島問題への政策に具体的に反映されてこなかったのではないか。また、私の如き歴史研究者も研究課題や主張において、地元当事者の立場を重視できてなかったのではないか。彼ら（「尖閣諸島海域を生活圏としてきた日中台の人民）は、「領有権による対立排除ではなく、海洋資源に対する共存共栄の関係を維持したい」と述べているのではないか。

⑶　国境を越えた入会いの好漁場だったことから考えよう

　政府は、国家間の立場から尖閣（釣魚）諸島の領有権と権益について対処してきた。しかし、地元・当事者の生活に根ざした声が配慮されてきたであろうか。東シナ海、尖閣（釣魚）諸島海域は、日中両国の漁業を生業とする人々に

とって、国境を越えた入会いの好漁場であった。「**日中漁業協定**」（1975.8.15）が締結されたが、日中両国間で、尖閣（釣魚）諸島の領有権について帰結することを先延ばし（棚上げ）合意した時期であったため、尖閣（釣魚）諸島を含む海域（**北緯27度以南**）は、漁業協定を適用しない例外水域とした。しかし、日中両国の巡視船は、尖閣（釣魚）諸島をそれぞれ自国の領土とする立場から、領海・接続水域からは相手国の漁船を排除する行為を執った。日中両国の巡視船が出会わす場合には、自国の漁船を守ろうとして相対峙する事態も生じた。また、日中両国の漁船が漁期や漁法や場所をめぐって対峙する事態も起こった。この混乱を避けるために、「**相手国民に対して、当該水域では漁業に関する自国の関連法令を適用しない**」（小渕恵三外務大臣と徐敦信特命全権大使との往復書簡）が、国際信義で運用されて、自国の漁船のみ取り締まることとされてきた。しかし、漁業の操業に関する取締りであって、尖閣（釣魚）諸島の領海・接続水域の立ち入りについては論議も確認もされなかった。

　そこへ、「尖閣国有化」を日本政府が、中国側からの中止要請を拒否して断行した（2012.9）。国家（領土）主権を侵害されたとして、尖閣（釣魚）諸島海域を巡視する中国海警局の監視船は、三倍に増え、大型化・武装され、巡視航行は常態となった。中国・台湾の漁船も、漁期には漁船団を組んで、巡視船に守られながら出漁することとなった。日本側も急遽の対処を急がれた。海上保安庁は、尖閣（釣魚）諸島海域へ派遣する巡視船の拠点（石垣島の**第11管区海上保安本部**）を増強し、日本漁船は、その庇護のもとに出漁する状況となった。

　尖閣（釣魚）諸島海域は、日中両国の漁業を生業とする人々にとって、国境を越えた入会いの好漁場であった。「日中漁業協定」から外されていた尖閣（釣魚）諸島海域は、今や、領土紛争状態へ終始の対処が優先され、地元当事者の漁業者の操業も意図も、日中間の話し合いの場は保障されていないのである。

　日本政府が、中国と台湾漁民を切り離して、尖閣（釣魚）諸島海域の管轄を鎮めるために締結した「**日台漁業協定**」（2013.4.10改訂）は、内容としては時宜に即応していた。尖閣（釣魚）諸島海域を含む**北緯27度以南の水域**を日台双方の**共同管理水域**として、尖閣（釣魚）諸島の領海への立ち入りを禁止した事、この水域の漁業の漁期・漁法など必要な取り決めを、日台の漁民たちも参加する**漁業委員会**で協議・決定することを約定していた。

　残念なことに、中国政府、そして中国本土から出漁してくる大部をせめる漁業者を排除しての協定では、スムーズな実効を成し得ないのである。中国海警局監視船は、台湾を含む中国漁船を保護するが、日本漁船には、尖閣（釣魚）

諸島の領海・接続水域への立ち入りを取り締まるのである。尖閣（釣魚）諸島海域における日中両国の対立は治まらないのである。先ずは、日本政府が、避けてはならない中国との旧来の「**日中漁業協定**」を、「**日台漁業協定**」と同様に、**北緯27度以南の水域**を日中双方の**共同管理水域**に改善して、日中の漁民たちも参加して協議する**漁業委員会**を組織してはどうだろうか。

XI. 善隣友好を礎にして、領土（境界）問題を解決しよう

1　社会体制の違いを認め、米国主導の安保体制を超えよう

　本著作の＜初めに＞次のように述べた。「筆者は、日中両国間の安定・平和こそ第一義として領有権論議を進めたい。対立の領土ナショナリズムにより、経済的文化的な善隣友好関係を崩してはならない。領土に対する歴史認識の相互理解（合意）を追求する対話・交流をしながら、当面、領有権帰属の確定を棚上げ・留保をする。自己の主張をストップせよという事ではない。相手の意見にも耳を傾けようと言うのである。しかも、併行して、海洋資源の共益共同の活動は進めることができるであろう。本書は、そのための一助となることを求めた著述である」。その言葉を再度提唱したい。善隣友好とは、相互理解（合意）による信頼と安定の関係であり、それを礎とすれば、領土（境界）問題は必ず解決できると確信するからである。

　日中両国は、不戦を誓い国交正常化の歩みを重ねて友好五十年を迎えた。東シナ海を、対立分断から友好交誼の海へと変革させてきたのである。尖閣（釣魚）諸島の領有権をめぐり、対立の波が生じたのであれば、善隣友好の話し合いにより鎮めるべきである。米国主導の安保体制という軍事による牽制は、対立の波を荒立たせるだけである。日中韓の三国首脳が、隣国のパートナシップを大切にして、例年の如く対話を重ねてきた実績こそ再生したい。そのような善隣友好関係は、政治・経済の重鎮を担う者の責任が多大である。戦前、軍国日本は、アジアの覇権を求めて中国を侵略して暴虐殺戮の過ちを犯した。日本人は、歴史認識としてその過ちを胸に深く刻み込み、中国との平和友好関係を築くことを日中国交の課題としなければならない。現在、日中両国の間では、理解し合う際に、ハードルが二つある。

　その一つは、**社会主義の中国、資本主義の日本と、社会体制が正反対であるが、その違いを否定・非難せずに、認め合うことが必要である。**特に、戦前の日本は、天皇制軍国主義による近代化を進めたため、国民は天皇に奉仕する臣民とされた。軍部が植民地・占領地を収奪して軍政を布いた。藩閥・華族が議会を従属させて国政を牛耳り、大資本家（政商・財閥・大地主）が資本・生産手段を独占支配した。

このような社会体制を否定する社会主義を、日本の官憲・軍部は「危険」思想として弾圧し、国民を教化してきた。戦後日本でも、社会主義に対する正しい認識が培われてこなかった。それだけに、ともすれば社会主義国家建設の道を歩む中国に対して、その途上の一挙一動を取り上げて、「独裁」「権威主義」の国家と非難する傾向が見られ、日中両国民の相互理解を阻害している。

　もう一つのハードルは、日本政府が、冷戦状況で締結された日米安全保障条約という軍事同盟を外交の基本に据えていることである。南シナ海や台湾をめぐり、対中国への敵愾心を強める米軍に、「日米地位協定」により、自衛隊は屈辱にも従属関係にある。そこへ、自国の立場だけに偏向した領土ナショナリズムが教育・啓発され、国民も教化・扇動される。現在の自民党政権は、「中国によって尖閣諸島で国家主権（領土）が侵害されているので、軍備を強化して威圧し牽制するべきだ」とする。それに連動して米国の覇権主義・好戦勢力が、台湾の軍事支援をして独立勢力を励まし、**「台湾有事」の軍事的対立を煽る。**

　これに追随した日本現政権は、沖縄の米軍を中核として、自衛隊の南西諸島の軍事基地・ミサイル部隊を増強して、米軍との合同軍事演習を展開している。日本と台湾の軍事予算が、米国の軍需企業からの兵器購入にまわされ、米国経済を潤している。購入した最新悦兵器については、重要機能がブラックボックスに封じられ、米国に追随しなければ、日本側は、使用も修理もできないのである。このような中国を仮想敵国とした軍備や合同軍事演習は、共存共栄の善隣友好を否定する所為である。この背景に、対中国を煽る偏向した領土ナショナリズムが利用されている政情を克服しなければならない。

　日本政府が参考にすべき外交姿勢を示したのがフィリピンである。フィリピンは、南シナ海で対中国との領有権問題を抱えており、米国と対中国の安全保障面で協力関係を深めている。ハリス米副大統領がマニラで会談し、駐留米軍の拠点を増やすことで合意したばかりである（2022.11）。しかし、**フィリピンのマルコス大統領**（2022.6就任）は、訪中して首脳会談を実施した（2023.1.4）。出発前に、**マルコス大統領**は、「中国との包括的戦略協力関係の新しい章を開くことになる」「相互利益のための問題解決をめざす」と、対話重視の外交方針を示した。歓迎した中国の**習近平国家主席**は、首脳会談で「戦略的意思疎通を保ち、互いに助け合う良き隣人となりたい」「友好的協議によって（南シナ海における）海上問題を適切に処理し、石油・天然ガス開発の協力を促進したい」と、資源の共同開発交渉の再開を呼びかけた。会談後、双方は、すぐに経済圏構想「一帯一路」や農漁業、インフラ整備、禁輸などの協力文書に署名した。

また、領有権問題をめぐる紛争が続く南シナ海で意図しない衝突を避けるために、外交当局間にホットラインを設置することで合意する見通しである（以上、「朝日新聞」2023.1.5）。

2　経済を発展させ合った最大の貿易相手国である

　日中国交正常化（1972.9.29）五十周年を迎え、日中の政財界・友好団体・招聘の有識者が集い、記念のシンポジウム（2022.9.12）、レセプション（2022.9.29）が開催された。「**日中国交正常化50周年交流促進実行委員会**」（委員長・**十倉雅和経団連会長**）と**中国大使館(孔鉉佑大使)**の共催であった。日中両国関係者のメッセージで、注目すべき内容を抜粋して紹介する。

　先ず、委員長の**十倉雅和経団連会長**は、「日中国交正常化以降、日本企業が積極的に中国へ、投資・技術・人材育成を通して中國の経済発展に寄与した。不安定な国際情勢下であるからこそ、両国間の対話と意思疎通が重要である」と指摘した。中国の**王毅外交部長**は、「50年前、両国の指導者は、政治的な胆力と見識を持って、さまざまな障害をはねのけ、国交正常化と言う新たな一ページを開いた」「これからの中日関係がどこに向かうかは私たちの手にかかっている。両国の平和と発展に尽力していこう」と述べた。

　林芳正外務大臣が述べた挨拶は、ぜひ実行してほしい内容であった。「この五十年間で日中関係は大きな進歩を遂げ、両国間の貿易総額は、当時から約120倍に増加した。人的往来に至っては、新型コロナ感染拡大前に年間1,200万人を超えた」「岸田総理と習近平国家主席との間で一致している、建設的かつ安定的な日中関係を構築するという共通の目標の実施に向けて、率直な対話を積み重ねつつ、共に進んでいく必要があります」「日中関係の進歩は、両国国民のたゆまぬ努力がもたらしたものである。建設的かつ安定的な日中関係を構築していくことは、先人から受け継いだ使命であり、子孫に対する責務である」（**外務省ホームページ2022.9.29**）。

　此処に、**JETRO（日本貿易振興機構）**が、日本財務省統計と中国海関（税関）統計を基に、日中貿易の推移を通して、両国の経済発展を分析したレポート「2021年の日中貿易、2011年以来10年ぶりに過去最高を更新」（2022.3.25海外調査部の宗金建志氏）を引用する。

　2021年度の日中貿易総額は、前年比15.1％増の3,914億4,049万ドルだった。過去最高だった2011年度（3,784億2,490万ドル）以来、最高を更新した。

日本にとって中国との貿易収支は、中国への輸出額 2,061 億 5,312 万ドル、中国からの輸入額 1,852 億 8,736 万ドルであり、黒字 208 億 6,576 万ドルと、五年連続の黒字決済となった。そして、日本の貿易総額に占める主要国・地域の構成比によれば、この十年（2012 ～ 2021 年）でも、日本の**最大貿易相手国は一位中国である**。二位の ASEAN 諸国、三位の米国、四位の EU 諸国を大きく凌ぐ。日本国民の暮らしを支える経済は、中国との友好共益関係を基盤にしていることを認識しておきたい。

　なお、東シナ海には、経済を大きく発展させるエネルギー、化学工業の資源となる海底資源（石油・天然ガス・海底熱水鉱床）開発の問題が存在する。日中両国間で、尖閣（釣魚）諸島の領有権を強固に主張し合う理由の一つであるが、具体的な調査・開発が進まない。日中両国が、**排他的経済水域（EEZ）**の設定について、互いの主張が対立して決定できないからである。

　即ち、中国は**大陸棚沖縄トラフ限界**を主張する。日本は、双方からの**二百海里中間線**を主張する。いずれも、日中両国は、尖閣（釣魚）諸島を自国領土に組み込んでいる主張である。また、天然ガス・石油など海底資源開発については、固定した海洋プラットフォームを設営しなければならない。漁業協定のような、入会いの漁業を行う暫定措置水域を約定して、漁期だけ漁船が出漁する場合とは違って、海洋プラットフォームは、年間通して稼働しているわけである。

　しかし、海底資源の開発の場合、視点を変えて考えてみよう。日中両国双方

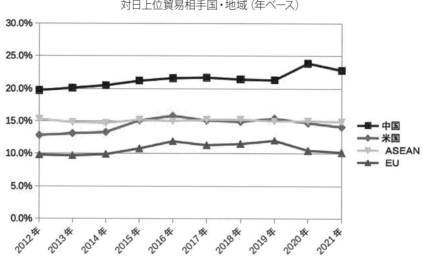

対日上位貿易相手国・地域（年ベース）

が領有権を主張する尖閣（釣魚）諸島を含む**北緯 27 度以南の水域**は、一方の国だけでは調査・開発することが紛争となるために調査すらできないが、日中両国が共同管理する合弁の開発事業を進めることは可能である。先ず、海底資源の調査を共同分担で実施する協定を締結する。さらに、その調査結果を共有して、**海底熱水鉱床・天然ガス・石油**の埋蔵が有望ならば、開発事業を具体化する。日中両政府は、五分五分の投資・開発・利益配分の事業を進める協定を締結し、民間企業を参画させた開発事業組織を立ち上げる。沖縄は、新たな海洋資源による平和な産業を得て、米軍基地依存の経済から脱却することも可能となる。また、中国は、自国枠の中に、台湾の民間企業も参画させてはどうか。経済の面から、中台の親密な関係が進むだろう。「台湾有事」などの対立関係など惹起しなくなるであろう。かつて台湾を植民地支配した日本は、戦後責任からも、中国・台湾の平和友好に働くべきであろう。

　このような共同共益の経済活動は、日中両国間で、政府と民間の友好と信頼関係の上に成り立ち、さらに深めることとなる。その経済活動は、尖閣（釣魚）諸島の領有権（境界）の決着をつけることを急がなくても、否、結着しなくても、今すぐに展開できることである。それは、隣国との間に横たわる東シナ海を、軍事的な緊張の海域から、平和的な協調・安定の海域へと変革する道を拓くであろう。政府への経済界からの働きかけが必要である。

3　多彩な情報と交流で、理解と信頼を深めよう

　日中国交正常化 50 周年（2022.9.29）を機に、更なる日中両国間の交流促進を進める事業が、日中両国で展開されている。日本側だけでも、政府外務省、事業地の各自治体はもちろん、正常化以来、組織され活動してきた日中友好七団体（公益社団法人日本中国友好協会、日本国際貿易促進協会、一般財団法人日本中国文化交流協会、日中友好議員連盟、一般財団法人日中経済協会、一般社団法人日中協会、公益財団法人日中友好会館）、さらに中国と活発に経済活動を進めている日本経済団体連合会、日本商工会議所、経済同友会、日本貿易会も加わり、百余に渡る様々なイベントが実施されてきた。コロナ禍の渦中でも、オンラインなども活用して、企業・貿易、医療・公益事業、文学・中国語、歴史・民俗、芸能（美術・音楽）、健康・スポーツ、建築・工芸、茶道・華道・武術など、日中両国の深遠な歴史と生活・文化の交流を行ってきた。

　残念だが、著作構成の関係で数点だけしか紹介できない。先ず、日中友好

鑑真像(上野恩賜公園)

鑑真像の前で除幕式を行う。2022.7.21

の祖ともいうべき**鑑真和上像**が、東京上野恩賜公園不忍池ほとりに設置された（2022.7.21）。中国唐の高僧、鑑真は、日本からの願望に応えて、五度に渡る失敗を乗り越えて来日し、仏教の教えを広めた。当時の最先端の唐の思想・医学・建築なども伝えた。唐招提寺の鑑真像を参考に、中国の**呉為山**（中国美術館館長）が銅像「鑑真像」を作成した。除幕式には、中国の**孔鉉祐大使、小池百合子東京都知事、三宅伸吾外務省政務官**らが列席した。

東京国立博物館に於いては、日中国交正常化 50 周年記念；特別デジタル展「**故宮の世界**」が開催された。中国北京の故宮博物院は、かつては紫禁城と呼ばれた明・清両朝の皇帝の宮殿であり、珠玉の美術工芸品 190 万余件を所蔵する。東京国立博物館・凸版印刷株式会社が制作した「**バーチャル紫禁城**」や、王希孟「**千里江山図巻**」を三次元データーで再現し、投影する展示である。もちろん、東京国立博物館所蔵の明・清朝の美術工芸品も展示された（2022.7/26 〜 9/19）。

　オンラインで中国と日本の会場とを結び、「世界の敦煌、東西文化の交流と日本」をテーマとした学術研究交流が、大阪と東京で成功裏に開催された。まず、**中国駐大阪総領事館**（薛剣総領事）主催・会場の学術講座「**世界の敦煌**」である（2022.7.20）。オンラインで、**敦煌研究院**、甘粛省人民政府、敦煌市人民政府と共催とした。講師に**趙声良氏**（敦煌研究院党委書記、元院長）を迎え、会場の総領事館には、日本側の研究者として、**平山助成氏**（平山郁夫美術館）、**小林仁氏**（大阪市立東洋陶磁美術館）、**斎藤龍一氏**（大阪市立美術館）、**末森薫氏**（国立民俗博物館）、**檜山智美氏**（京都大学）、**山口正晃氏**（大手前大学）、**田林啓氏**（白

莫高窟第130窟壁画の映像。古代日本への影響が伺われる。(敦煌研究院)

中国敦煌研究院メンバーも、オンラインで集会に参加した。

鶴美術館）、**瀧朝子**氏（大和文華館）がゲストとして出席した。

　東京でも、敦煌研究院と連携して、「敦煌文化芸術と日本との淵源」と題して、日中平和発展促進会、中国文化センター、中国駐東京観光代表処が共催して、日中友好の各関係団体に、観光旅行関係団体も加わって、中国文化センターを会場に開催された（2022.8.24）。観光業界の参画は、一般市民への影響を考慮したのであろう。本集会でも、講師に**趙声良**氏（敦煌研究院党委書記元院長）を迎えた。趙氏が述べた敦煌遺跡の価値を紹介する。一つ目は、民族・宗教をめぐる多元的文化、二つ目は、建築・彫刻・壁画の芸術、三つ目は、天文学・農業・医学・印刷の科学技術、最後に伝統文化の継承だけでなく、創作に寄与す

る価値があるとする。ぜひ、主催団体ホームページで読まれたい。

　さて、メインとなった日中国交正常化50周年記念慶典（2022.9.29）は、どうであったか。昼の部；レセプション（東京ホテルニューオータニー）については、既に述べた。夜の部；記念式典（東京オペラシティ）は、最初にセレモニーとして、映像を通して、これまでの50年間の文化・技術交流や経済活動や観光などを振り返り、これからも友好を深めていく思いを高めた。そして、いよいよコンサートホールでの演奏会に入る。

　演奏会を始める前に、特別ゲスト奏者の紹介があった。二胡奏者の張濱（チャンヒナ）さん、バイオリニストの川井郁子さん、雅楽奏者の東儀秀樹さんである。

　また、演奏会の後、特別出演として、フィギュアスケーターの羽生結弦さんが舞台に立ち、祝辞を述べた。覚え始めたという中国語も交えた羽生結弦さんのあいさつの一部を引用する。「タージャーハオ（皆さん今日は）、本日の9月29日は、五十年前に日中共同声明がなされた記念すべき日です」「今年の二月、北京でのオリンピックに出場させてもらいました。中国の人々の親しみやすさ、温かさに触れてきました」「（司会者から、中国のファンから二万通以上の手紙が届いたことに聞かれ）とても感動し、とても嬉しかったです。応援の力に背中を押していただきました。日本と中国が、もっといい関係であり続けられるように、僕も役に立ちたいと思いました」「日本と中国は、隣であるからこそ、もっともっと良い関係でありたいですよね。より理解し合って交流が深まるように、そのきっかけに僕が成れたらいいなと思います。これからの50年も共に力を合わせて頑張っていきましょう。明日の為に、未来の為に、私たちの為に、そして私たちの次の世代の為に一緒に頑張っていきましょう。加油（頑張りましょう）」。挨拶の後、退場する際、羽生結弦さんは、華麗な回転を披露して、深々と礼をした。列席者から歓声と拍手が沸き上がった（2022.9.29デジタル版「朝日新聞」「毎日新聞」）。

　以上の如き日中国交正常化50周年の公式イベントに参画できなかった方も多いでしょう。それでも、イベントの情報は知り得たでしょう。さて、政財界や、学術・芸能文化の著名人でもない私の如き一介の個人にもできること、為すことがある。それは、まず日中両国民が個々に、生活・文化・情報を通して、自由に交流して、認識と信頼関係を深めることである。そして、共存共栄を当然とする善隣友好の考えと行動を主体的に自分のものにしていく。そして、国民の側から、領土問題は、軍事による軋轢外交でなく、善隣友好の平和外交によって話し合いで解決していくことを支持する認識を深め、私たち個々の声を

上げていくことである。善隣友好の平和外交を求める声は、日中両国民の間で木霊を呼びて広がり行くであろう。

　当然、領有権や排他的経済水域の決定で主張がぶつかろうとも、両国間で善隣友好の信頼関係があれば、入会いの暫定漁業水域や、共同管理・事業など知恵を出し合い、実施していくことができるであろう。尖閣（釣魚）諸島の領有権の決着については、なにも急ぐことはない。押しつけでなく、主体的に相互理解ができるまで、歴史的事実を明確にして検証することが大切である。そして、現実的に、日中両国の間で相互に合意できることから、相互に理解できることから始めればよい。

　しかし、「台湾有事」などと、日米安保体制（米国追随）によって、覇権を求める米国の戦争に加担してはならない。もちろん、軍事的軋轢や武力紛争などは、善隣友好を基盤とする平和外交を進める限り、無縁となる。信頼関係を堅持して、隣国の尊厳を守り、誠心の交わりを成し、和を以て貴しと為す。国境を超える真理である。

■著　者　久保井　規夫（Kuboi Norio）

　香川県仲多度郡琴平町出生。香川大学教育学部卒業。大阪府公立学校教諭勤務。同和・人権教育研究協議会の役職歴任。私立大学元講師。歴史学名誉博士。アジア民衆歴史センター主宰。領土教育研究会理事長。「竹島の日」を考え直す会理事長。著書多数。例えば、「教科書から消せない歴史─「慰安婦」削除は真実の隠蔽」「消され、ゆがめられた歴史教科書」「絵で読む　大日本帝国の子どもたち」「日本の侵略とアジアの子どもたち」「絵で読む　紫煙・毒煙、大東亜幻影」「図説　病の文化史」「図説　食肉・狩漁の文化史」「地下軍需工場と朝鮮人強制連行」「図説　朝鮮と日本の歴史　光と影　前近代編」「図説　朝鮮と日本の歴史　光と影　近代編」「わかりやすい日本民衆と朝鮮の歴史」「わかりやすい日本民衆と部落の歴史」「入門朝鮮と日本の歴史」「入門日本民衆の歴史」「江戸時代の被差別民衆」「近代の差別と日本民衆の歴史」「戦争と差別と日本民衆の歴史」「図説　竹島＝独島問題の解決」etc

図説　史料に基づく釣魚(尖閣)諸島問題の解決　敵対的領土ナショナリズムの克服
　　　　2023年7月30日第1刷発行　定価2800円＋税

著　　　者　久保井　規夫
発　　　行　柘植書房新社
　　　　　　〒113-0033　東京都文京区白山1-2-10-102
　　　　　　TEL 03（3818）9270　FAX 03（3818）9274
　　　　　　http://www.tsugeshobo.com　　郵便振替00160-4-113372
印刷・製本　創栄図書印刷株式会社
乱丁・落丁はお取り替えいたします。　　ISBN978-4-8068-0766-7　C0030